LA LOGIQUE
DE L'INFORMEL

À la découverte
des jeux de pouvoir
dans l'entreprise

Éditions d'Organisation
1, rue Thénard
75240 Paris Cedex 05
www.editions-organisation.com

© Éditions d'Organisation, 2002
ISBN : 2-7081-2777-2

Gérard PAVY

LA LOGIQUE DE L'INFORMEL

À la découverte des jeux de pouvoir dans l'entreprise

Éditions
d'Organisation

Sommaire

Avant-propos XI

CHAPITRE 1 – La fin des architectes 1
Le grand mystère des organisations performantes : comment
obtient-on la cohérence ? 1
La force du collectif l'emporte sur l'addition de stars 1
Ministère ou association humanitaire ? 2
La cohérence dynamique : l'ajustement mutuel 2
*La bureaucratie, réponse plébiscitée au besoin de
cohérence* 3
Le manager architecte à la tête de bureaucraties 4
Le royaume de la règle et du contrôle 4
Un modèle qui a la vie dure 5
Le coût du fonctionnement bureaucratique 5
L'intendance ne suit pas 5
Un environnement incertain mal pris en compte 6
L'échec des projets de changement 7
Le vrai visage de la bureaucratie 8
Nous évoluons toujours dans des organisations
bureaucratiques. Pourquoi ? 11
La nouvelle économie : la révolution manquée 11
En attendant 1492 12
Le mythe d'une société sans règle 13
Pour sortir de la vision de l'Architecte 15
De la notion de mécanique à celle de système 15
Les motivations inconscientes 16
L'entreprise en régression 18
Faut-il faire la chasse à l'irrationnel ? 18

CHAPITRE 2 – Appareillage pour la « Terra Incognita » de la performance 21
Le relationnel, vent soufflant vers la « Terra Incognita » 22
Nous sommes tous des VIP 22
Le relationnel sur le devant de la scène 23
Du relationnel au capital humain 24
L'intendance d'abord ! 25
Le navire de la multirationalité 26
Pour l'Architecte, seule l'action compte 26
Le leadership pour s'éloigner des rives de la bureaucratie. 28
Le navire de la multirationalité 29
Les compagnons de la traversée, le Mosaïste et le Tisserand... 30
Les nouvelles cartes du navigateur : les trois dimensions de l'organisation 31
Les valeurs déclarées et les valeurs pratiquées 33
Le changement ou comment naviguer 34
Carnet de route du navigateur (plan du livre) 36

CHAPITRE 3 – Le carré magique du Mosaïste 41
La rationalité limitée : « J'ai le pouvoir, donc l'organisation est rationnelle » 43
La rationalité limitée, effet de position et de disposition 43
Les biais qui accentuent les effets de la rationalité limitée.. 45
Les parades à la rationalité limitée 47
La zone d'incertitude : « Je suis perdu, je suis assassiné, on m'a coupé la gorge, on m'a dérobé mon argent » 48
Vous avez dit « zone d'incertitude » ? 48
Nous courons tous après les zones d'incertitude 49
Les deux types de zones d'incertitude 51
Pouvoir et tabous 51
Résistance au changement 53
Intégration-différenciation : les lignes de force de la mosaïque 53
L'organisation est un système 54
Intégration ou différenciation ? Tout est question de dosage 54
L'intégration par les leviers de management 55
L'intégration par le partage des zones d'incertitude 59
Quand les jeux de pouvoir fixent le niveau d'intégration ... 62
Savoir faire évoluer les modes d'intégration 65
Culture et effets induits : le creuset de la rationalité limitée ... 68
La culture : terreau des rationalités limitées 69

© Éditions d'Organisation

La culture du « pas de vagues » 69
Les effets induits 72

**CHAPITRE 4 – À la recherche de la création de valeur au
cœur du micromanagement** 75
Les capacités organisationnelles 76
Anatomie des capacités organisationnelles 76
Les capacités destructrices de valeur 77
Les capacités créatrices de valeur 80
Typologie des capacités organisationnelles destructrices de
valeur 81
Trop de cloisonnements, une démission du management 89
À la découverte de capacités organisationnelles créatrices de
valeur : définition 91
De la destruction à la création de valeur : du cloisonnement à
l'échange 95
*Les micromondes destructeurs de valeur mettent la main
sur l'intégration* 96
*Dans les micromondes créateurs de valeur, le mode
d'intégration n'est monopolisé par personne* 97
La confiance est le mode de relation le plus économique ... 97
La coopération est l'antidote de la bureaucratie 98

**CHAPITRE 5 – Quand le macromanagement freine la création
de valeur** 103
L'ADN de la création de valeur 103
*Le macromanagement n'est qu'une presqu'île de la
bureaucratie* 104
Le top-management 106
La rationalité limitée de l'Architecte 106
Conséquence : des freins à la création de valeur 110
Le pari pascalien du management 110
*Les deux dérives du management : l'opportuniste et le
rentier* 114
Le management intermédiaire 120
Les trois stratégies de base 121
L'autonomie des réseaux 126
L'articulation centre-périphérie et la généralisation des
structures matricielles 127
Le difficile réglage de la structure formelle 128
Un équilibre à la merci des forces informelles 136
Le macromanagement met le changement en échec 139

Les effets pervers de l'idéologie du changement 139
Quand le management n'inspire pas confiance 140
L'alternative du manager intégrateur 141

CHAPITRE 6 – **Les frontières cachées de l'entreprise** 143
Les modèles d'anticipation 145
À la découverte des modèles d'anticipation 145
Changer les règles du jeu 149
L'identité 151
L'identité se forge contre la règle 151
L'identité met le changement en échec 152
L'intégration 155
Le bon réglage d'intégration : quête du sacré Graal 155
Le bilan de santé de votre organisation 159

CHAPITRE 7 – **Le manager intégrateur** 167
Les deux modèles d'intégration 167
Le modèle I (MI) 170
Le manager architecte ou charismatique 170
Dispositif d'intégration 171
Le modèle II (MII) 175
Le manager miroir 175
Dispositif d'intégration 177
La transformation de MI à MII 183
Diagnostiquer les limites de la rationalité limitée 183
Fixer le non-négociable 183
Se donner un nouveau référentiel et s'y tenir 184

CHAPITRE 8 – **La conduite du changement du Tisserand** 187
Changer les modèles d'anticipation 188
Mettre à jour les modèles d'anticipation de chacun 188
La confidentialité pour faire tomber les tabous 189
La restitution : « machine à baffes » ? 190
Changer les règles du jeu 190
Commencer par le sommet 191
Changer les structures 191
Renforcer le changement par le symbolique 193
S'assurer que l'écart entre « valeurs déclarées » et « valeurs
pratiquées » est maintenu à l'intérieur de limites acceptables . 193
Prévenir la tentation du « tout va bien » 194
Aller sur le terrain se frotter aux réalités 195
Reconnaître les identités 196

Lancer des « chantiers » dynamiques et opérationnels de
création de valeur 199
Se fixer des objectifs « smart » 199
Confronter à fréquence régulière le « prévu » et le
« réalisé » 200
Organiser les task-forces *dédiées à l'objectif* 201
Comprimer le temps-cycle du changement 206

CHAPITRE 9 – La stratégie organisationnelle, nouvel horizon
du management 209
Les trois âges de la stratégie 210
L'âge de For 210
L'âge de Pro 211
*Vers l'âge d'*Inf 213
Mise au point de la stratégie organisationnelle 215
De l'obéissance à la responsabilisation 215
Dépasser le paradoxe, confiance et multirationalité 216

En guise de conclusion : un référentiel pour l'action 221

Index 223

Avant-propos

La vie des entreprises, des organisations privées ou publiques, ressemble à une grande chasse au trésor. Le trésor à découvrir, ou à cacher, c'est le « grain de sable ».

Pourquoi ? Le grain de sable, c'est-à-dire, ce qui ne marche pas, est un enjeu de pouvoir et un atout ou un handicap, dans les rapports de négociation implicites qui relient les acteurs de l'entreprise. Comme on dit simplement : on ne s'intéresse qu'aux trains qui arrivent en retard.

Le scénario caché qui régit le « théâtre » de toute organisation se présente ainsi.

Commençons par le sommet. Le dirigeant s'imagine souvent être sous la menace potentielle de critiques zélés et d'opposants de tout bord, à la recherche du grain de sable. Et, souvent, il l'est effectivement. La découverte du grain de sable donne aux critiques un levier de négociation. Ainsi, le manager qui doit consacrer une partie de son énergie à se sortir de cette difficulté, et qui généralement ne compte pas que des alliés, se trouve fragilisé. Pour prévenir la chasse au grain de sable, le mot d'ordre du dirigeant est : « Circulez, il n'y a rien à voir. » Tout dirigeant est poussé à affirmer que tout est parfait dans ce qu'il entreprend. Qui, que la nouvelle « business unit » est parfaitement opérationnelle ; qui, que la nouvelle procédure mise en œuvre est efficace et bien acceptée ; qui, que la politique de formation est au premier rang de ses priorités. Et le piège se referme, car si grain de sable il y a, le nier est contre-productif. L'accusation fatale et banale tombe : le dirigeant ne fait pas ce qu'il dit ! Le dirigeant le paie « cash » par une perte majeure en crédibilité personnelle et en autorité. Il s'étonne, un peu tard, de ne plus pouvoir maîtriser la situation.

Ce mécanisme s'alimente évidemment tout seul et contamine toute l'entreprise : plus on cherche à être lisse et plus on attise la curiosité. Chacun, dirigeants, managers, cadres et salariés, se protège en hérissant des barrières de toutes sortes. Mais chacun cherche aussi à faire tomber les murailles que les autres bâtissent. Et toujours en s'employant à déceler un premier grain de sable.

Ce livre propose des stratégies organisationnelles pour dépasser ce paradoxe du dirigeant et rendre les organisations plus efficaces tout en favorisant l'épanouissement de chacun.

Je remercie d'abord toutes les personnes (sans doute plus de mille) que j'ai pu interviewer au cours de mes différentes interventions en entreprise et qui m'ont permis de réaliser ces explorations à l'intérieur des organisations. Je remercie également les professionnels qui m'ont aidé et encouragé dans ce travail au travers de fructueux échanges : Christian Braconnier, Alexandre Cattin, Jean-Paul Machet, ainsi que mes collègues d'Aon Management consulting. Je n'oublie pas ce que je dois à Michel Crozier fondateur du Cycle de Sociologie des Organisations de l'IEP, à Erhard Friedberg, son directeur actuel et aux nombreux collègues, que je ne peux tous citer, issus comme moi de cette filière, et qui, par leurs écrits et apports, m'ont permis de me forger mon propre point de vue. Mon parcours professionnel et mon approche des organisations se sont également beaucoup enrichis de la rencontre avec Daniel Atlan, Georges Blanc, Eric Brat, Jean-Claude Cargné-Lutti, Jean-Pierre Hugues, François Lucas, Pierre Morin et Roland Reitter. Je pense aussi aux équipes de consultants avec lesquelles nous avons mené des projets, parfois difficiles mais toujours passionnants. Merci à Jean-François Manlhiot, l'ami de longue date, l'autre regard, dont la complicité ne s'est jamais démentie.

Je remercie enfin Linda, mon épouse, dont l'enthousiasme éclairé m'a procuré le supplément d'énergie indispensable à la réalisation de ce travail.

2 mai 2002, Rueil-Malmaison

CHAPITRE 1

La fin des architectes

LE GRAND MYSTÈRE DES ORGANISATIONS PERFORMANTES : COMMENT OBTIENT-ON LA COHÉRENCE ?

Qu'est-ce qui fait l'efficacité d'une entreprise[1] ? Une réponse s'impose par son évidence : la progression coordonnée de l'ensemble des salariés vers un même objectif. Depuis Adam Smith, nos organisations sont conçues sur le principe de la division du travail. Par construction, celle-ci favorise l'émergence de redondances, incompréhensions, conflits stériles, re-travail et gaspillage. La coordination est nécessaire pour réduire toute forme de non-qualité préjudiciable à la conquête du client.

Cependant, cette réponse simple ne nous satisfait pas entièrement, car nous nous doutons qu'elle contient plus de problèmes qu'elle n'en résout.

La force du collectif l'emporte sur l'addition de stars

Dans les sports collectifs, il arrive souvent qu'une équipe formée de joueurs modestes mais très soudés l'emporte sur celle dont les membres sont brillants mais individualistes. La percée fréquente en football d'équipes à faible budget devant de « grosses cylindrées » étoilées de stars conforte cet argument. La qualité du collectif serait plus décisive pour

---

1. Nous utiliserons l'expression « entreprise » de manière générique pour couvrir indifféremment des organisations du secteur public ou privé.

gagner que la compétence intrinsèque de chaque joueur. Admettons. L'idéal est sans doute de constituer une équipe homogène de très brillants joueurs. Qu'est-ce qui fait que chacun comprend son rôle dans le dispositif et peut anticiper sur le comportement du collègue pour agir efficacement ? Le collectif a-t-il une âme ? De quoi est-il fait, et sur quoi repose-t-il ? Les mêmes principes s'appliquent-ils à l'échelle d'une entreprise et, si oui, comment peut-on les transférer ?

Ministère ou association humanitaire ?

On peut regrouper les facteurs générateurs de cohérence en deux grandes familles : les règles, et la culture. Quand la règle domine, la coordination se fait en principe par une conformité des comportements aux règles instituées sous la tutelle d'une hiérarchie. C'est le monde de la bureaucratie.

À la conformité à la règle, s'oppose les coopérations libres d'individus s'ajustant mutuellement. Dans ce cas, la coordination repose sur une culture distinctive marquée par l'histoire du groupe humain, véhiculant des valeurs partagées, et délimitant un espace de confiance commun.

Pour faire simple, au premier mode de coordination correspond le ministère, au second l'association humanitaire. Toutefois, d'autres éléments vont influencer le mode de coordination du groupe, comme le style du leader, la pression du groupe, le besoin d'appartenance ou la crainte de la hiérarchie.

La cohérence dynamique : l'ajustement mutuel

La « bonne » cohérence ne doit pas s'obtenir au prix d'une rigidité excessive. Pour survivre, l'entreprise doit pouvoir s'adapter et innover régulièrement. La cohérence doit être compatible avec le mouvement, ce qui peut paraître paradoxal. Rien n'illustre mieux ces vertus que le rôle du « passeur » en football : nous retrouvons à la fois une division du travail entre celui qui fixe la défense et celui qui tire au but, et une transmission du ballon, sans failles, de l'un à l'autre pour réussir. Le geste du passeur doit être parfait, en termes d'effet, de vitesse, et de *timing*. Voilà ce que l'on appelle la cohérence dynamique, une évolution coordonnée des comportements. Elle repose sur l'« ajustement mutuel », presque les yeux fermés, entre deux personnes participant d'une même activité. Nous nous référerons à cette notion souvent dans la suite de l'ouvrage.

Si le coût induit par une insuffisance de collectif est reconnu, on voit que l'excès de cohérence peut nuire aux capacités d'adaptation. Les effets bloquants du management par la règle sont connus. Il y a un mot pour traduire cet état de fait : la bureaucratie. Mais il n'y a pas plus grand contresens que d'affirmer que le gouvernement par la culture ne crée pas de carcans au moins aussi dommageables que l'excès de règles. Certains groupements religieux ne dépassent pas le stade de la secte, tant leur corpus de doctrine constitue un corset rigide empêchant tout développement. Aussi, contrairement à bien des idées reçues, la culture peut être autant sinon plus coercitive que la bureaucratie.

L'alignement des comportements des collaborateurs sur la stratégie est-elle la forme achevée de l'excellence managériale ou plutôt une illusion mortifère, heureusement impossible à réaliser, où le comportement de chacun serait parfaitement prévisible ? Certes tout serait plus simple si chacun, dans son rôle, coopérait spontanément à l'œuvre collective. Mais l'individu se comporte rarement, pour des raisons que nous aurons à analyser, comme un fidèle exécutant de ces dispositifs.

La bureaucratie, réponse plébiscitée au besoin de cohérence

Historiquement, la bureaucratie est la solution que les hommes ont trouvée pour coordonner et déployer leurs énergies à grande échelle. Dans le langage courant, la bureaucratie est illustrée par les « ronds de cuir », le « 22 à Asnières », les paraphes qui s'empilent comme la hiérarchie des petits chefs. Caricaturer n'est pas dénaturer et ces clichés cocasses résistent justement au temps.

Mais la bureaucratie n'est pas le privilège exclusif des ministères. Les grandes organisations industrielles imaginées au début du siècle aux États-Unis par F. Taylor, et mises en place d'abord par H. Ford dans l'industrie automobile, constituent l'un des moments forts des organisations bureaucratiques. Elles ont servi de modèle au reste de l'économie, quasiment sans concurrence, jusqu'à nos jours.

LE MANAGER ARCHITECTE
À LA TÊTE DE BUREAUCRATIES

Le royaume de la règle et du contrôle

Dans le droit fil de F. Taylor, le manager architecte, c'est-à-dire, la grande majorité des managers, adhère à une vision mécanique de l'organisation. L'Architecte se caractérise par son aversion pour l'incertitude. Pour lui, les mouvements de l'organisation doivent être rendus totalement prévisibles. Dans cette optique, l'organisation doit se comporter comme si elle était gouvernée par des règles statistiques, mathématiques et physiques. On peut la décomposer en éléments simples qu'il est possible ensuite de remplacer, comme l'illustre la pratique de la sous-traitance et de l'*outsourcing*.

Pour en assurer le contrôle, l'Architecte sépare les tâches de conception des tâches d'exécution. La cohérence s'obtient par le respect des règles préalablement établies et la supervision hiérarchique. Selon la terminologie en cours, l'Architecte demande à ses équipes d'asseoir les règles sur les « meilleures pratiques » reconnues dans l'industrie.

Pour le manager architecte, l'intendance suivra : les comportements s'alignent sur les décisions et les procédures. Il n'y a qu'une seule façon de penser, une seule façon de relier des moyens aux objectifs, bref une seule rationalité, celle de l'Architecte.

À l'inverse de l'équipe de football, la bureaucratie recourt avant tout à des leviers tangibles et objectifs pour assurer la coordination des actions. Les plans stratégiques, les budgets, les systèmes de reporting, de gestion des ressources humaines, les procédures transversales de la qualité, les structures et la hiérarchie, les valeurs et la culture constituent autant de dispositifs organisationnels au service de cette cohérence.

Enfin, tout changement est de type *top-down* : l'impulsion donnée d'en haut doit être exécutée en descendant les pyramides hiérarchiques.

Un modèle qui a la vie dure

Le modèle de l'Architecte a tenu d'autant mieux qu'il correspondait bien aux attentes et spécificités de l'environnement économique et humain des années industrielles. L'organisation mécanique, prolongeant les principes de la division du travail prônée par Adam Smith, permettait aux sociétés ayant d'énormes besoins matériels de produire en masse et de réaliser des gains de productivité. La plupart des salariés ayant un niveau de compétence faible, il devenait judicieux de guider leur comportement par des procédures à suivre.

Aujourd'hui, alors que l'environnement économique a changé (abondance de compétences et attente de services personnalisés), le modèle bureaucratique perdure. Pourquoi ?

Plus largement, la bureaucratie doit son succès et sa pérennité au fait qu'elle arrange tout le monde ! En effet, la coopération au travail soulève deux problèmes épineux : le coût psychologique que comporte nécessairement toute relation de face à face et la part d'arbitraire du chef. Il y a près de quarante ans déjà, Michel Crozier[1] montrait que la règle apportait une réponse à ces deux problèmes, en développant un mode impersonnel de relation et en délimitant l'espace de décision du chef.

LE COÛT DU FONCTIONNEMENT BUREAUCRATIQUE

Les limites du modèle bureaucratique, tant d'un point de vue théorique que pratique, ont été mille fois dénoncées. En fait, l'intendance ne suit pas.

L'intendance ne suit pas

Dans un environnement bureaucratique, le taux de non-qualité dans les activités et le taux d'échec des projets de changement ne descend pas en dessous de 30 % pour le premier et 60 % pour le second. Par projet

---

1. *Le Phénomène bureaucratique*, Seuil, Paris, 1963.

de changement, nous entendons toutes les initiatives planifiées d'adaptation de l'entreprise à son environnement ; ceci recouvre donc aussi bien des projets mineurs de mise à niveau d'un processus-clé de l'entreprise, que des projets majeurs de fusion-acquisition ou de restructuration comme le *downsizing*.

Faute de coordination, la non-qualité est un sous-produit inévitable de la division du travail. La non-qualité, part des activités à non-valeur ajoutée, comprend l'ensemble des temps perdus et des coûts induits par le fait que les opérations ne sont pas bien réalisées du premier coup et ne donnent pas satisfaction au client. On y trouve principalement les coûts du re-travail, des rebuts, de garantie, de retour client, de traitement des réclamations, de délais non tenus, sans compter l'impact négatif sur l'image de l'entreprise et les opportunités perdues. Derrière cette non-qualité se cachent des dysfonctionnements prosaïques, des objectifs incohérents, des réunions mal préparées, des informations incomplètes, des cloisonnements.

La cohérence du modèle de l'Architecte n'est que façade.

Un environnement incertain mal pris en compte

L'environnement économique constitue pour l'entreprise, comme l'océan pour le marin, une source continue d'« aléas », de modifications brutales, souvent dangereuses, des conditions de pilotage. L'environnement n'est ni rigoureusement modélisable, ni prévisible avec précision. L'entreprise doit posséder des capacités d'innovation et de flexibilité, garantes de son adaptation.

Avec la mondialisation de la concurrence, la diversification de l'offre, la pression sur les délais et l'accélération des innovations, elle a appris à se tourner vers ses clients, à capitaliser sur les savoirs, à décentraliser les responsabilités, à favoriser l'*empowerment* et à saisir les opportunités d'Internet pour mieux répondre à la demande.

Le modèle de l'Architecte a connu de nombreuses évolutions pour remédier à son manque de réactivité dans un environnement de moins en moins prévisible. L'objectif de cohérence se heurte au besoin d'adaptation qui impose l'acceptation d'une certaine dose d'imprévisibilité des comportements. Les mesures suivantes se sont généralisées : réduction des niveaux hiérarchiques, développement du management participatif, de la polyvalence, de l'autonomie, du management par les compétences.

Le non-alignement des comportements sur la règle et la procédure, comme la langue d'Ésope, est la pire ou la meilleure des pratiques pour l'entreprise, selon la situation. Ce non-alignement peut se traduire, sous la forme du cloisonnement ou de la résistance au changement, par un refus de coopérer à l'objectif. Mais, il peut se traduire aussi par la formulation d'une réponse originale à un enjeu qui ne trouve pas son pendant dans le répertoire actuel des procédures et les savoir-faire de l'entreprise, réponse permettant à celle-ci d'innover.

Tout nous montre que les dispositifs organisationnels formels ne permettent pas d'assurer la cohérence de l'entreprise. D'où cet étrange quiproquo. Les dispositifs organisationnels formels, parés des vertus de l'ordre et de la logique rationnelle, bénéficient d'une aura particulière auprès des managers qui les utilisent pour introduire de la cohérence dans leur organisation, sous-estimant ainsi l'autonomie du système humain et la résistance des acteurs. Plus ils cherchent à mettre de l'ordre et plus ils récupèrent du désordre !

Loin d'être une machine dont les êtres humains seraient de simples rouages, la bureaucratie abrite en son sein des zones aux contours flous et marquées par la forte autonomie d'action de ses membres.

L'échec des projets de changement

L'échec du changement et les facteurs de non-qualité se renforcent mutuellement par un effet de rétroaction. Un projet qui échoue augmente la non-qualité résiduelle, ce qui accroît les obstacles au changement.

L'un des grands classiques de l'échec bureaucratique sont les projets d'ERP (Enterprise Ressources Planning), des systèmes d'information qui, irriguant toute l'entreprise, ont pour objectifs de lui permettre de se mouvoir rapidement. L'ERP assure la cohérence des informations entre les différentes fonctions, du commercial à la comptabilité, en passant par la production, le transfert et la mise à jour des données en temps réel.

Ces projets s'accompagnent de la mise en place d'outils communs, partagés par tout le personnel de l'entreprise, sélectionnés dans un répertoire des meilleures pratiques mondiales. L'ensemble des activités du processus concerné, par exemple de la prise de commande à la livraison, doit être « reconfiguré » : rôles, compétences, procédures, tout doit être revu radicalement pour répondre aux exigences de la nouvelle pratique retenue.

Pour que le projet atteigne son objectif, il faut que tout le monde utilise le nouvel outil tel quel. Les adaptations aux cas particuliers doivent être réduites au minimum sous peine de remettre en cause la cohérence recherchée dont l'outil est porteur. La superbe solution est donc, en fait, imposée aux acteurs locaux. Du passé, on fait table rase. D'où de multiples résistances et les échecs cuisants et fréquents que rencontrent ces projets, par ailleurs très coûteux.

La multiplication de projets incomplets réduit, aux yeux des salariés, la crédibilité du management qui fait preuve ainsi d'une faible connaissance des réalités. Le mode de fonctionnement du manager architecte engendre scepticisme et démotivation.

Vue en coupe, par le truchement d'une fouille archéologique, l'entreprise ressemble plutôt au Forum romain, carrefour des temps, avec son empilement diachronique de structures partielles et de procédures inabouties.

Le vrai visage de la bureaucratie

La bureaucratie a pour fonction d'éliminer l'imprévisibilité des comportements et, non pas la « perversité », mais ses conséquences, en éliminant l'arbitraire et toute dépendance entre individus. Mais cet arbitraire se réinstalle doublement puisque chacun peut appliquer ou non la règle et que des groupes de pouvoir parallèle peuvent ainsi se développer. En retour, quand les informations ne passent plus et que l'organisation se coupe de son environnement, la bureaucratie se renforce. Loin de se conformer à son image d'Épinal convenue, la bureaucratie abrite en réalité trois mondes.

```
         ┌──────────────┐          ┌──────────────┐
         │  ①           │          │  ③           │
         │  LE MONDE    │          │  LE MONDE    │
         │  DE LA RÈGLE │          │  DE L'ARBITRAIRE│
         └──────────────┘          └──────────────┘

                  ┌──────────────┐
                  │  ②           │
                  │  LE MONDE    │
                  │  DES RÉSEAUX │
                  └──────────────┘
```

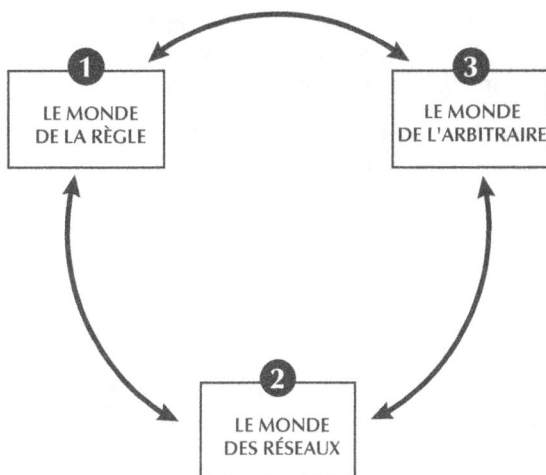

① Le modèle de l'Architecte repose sur le principe de la conformité à la règle. Or, dans la pratique, c'est une illusion. La clé est que chacun peut appliquer ou non, ou du moins partiellement, la règle.

② C'est pourquoi la bureaucratie, temple de la rationalité unique et de l'efficacité industrielle, est en même temps gangrenée par des baronnies, des circuits parallèles, des réseaux. L'ajustement mutuel, en fait, régule des pans entiers de la bureaucratie.

③ L'arbitraire, dont chacun est censé protéger la bureaucratie, se réinstalle doublement puisque chacun peut appliquer ou non la règle et que des groupes de pouvoir parallèle peuvent ainsi se développer.

Trop-plein ou vide de règles, cloisonnements feutrés ou arbitraires des décisions, ces travers organisationnels traduisent et engendrent un déficit de confiance. Plus ce dernier se creuse et plus se multiplient des stratégies individuelles de protection se traduisant par des comportements d'évitement ou de contrôle qui ne font, à leur tour, que renforcer un peu plus le déficit de confiance. Ainsi se dessinent, parfois, dans les entreprises, des lignes de fractures entre le monde de la règle, celui de l'arbitraire et celui des réseaux de solidarité, plus ou moins étendues, traversant et découpant, tout à la fois, l'organisation.

La plupart des organisations sont traversées par ces lignes d'incompréhensions : parfois entre les états-majors et les unités opérationnelles, mais aussi entre fonctionnels et opérationnels, entre différents métiers, entre la maison mère et les sociétés achetées. Les ministères n'échappent pas à la règle comme en témoignent les ruptures fréquentes entre les cabinets ministériels, l'administration centrale et les services territoriaux.

Ces réseaux parallèles sont le pire et le meilleur des remèdes à la coordination car ils peuvent former, soit des coopérations constructives par rapport à l'objectif, soit des baronnies mettant la satisfaction de leur propre objectif devant celui de l'organisation et se barricadant derrière des cloisonnements.

Le manager architecte cherche lui-même à développer des réseaux informels soutenant son action alors qu'il prône par ailleurs leur éradication.

L'un des paradoxes de toute organisation est d'être traversée par ce mouvement contradictoire de dépersonnalisation (la règle ou au contraire l'arbitraire) et de re-personnalisation (réseaux interindividuels). Les excès, dans un sens ou dans l'autre, induisent des coûts de fonctionnement humain et financier énormes. Ce livre aura atteint un premier objectif s'il contribue à réduire ces taux en capitalisant sur les expériences les plus intéressantes. Pour y réussir, il est essentiel d'identifier les processus fondamentaux où se ressourcent l'échec au changement et la non-qualité.

Fiche d'identité de la bureaucratie

- **Principes :**
  - la rationalité de l'Architecte
  - l'organisation est une mécanique obéissant aux lois de la physique
  - réduction de l'incertitude dans l'action

- **Fonctionnement :**
  - séparation de la conception et de l'exécution
  - mise en place de règles et de procédures conformes aux meilleures pratiques
  - alignement des comportements sur les règles

- **Mode de changement :**
  - top-down, imposition d'une solution standard par voie hiérarchique

- **Avantage :**
  - protection de tout le monde, managers et managés, contre l'arbitraire des uns et des autres

- **Coûts de la bureaucratie :**
  - impact négatif sur la création de valeur
  - incapacité à conduire le changement (taux d'échec 60 %)
  - taux de non-qualité résiduel : 30 %

- **Cause de ces coûts :**
  - rigidité du fonctionnement
  - dépersonnalisation des relations
- **Remède à la bureaucratie (échappatoire) :**
  - activer des réseaux (informels)
- **Coûts/avantages du remède :**
  - avantages : renforcement des capacités d'adaptation de l'entreprise
  - coûts : réintroduction de l'arbitraire (puisque les réseaux échappent à la règle)

NOUS ÉVOLUONS TOUJOURS DANS DES ORGANISATIONS BUREAUCRATIQUES. POURQUOI ?

La nouvelle économie : révolution manquée

Au fur et à mesure que le modèle de l'Architecte connaissait des ratés, un autre modèle – tout autant entaché d'illusion – a pris de l'importance. C'est le modèle de l'homme « empowéré en réseau » de la société post-industrielle. Que n'a-t-on pas dit sur la révolution de la nouvelle économie venant parachever la non moins révolutionnaire société post-industrielle ? Ces deux révolutions se seraient partagées les rôles, comme pour le rasoir à deux lames – la première tire et la seconde coupe – faisant table rase des grandes entreprises industrielles. À l'entreprise intégrée et rigide succède l'entreprise virtuelle et flexible faite de réseaux permettant la mobilisation de l'intelligence d'acteurs nomades répartis à travers le monde.

La montée de la concurrence mondiale, la différenciation des produits, la victoire du client et du service, la multiplication des centres de décisions et l'élévation du niveau d'incertitude ont donné du crédit à un modèle alternatif d'organisation. La révolution d'Internet et du e-business serait venue porter l'estocade au modèle bureaucratique et poussiéreux pour y substituer le modèle de l'homme neuronal, concepteur autant qu'exécutant et acteur de sa vie au travail, s'ajustant spontanément avec ses collègues pour décider et agir dans un système multirationnel.

Que constate-t-on au contraire ? Les solutions e.commerce sont utilisées comme un simple canal complémentaire aux processus traditionnels plutôt que comme des infrastructures transformant totalement la chaîne de la valeur. De plus, la part des sociétés de grande taille dans l'emploi continue de croître et le taux de succès des projets de changement ou de fusion reste très bas. Bref les bureaucraties tayloriennes de grand-papa ont encore de beaux jours devant elles. Et puisque tout se traduit en Bourse, force est de constater que les valeurs du Nasdaq ont perdu de leur superbe, face aux *blue ships* traditionnelles de Wall Street.

Les lustres passent, mais les indicateurs ne changent pas. J'ai réalisé des milliers d'interviews dans tous les secteurs de l'économie, industrie, banque et assurance, secteur public et je fais toujours le même constat : les taux de non-qualité et d'échec au changement restent irrémédiablement bloqués respectivement à 30 % et 60 %.

En dépit de la mondialisation et des multiples révolutions technologiques, un salarié travaillant chez Ford en 1910 ne serait pas totalement perdu si, par un transfert magique, il se retrouvait dans une de nos grandes entreprises actuelles. F. Dupuy[1] en a fait lui-même récemment l'expérience : « Quand on pose aux cadres, lors de séminaires de formation interentreprises, se déroulant aussi bien en Europe qu'aux États-Unis, la question : "avez-vous le sentiment que dans votre organisation, on produit toujours plus de règles et de procédures ?", la réponse est globalement positive. »

En attendant 1492

En somme, plus ça change et plus c'est la même chose : les entreprises continuent de recourir à la règle pour résoudre les problèmes de face-à-face que pose la nécessaire coordination entre fonctions et métiers.

Grandes entreprises multinationales, hôpitaux ou administrations, méritent – à plus d'un titre – d'être analysées, car, soit nous y passons au moins trente-cinq heures par semaine, soit nous en sommes des clients. Et la question que nous cherchons à élucider est précisément celle-ci : pourquoi ces entreprises en constante recherche d'efficacité gardent-elles trop souvent des traits bureaucratiques qui pénalisent leur performance ? Les changements qu'elles initient semblent suivre trop souvent une pente naturelle vers l'essoufflement ou la bureaucratisation. Le monde se trans-

---

1. *Le Client et le Bureaucrate*, Dunod, Paris, 1998.

forme et, pourtant sous la lune, rien ne change. Tant que les entreprises continuent de substituer la règle à la coopération, elles restent bureaucratiques, même à l'heure du e.business.

La grande masse des vaisseaux-entreprises n'a pas connu 1492[1], quoi qu'en disent les chroniqueurs avisés des modes managériales. Poussés par des vents contraires, ces vaisseaux semblent bien incapables d'atteindre les rivages de la « Terra Incognita » que leurs équipages rêvent d'atteindre, dont ils ont entendu parler dans certains livres traitant de paradis illusoires habités par des tribus de gentils sauvages.

La société post-industrielle comme la nouvelle économie tirent leur pouvoir d'attraction de leur promesse d'organisation plus fluide permettant à chacun de se brancher librement au réseau humain et technique de l'entreprise. La prééminence des règles et des structures explique pour partie que cette promesse ne soit pas tenue. Mais l'autre cause doit être trouvée dans l'archaïsme des relations et de certains modes de management.

Le mythe d'une société sans règle

Nous nous satisfaisons d'un lieu commun qui dit à peu près ceci : le point noir de la bureaucratie, ce sont les règles. Elles entravent l'initiative des collaborateurs. Elles poussent à des comportements passifs. Elles favorisent les cloisonnements. Donc supprimons-les. Le cas suivant montre que, comme dit le dicton, l'enfer est pavé de bonnes intentions.

Le cas de l'entreprise de service

Dans cette entreprise de service, la direction a supprimé le plus grand nombre de règles pour permettre à chacun de prendre des initiatives. Les niveaux hiérarchiques sont peu marqués, le tutoiement facile, le management participatif est encouragé par des réunions régulières et le directeur est accessible. Il n'y a pas de management par objectif, chacun étant supposé faire de son mieux, les membres de l'organisation sont tous des professionnels reconnus pour leur expertise partagée. La direction, peu interventionniste, mise sur l'ajustement mutuel entre collaborateurs pour lisser les pointes de charges ou partager des savoir-faire.

---

1. Année de la découverte du Nouveau Monde par Christophe Colomb.

Et pourtant, le climat de travail n'est pas bon. Les uns et les autres se plaignent d'un manque d'objectivité des évaluations et des décisions de carrière. La direction qui se refuse toujours à mettre des règles pense répondre à la demande en mettant en place un plan d'évaluation à 360°. Le but est de développer la confiance par la transparence. L'opération tourne à la catastrophe. L'analyse des résultats montre que, sur une échelle de 0 à 10, l'appréciation moyenne ne dépasse pas 2,75 ! En fait, personne ne faisant confiance à personne, chacun s'est protégé en notant mal ses collègues. Confirmation typique du dilemme du prisonnier ! Le cloisonnement est l'arme suprême de cette organisation qui pense avoir rompu avec la bureaucratie en supprimant les règles.

La bureaucratie a finalement du bon. Certes, s'y côtoient la conformité aux normes et les zones de non-droit. Mais précisément, ces deux forces s'équilibrent : l'une remédie aux excès de l'autre, quand tout se passe pour le mieux. Mais supprimez les règles et il ne reste que l'arbitraire du dirigeant et toute l'organisation ne tourne qu'autour de clans et de relations affectives changeantes. Bref, pour paraphraser la célèbre expression de Churchill, la bureaucratie « est le pire des modèles d'organisation, à l'exception de tous les autres... »

Plus les situations de travail sont potentiellement fortes en émotions de toutes sortes et plus l'individu a besoin d'une médiation entre lui-même et l'objet de son travail pour réguler les conflits et baisser les tensions. C'est particulièrement vrai dans le milieu hospitalier où la cohabitation permanente avec la vie, la mort, la souffrance et les émotions n'est possible que parce que le métier des personnels soignants est étroitement codé.

La fin de la bureaucratie, ce n'est pas l'absence de règles. L'ajustement mutuel ne s'oppose pas au mode de la règle. Ceci constitue une difficulté de poids pour échapper à la bureaucratie et inventer un autre modèle.

Le management joue un rôle majeur dans la diffusion de la confiance. L'outil, même bien pensé, ne produit que ce que le système social dans lequel il est plongé peut produire. C'est pourquoi la remise en cause des comportements dysfonctionnels doit être précédée d'un diagnostic de l'existant largement partagé. L'acceptation du diagnostic est essentielle pour créer les conditions de confiance et pour passer à l'étape suivante.

POUR SORTIR DE LA VISION DE L'ARCHITECTE

Nous avons vu que la bureaucratie, c'est-à-dire le mode d'organisation le plus partagé, combine la règle et des zones de non-droit animées par des réseaux et des baronnies. La vision de l'Architecte est donc complètement erronée : l'organisation ne répond pas aux lois de la mécanique.

Pour sortir de la bureaucratie, il faut sans doute repenser la coupure entre le rationnel et l'irrationnel. Pour l'Architecte, l'intendance suivra, il n'existe qu'une seule rationalité, la sienne, et tout ce qui vient contredire cette assertion n'est qu'irrationalité. L'administrateur des ventes qui refuse un nouvel outil informatique, *a priori* plus performant, comme le chef de produit qui s'oppose à la mise en place d'une gestion par compte client ont – aux yeux de l'Architecte qui initie le projet – des comportements « irrationnels ».

De la notion de mécanique à celle de système

Les sociologues et autres étudiants des organisations ont mis en évidence les failles que contient le modèle de l'Architecte. Si l'organisation produit des résultats non attendus, des effets pervers, c'est qu'elle n'est pas une mécanique monorationnelle mais un système d'éléments interdépendants ayant chacun sa propre rationalité.

La résistance au changement, la non-qualité ne sont pas la manifestation de l'imbécillité des collaborateurs, ni de leur « irrationalité », c'est avant tout le révélateur d'une rationalité – donc d'un intérêt – différent du décideur.

Derrière la structure formelle se meut une structure informelle constituée des réseaux de relations interpersonnelles, obéissant à une logique différente. Les exécutants, en fait, sont aussi des Architectes, dotés d'une rationalité propre.

Le manager architecte prend ses désirs pour la réalité en projetant sa vision mécanique sur l'organisation.

Le sociologue fait d'une pierre deux coups en substituant la notion de système à celle de mécanique : en poussant le manager architecte à voir l'organisation comme un système de multiples rationalités, il amène celui-ci à considérer sa propre rationalité comme une des rationalités possibles donc à reconnaître qu'il évolue lui-même dans un monde de rationalité limitée.

Les motivations inconscientes

La part incompressible de l'irrationalité dans l'entreprise, ce n'est ni « ma rationalité limitée » ni « la rationalité de l'autre ». Il faut chercher ailleurs, du côté des motivations inconscientes des uns et des autres.

L'entreprise devient le théâtre ou le support d'expression de nos conflits intrapsychiques, comme n'importe quel objet ou sujet de notre environnement dans lequel nous investissons une partie de nous-mêmes. Traduisant nos désirs, fantasmes et ressentis inconscients, les comportements de fuite, de peur, d'agression, par exemple, accompagnent ou déclenchent, à leur tour, les décisions et les comportements des uns et des autres.

Tantôt le rationnel instrumentalise l'irrationnel...

Ainsi, tel dirigeant, assisté de son fidèle consultant, explique à son personnel la fable de la grenouille pour l'inciter à choisir le camp du changement. Selon cette histoire, la grenouille meurt en s'engourdissant si, mise dans une casserole d'eau, vous faites monter lentement et graduellement la température. En revanche, si vous la plongez dans l'eau bouillante brutalement, elle saute immédiatement et s'en sort vivante. En conclusion, choisissez votre camp ! Le directeur dramatise la situation, pour jouer sur les peurs des uns et des autres et obtenir l'engagement salutaire de son personnel.

On peut estimer que cette méthode est critiquable car manipulatrice. Je l'ai vu pratiquer, pourtant, des centaines de fois. Le problème est qu'à jouer ainsi sur les émotions des gens, on les rend dépendants d'un « sauveur ». Bref, la lucidité recule au profit de la passivité, ce qui est exactement l'inverse de l'objectif recherché initialement. Tout comme la mauvaise monnaie chasse la bonne, l'irrationnel gagne sur le rationnel, lorsque l'un et l'autre se rencontrent.

Diviser pour régner, ne pas diffuser certaines informations, répandre une rumeur, dramatiser les situations pour justifier une décision, décider seul et changer d'avis, créer des liens de dépendance affective, courtiser, écarter les questions par des promesses, écarter quelqu'un d'un poste sur la base de critères strictement subjectifs : voici quelques-unes des pratiques manipulatrices que l'on rencontre fréquemment dans l'entreprise, pour de bonnes et de moins bonnes raisons.

... tantôt l'irrationnel s'avance
caché sous le masque du rationnel

Hubert Missou, ingénieur au département de R&D, est l'allié indéfectible de M. Dossat, chef du département, dont le comportement centralisateur et souvent autoritaire est la cible de critiques d'autres collaborateurs. Mais H. Missou ne s'y associe pas. Il trouve normal que M. Dossat décide de tout dans la gestion du département, car il est, pour lui, de loin le plus compétent de tous les ingénieurs du département. M. Dossat jouit effectivement d'une grande réputation dans le monde scientifique. Qu'obtient en retour H. Missou pour sa fidélité ? Voilà qui fait problème : apparemment, rien de tangible. Il se montre prêt à subir des « remontées de bretelles » de la part de M. Dossat, que d'autres considèrent humiliantes. Comment expliquer ce comportement apparent de soumission ?

L'influence du profil psychologique du dirigeant[1] sur la marche de l'entreprise a été de nombreuses fois analysée. Elle est d'autant plus forte qu'elle ne s'exerce pas dans un terrain neutre mais investit partiellement des passions qui animent les uns et les autres.

Ainsi, dans cette entreprise de service, on constatait une valse des directeurs adjoints. Le directeur général distinguait l'un de ses collaborateurs en le plaçant au-dessus des autres, comme un dauphin putatif. La combinaison ne durait pas trois mois. L'éphémère promu était dégradé sèchement par le directeur général qui manquait de mots pour décrire les insuffisances de celui qu'il avait porté au pinacle peu de temps auparavant. Beaucoup d'énergie se trouvait dépensée dans des jeux de pouvoir stériles aux dépens de la vente et de la production. Ceux qui espéraient être sur la liste des prochains promus formaient une cour rapprochée autour du directeur général. Les futurs perdants, eux, cherchaient d'autres appuis pour se protéger. Au bout de quelques cycles de ce type, l'entreprise, à bout de souffle, dut déposer son bilan.

Quel mécanisme rationnel peut expliquer ce cas ? Allez, je vous laisse chercher. Si vous trouvez la réponse n'hésitez pas à m'écrire.

Le manager, comme tout acteur de l'entreprise, n'est pas toujours conscient des effets de son comportement. Parfois, la concurrence entre

---

1. M. F. Kets de Vries, *Combat contre l'irrationalité des managers*, Éditions d'organisation, 2002 ; W. Bennis et B. Nanus, *Diriger*, Interéditions, Paris, 1985.

dauphins s'organise à son insu avec la même force que si elle résultait d'une application du principe ancien « diviser pour régner ». Mais les conséquences, tangibles dans le reste de l'organisation, peuvent être très dommageables.

L'entreprise en régression

Les névroses qui résultent de conflits mentaux peuvent influencer ensuite le fonctionnement de l'entreprise et la pousser sur la voie de la régression[1]. Ainsi, les comportements paranoïaques, hystériques, ou obsessionnels des uns, brouillent les repères des autres qui se mettent à déployer des mécanismes de défenses, pour se protéger. Plus largement, les travers de l'âme humaine contribuent pour leur part à pervertir parfois les relations de travail[2]. Dans les cas extrêmes, la combinaison de ces facteurs contribue à altérer la perception de la réalité des managers et à isoler un peu plus l'entreprise de son environnement.

Certes, le manager est rarement en mesure de prendre en considération la personne dans sa globalité et son histoire. En revanche, on peut dire que le manager architecte, parce qu'il réduit l'organisation à une mécanique soumise à une seule rationalité (la sienne), est très mal placé pour identifier les motivations inconscientes et leur dynamique sous-jacente.

1492, ce n'est pas seulement substituer une optique systémique, acceptant la multirationalité, à l'optique mécaniste, c'est aussi et surtout introduire l'empathie, donc une approche humaniste, pour accéder à la compréhension de l'autre.

Faut-il faire la chasse à l'irrationnel ?

Soyons clairs, il ne faut pas dans l'entreprise imposer la loi du tout rationnel.

- D'une part, les motivations inconscientes sont aussi à l'origine des œuvres les plus sublimes.

---

1. A. Zaleznick, *Les Ressorts de l'action*, Interéditions, Paris, 1994.
2. M.-F. Hirigoyen, *Malaise dans le travail*, La Découverte et Syros, Paris, 2001.

- D'autre part, les mécanismes rationnels comme les mécanismes irrationnels ont leur part d'effets pervers.

Ainsi, dans la bureaucratie rationnelle, prendre la règle pour une fin en soi conduit souvent à des aberrations : « Monsieur Untel n'existe pas, puisque son nom n'est pas indiqué dans l'annuaire interne » ! De même, l'irrationnel crée parfois des liens de dépendances entre les acteurs d'une organisation, à l'insu de ces personnes. Le problème n'est pas dans une dose plus ou moins grande de rationalité ou d'irrationalité des individus ou d'une organisation, mais dans les effets pervers qui peuvent en découler.

CHAPITRE 2

Appareillage pour la « Terra Incognita » de la performance

L'Architecte, ébranlé par ces constats, conduit une introspection et décide d'affréter un navire et son équipage à la découverte de la « Terra Incognita » de la performance.

Il choisit un navigateur pour barrer son bateau. Le navigateur dispose des atouts et des ressources suivants pour réussir sa course :

- le vent du relationnel qui souffle vers le grand large ;
- un navire, récent, de la multirationalité ;
- deux compagnons de traversée, le Mosaïste et le Tisserand, prêts à toutes les aventures ;
- des cartes de navigation, encore très rudimentaires ;
- le carnet de route qui comprend les principaux jalons prévisionnels de la course.

LE RELATIONNEL, VENT SOUFFLANT VERS LA « TERRA INCOGNITA »

Nous sommes tous des VIP

Le cas de la prospection téléphonique

« Allô, bonjour, je m'appelle Jean Tille et je suis cadre de gestion. Je souhaite parler à Monsieur Max Cable, le directeur général, c'est possible maintenant ? »
« Non, il est occupé », répond l'assistante
ou bien, « Il est absent, rappelez plus tard,
et encore, « Envoyez-nous un courrier... »

Nous avons tous fait cette expérience décevante en cherchant à décrocher une affaire, un emploi, un sponsor, un appui ou simplement une information. Au mieux, Jean Tille sera reçu par un adjoint de Max Cable, peut-être, un jour... !

Mais, prenez le cas suivant :

« Allô, bonjour, je m'appelle Jean Tille et je suis cadre de gestion. C'est André Zeau, qui m'a demandé de prendre contact avec Max Cable. Puis-je lui parler ? ».

« Oui, je vous le passe... »

Nous avons, dans les deux cas, le même Jean Tille, avec le même parcours professionnel, le même profil psychologique et les mêmes compétences. Sa valeur intrinsèque est la même ; pourtant, dans un cas il échoue et dans l'autre, il réussit. Max Cable ne le reçoit que dans le second cas et se prive peut-être d'une rencontre importante dans le premier. C'est absurde, certainement. C'est dommageable pour les uns ou les autres, sans doute. Mais c'est un mécanisme incontournable, qui englobe et dépasse l'intervention de l'assistante. Mieux vaut essayer de le comprendre.

Quel élément nouveau intervient dans la seconde scène ? Une recommandation, sorte de billet à ordre précisant le niveau de confiance nominale que l'on peut attribuer à Jean Tille. La confiance, élément fondamental pour le commerce entre les humains se développe par réseau et fonctionne comme un sésame, à l'extérieur, comme à l'intérieur de l'organisation.

Tirez le fil et vous vous rendez compte que l'essentiel d'une organisation est constitué par la trame de ces réseaux. Les décisions, les informations, le transfert des savoirs, la capacité d'action collective : tous les éléments vitaux pour l'entreprise sont portés par des relations interpersonnelles. Parce que nous sommes tous, peu ou prou, membres d'un ou plusieurs réseaux, plaques tournantes de décisions et d'actions sur le fameux chemin de la création de valeur, nous sommes tous – vous êtes, cher lecteur – des VIP, quel que soit notre rôle dans l'entreprise.

La réactivité au marché et le développement des compétences à long terme exigent une forte capacité de coopération pour partager rapidement les informations et permettre l'apprentissage collectif. La performance est le résultat des conflits et des solidarités qui animent la trame sociale de l'entreprise. Ce relationnel, par nature informel, n'est pas privé de logique pour autant. Nous le verrons. Mais il est relativement indépendant des structures « officielles », des directives rhétoriques, des processus et des multiples projets de changement qui traversent nos organisations en quête d'adaptation.

Remisons aux musées des accessoires les manuels de management et penchons-nous sur le monde implicite des relations humaines dans l'entreprise. Là où se crée la valeur. Je vous convie à un voyage à la découverte des ressorts de la performance. Nous mettrons le cap vers un nouveau type de leadership s'appuyant sur la compréhension du système humain des entreprises. Espérons que Jean Tille aura trouvé un bon sponsor car nous aurons besoin d'un bateau solide pour affronter la houle du grand large.

Le relationnel sur le devant de la scène

Toutes les entreprises qui nous consultent sont, tour à tour, confrontées aux mêmes types de problèmes : déployer une nouvelle stratégie, réduire les coûts, introduire de nouveaux produits dans des délais plus courts, tirer profit de synergies, améliorer la qualité, intégrer une nouvelle activité, motiver le personnel, renforcer les compétences, tout ceci pour créer de la valeur. Ces différentes actions, bien menées, peuvent garantir un avantage compétitif durable.

Ce qui est rare à présent, ce n'est pas le capital, l'accès au marché, les compétences ou les technologies. La plupart de ces facteurs peuvent être acquis. Ce qui ne peut s'acheter, ce sont les relations entre ces facteurs, la capacité à coopérer. Les comportements ne s'alignent pas spontanément sur la structure. Les groupes issus de fusion rencontrent souvent de vraies difficultés à marier les différentes cultures et à développer des tissus efficaces de coopération entre les « anciens » et les « nouveaux arrivants ».

Plus l'environnement est incertain, moins la règle est capable de répondre à toutes les situations et plus l'homme intervient en décideur pour se substituer à la règle défaillante. Il ne faut pas moins mais plus de face-à-face. Plus nous nous éloignons du modèle taylorien où les tâches et les rôles de chacun sont prescrits à l'avance, et plus l'efficacité collective dépend de la qualité des relations et de la communication entre individus.

Les relations interindividuelles émergent progressivement comme les nouvelles clés de l'avantage concurrentiel. Écoute du client, qualité de service, rapidité de décision, partage des connaissances, innovation : ces facteurs de succès de l'entreprise reposent sur l'adéquation des comportements, la qualité des relations entre les individus de l'entreprise et la capacité à coopérer.

L'entreprise doit se redonner du temps en jouant sur un processus complexe, peu tangible et pourtant essentiel : la capacité à percevoir, à réagir rapidement et à apprendre. D'où l'importance croissante du capital humain. Dans les années 1990, le développement de la qualité totale constitue un signe avant-coureur de cette tendance lourde. Encore une fois, il ne s'agit pas de quitter un mythe, celui de la bureaucratie rationnelle, pour s'adonner à un autre, celui du réseau coopératif. Le relationnel est mis sous tension par les relations de pouvoir qui contiennent aussi leur part d'ombre. Il s'agit plutôt d'analyser les situations avec une lucidité accrue.

Du relationnel au capital humain

Pour agir sur quelque chose, il faut d'abord le concevoir. De même, le « changement d'optique » consistant à considérer l'organisation comme un système de sous-groupes interdépendants et non plus comme une mécanique rationnelle, constitue le premier pas nécessaire vers la

conquête de l'avantage concurrentiel durable. Toute l'attention du dirigeant devra se porter sur la capacité de coopérer de ces sous-groupes.

Plus le monde est incertain et fluctuant, plus les plans et les procédures
établies sont rapidement obsolètes. L'erreur, c'est de faire de l'instrument de mesure (les bénéfices) et de l'hypothèse qui le sous-tend (une
vision mécanique de l'entreprise), l'unique instrument de pilotage, c'est-
à-dire d'action et de création de valeur durable.

L'émergence de nouveaux outils comme l'EVA (la valeur ajoutée économique) pour mesurer la performance de l'entreprise est interprétée par
certains comme la traduction du pouvoir accru de l'actionnaire et des
marchés financiers. On peut y voir aussi un outil de synthèse qui ne
mesure pas la performance à un instant donné, comme le bénéfice par
action, mais la capacité de l'entreprise à créer de la valeur dans le futur.
L'EVA permet de dépasser la conception mécanique de l'entreprise,
contrairement aux outils de mesure classiques. En se focalisant sur le
cash-flow plutôt que sur les bénéfices, les dirigeants sont incités à éliminer les subventions internes croisées et les gaspillages. Comment une
mécanique rationnelle pourrait-elle tolérer des « subventions croisées »
et des « gaspillages » ? La métaphore mécanique doit céder sa place à
une vision plus riche et mieux adaptée de l'entreprise. Celle-ci est un
ensemble complexe, une capacité organisationnelle englobant des sous-
systèmes en interdépendances.

Cette approche globale de la performance traduit également un nécessaire renouvellement de la réflexion sur la création de valeur, pour y
incorporer plus nettement de nouveaux facteurs, le capital client et le
capital humain. La multiplicité de l'offre et des canaux d'accès, notamment avec Internet, incite les entreprises à déployer des politiques pour
fidéliser leurs clients. Ces politiques incluent généralement des stratégies
de marques fortes, d'offres globales et personnalisées, de services et
d'augmentation du coût de sortie pour le client.

L'intendance d'abord !

Les processus de décision et d'apprentissage, difficilement mesurables
parce qu'intangibles, jouent un rôle prépondérant dans la création de
valeur. Mais il ne suffit pas de proclamer que la ressource humaine est
l'atout central de l'entreprise : une traduction concrète dans les comportements managériaux est nécessaire.

En matière de changement ou de création de valeur, contrairement à une conviction implicite et fortement ancrée chez les managers, « l'intendance ne suit pas ». Ou plutôt, l'intendance suit d'autant plus facilement que la confiance est largement partagée dans l'entreprise et que les lignes de fractures sont faibles. Bref, l'intendance suit d'autant mieux que le management s'en est préoccupé !

On ne peut pas faire fructifier le « capital humain » seulement en prenant des décisions d'investissement, fort utile au demeurant, incluant les programmes de formation ou les répertoires de compétence. Le management fait lui-même partie du capital humain et l'influence par son comportement.

Faire fructifier le capital humain, développer le relationnel, c'est avant tout un état d'esprit. Dire que l'environnement pousse à une remise en cause du modèle bureaucratique est une banalité. Éradiquer la règle pour assouplir les organisations bureaucratiques est une impasse. Pour que nos entreprises évoluent, il faut également que les esprits changent.

LE NAVIRE DE LA MULTIRATIONALITÉ

Pour l'Architecte, seule l'action compte

Le navigateur accéderait facilement au grand large, s'il ne devait convaincre l'Architecte de conduire un diagnostic de l'existant. Le diagnostic se trouve en opposition avec l'une des inclinations et valeurs les plus fortes du manager qui réussit : l'action.

Le manager peut avoir l'impression, souvent à juste titre, de se faire piéger par le diagnostic. Il est vrai que le diagnostic apparaît souvent comme un exercice de critique de l'existant. Le management en place s'y trouve remis en cause par des collaborateurs soucieux de se dédouaner et poussés par un consultant qui se fait plaisir en mettant des fragments de réalité dans les boîtes de ses modèles.

Or, ce qui compte pour le manager, ce sont les propositions de solutions pour améliorer la situation à laquelle il est confronté. Pour lui, les cimetières sont remplis de critiques aigris qui avaient d'autant plus raison avant tout le monde qu'ils n'étaient pas aux commandes. Lui, le manager aux commandes, recherche des bonnes volontés capables de se retrousser les manches pour faire progresser les résultats.

La méthode développée dans ce livre ne fait pas l'économie du diagnostic, étape essentielle pour piloter avec une lucidité accrue. Mais elle va aussi plus loin dans l'action, car elle est guidée par une exigence : dégager des pistes concrètes pour améliorer la performance des entreprises et des organisations d'une manière générale.

Le cas Électro n° 1

Cette entreprise internationale fabrique du matériel électronique industriel. Chaque commande donne lieu à un projet en interne pour fabriquer conformément aux spécifications le produit attendu par le client. Affichant une marge nette très en dessous de la concurrence, l'entreprise a un besoin urgent de faire des économies pour satisfaire les marchés financiers. Électro a connu une forte croissance externe, mais elle a tardé à tirer les bénéfices des synergies potentielles et des économies d'échelle. Un mouvement de consolidation s'impose.

La direction engage un projet ambitieux de réduction des frais généraux concernant toutes les fonctions à l'exclusion de la gestion des projets car une nouvelle procédure, censée remédier aux difficultés de coordination, a été mise en place récemment. Cependant, les entretiens auprès des ingénieurs révèlent que cette procédure n'est pas appliquée et que les dysfonctionnements persistent. La coordination sur projet entre unités locales s'effectue aux dépens de l'intérêt collectif. Certaines unités surfacturent leurs prestations en interne ou privilégient des projets spécifiques, à faible rentabilité, avec des partenaires locaux, pour assurer leur autonomie.

Il est cependant impossible de faire admettre ces éléments à la direction qui réduit la portée des dysfonctionnements remontés. Une source importante d'économie est ainsi écartée. Pour quelle raison ? Faut-il faire l'hypothèse que, pour la direction, admettre que les baronnies n'appliquent pas la procédure, c'est reconnaître qu'elles ont gardé la capacité de défier son autorité et, *in fine*, que son initiative est un échec ?

Nous avons là, condensés en un exemple, divers effets pervers du modèle de l'Architecte. La rationalité de ce dernier bute sur des obstacles non identifiés.

D'abord, pour la direction, il ne peut pas y avoir d'écart entre la règle et la pratique. Ensuite, dans son jeu de pouvoir avec les barons, reconnaître que la procédure de coordination sur affaire n'est pas pratiquée, ce serait reconnaître que le roi est nu. D'où la décision *a priori* irrationnelle de se couper d'un gisement substantiel d'économie. Enfin, on voit bien, ici, que les dirigeants constituent une coalition, sorte de coterie, caractéristique typique de la bureaucratie, qui préfère fermer les yeux plutôt que de reconnaître des évidences remettant en question les équilibres du pouvoir.

Admettre, au contraire, qu'il puisse y avoir un écart entre la vision que l'on a, à un moment donné, d'une organisation et son fonctionnement réel permet de s'affranchir de tout *a priori* sur les problèmes rencontrés et les bonnes solutions à mettre en place. Accepter une telle incertitude impose de faire un diagnostic approfondi des différentes dimensions de l'organisation[1]. Ainsi commence « 1492 » pour le management.

Le leadership pour s'éloigner des rives de la bureaucratie

Certaines organisations, regroupées derrière leurs dirigeants, apparaissent comme plus cohérentes que d'autres. Cet alignement, lorsqu'il descend très profondément dans les structures, confère une réelle efficacité aux structures et aux procédures.

Il faut, sans doute, des circonstances favorables, ou un dirigeant infatigable, pour faire reculer les peurs, donner du sens à l'action tout en répondant dans l'urgence aux aléas du quotidien, dégonfler les fantasmes des uns et des autres, et permettre ainsi à des relations de coopération efficace de s'imposer.

On trouve, notamment chez les fondateurs d'entreprise, cette intuition qui leur permet d'enclencher une adhésion du personnel à un projet collectif, en repoussant ainsi les comportements inefficaces d'indifférence, d'accaparement ou de manipulation qui tirent l'organisation vers un fonctionnement rétrograde. Cette intuition leur permet, au travers de leur personne et de leur propre comportement, de mobiliser leurs collaborateurs autour d'un projet, dans le respect de certaines valeurs partagées qui transcendent les ambitions individuelles. Cette intuition est que, pour gagner dans la compétition économique, les hommes et leurs métiers comptent plus que les structures et les statuts. Jean-Louis Descours[2],

---

1. *L'Acteur et le système*, M. Crozier et E. Friedberg, Ed. du Seuil, 1997.
2. Ancien président du Groupe André, entretien avec l'auteur.

résume cette intuition en une phrase forte : « Ce sont les comportements qui font que l'entreprise réussit ou pas. »

Il existe donc bien une ressource pour s'écarter des rives confortables car familières de la bureaucratie, c'est le leader-navigateur. Pour avancer vers le Nouveau Monde, le navigateur ne doit s'encombrer ni des instruments de navigation traditionnels, les meilleures pratiques du management, ni des cartes où la « Terra Incognita » ne figure pas. Il doit aussi se méfier des bons conseils d'un entourage cherchant peut-être d'abord à préserver des situations acquises.

Le navire de la multirationalité

Nous voyons ainsi se dégager, sous nos yeux, le « monde des relations humaines », relativement indépendant des règles, des projets, des processus et des structures. Ce monde n'est pas pavé que de bonnes intentions. Il structure et conditionne le système de décision des dirigeants, parfois à leur insu. La rationalité du décideur est elle-même limitée. Ce monde comprend des ruptures dans les chaînes de connaissance et favorise la cohabitation de perceptions divergentes d'une réalité à la fois unique et morcelée. L'organisation est donc un système de multirationalités. Enfin, chacun investit son environnement avec ses motivations inconscientes qui ont leur logique propre. Chacun peut tour à tour être l'acteur et l'objet de manipulations qui présentent toutes les vertus de la rationalité.

Le diagnostic a pour fonction de mettre à jour le mécanisme caché des jeux de pouvoir qui sélectionne et retient comme seules légitimes certaines visions du monde aux dépens d'autres, en hissant au rang de norme des jugements pourtant très partiaux de la réalité.

Pour être à même de piloter le navire de la multirationalité, le navigateur doit connaître et respecter les trois impératifs suivants :

- connais-toi toi-même (ma rationalité est limitée par les informations auxquelles j'ai accès, par mes motivations inconscientes et par mon parcours social) ;
- apprends à connaître la rationalité des autres (l'organisation est un système de multirationalités) ;
- apprends à anticiper et à mesurer l'impact que chacun a sur les motivations inconscientes des autres.

LES COMPAGNONS DE LA TRAVERSÉE, LE MOSAÏSTE ET LE TISSERAND

Le navigateur, accompagné de l'Architecte, dans son Arche de Noé du management, deux passagers précieux, le Mosaïste et le Tisserand qui l'accompagneront durant la traversée. En effet, le nouveau modèle du management tient plus du Mosaïste et du Tisserand que de l'Architecte.

Le Mosaïste s'occupe du contenu, dispose d'outils pour mesurer, comparer, ajuster et mettre en perspective les différents éléments du puzzle organisationnel et donner un sens à l'ensemble ainsi formé. Il a le recul nécessaire pour identifier et intégrer les diverses rationalités et motivations inconscientes sans y plaquer sa propre logique. Il confronte l'ensemble des points de vue entre fonctions, activités ou niveaux hiérarchiques.

Le Tisserand est responsable du processus, de la mise en œuvre, bref de la conduite du changement pour atteindre un niveau supérieur de performance. Le développement des compétences, la réactivité au marché exige une forte capacité de coopération pour partager rapidement les informations et permettre un apprentissage collectif. Le manager intervient comme un tisserand pour favoriser la création de ces liens. Le développement de réseaux de relations porteur du projet est la clé du succès. Le Tisserand sait trouver un compromis fructueux entre les rationalités des uns et des autres tout en tenant à l'écart les logiques destructrices.

Quelle que soit la finalité de ses projets de changement, quantitative ou qualitative, le management augmente ses chances de réussite en investissant dans les relations. En s'appuyant sur les compétences du Mosaïste et du Tisserand, le dirigeant s'offre une assurance contre la « tentation » de l'Architecte et le retour toujours possible de dérives bureaucratiques. Ce n'est pas l'organisation qui doit changer, mais le décideur, qui doit substituer l'état d'esprit du Mosaïste et du Tisserand à celui de l'Architecte.

LES NOUVELLES CARTES DU NAVIGATEUR :
LES TROIS DIMENSIONS DE L'ORGANISATION

Le navigateur est heureux car le vent du relationnel gonfle les voiles de son navire.

Il dispose d'une carte, encore très imprécise, qui lui sert de point de départ, présentant une vision de l'organisation en trois dimensions. La dimension « *Pro* » contient les ingrédients de la création de valeur, connue plus fréquemment sous le label de facteurs de production : l'outil industriel, les technologies, les compétences et les savoirs.

On trouve dans la dimension « *For* », formelle, la manière dont on est supposé raisonner et se comporter dans l'entreprise. La dimension *For* regroupe la vision, les valeurs déclarées, les normes, les structures et les procédures. C'est la face officielle de l'entreprise, celle que l'on présente aux partenaires mais aussi celle qui nourrit le modèle mental de l'Architecte.

Enfin la dimension « *Inf* », informelle, traite de la façon dont les gens appréhendent la réalité et se comportent en fait. Parce qu'elle est dotée d'une dimension *Inf*, l'entreprise n'est pas réductible à une mécanique rationnelle. Elle contient également des valeurs, des hypothèses cachées ou implicites, des pratiques informelles et des motivations inconscientes.

Inputs
Environnement

FOR	INF	PRO
Comment devrait raisonner et fonctionner l'organisation : - valeurs déclarées - structure - procédure - process	**Comment raisonne et fonctionne l'organisation :** - valeurs pratiquées - motivations inconscientes - jeux de pouvoir - modes de fonctionnement réel	**Les facteurs de production :** - savoir - savoir-faire - compétences - technologies - systèmes d'information - infrastructures

Performance collective/Output
Positionnnement concurrentiel
Environnement

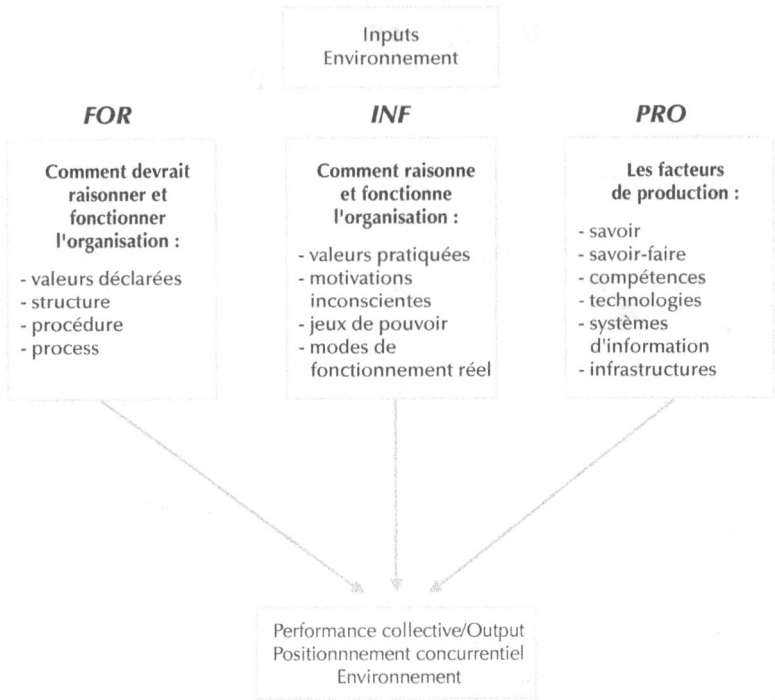

La dimension *For* correspond au modèle de la machine rationnelle hérité de F. Taylor, dont le fordisme constitue l'aboutissement industriel. La dimension *Inf* fait apparaître la notion de système en incluant les relations entre les acteurs de l'organisation. La dimension *Inf* se découvre dans les ratés de *For*. La dimension *Pro*, qui recouvre les facteurs de production, le contenu des activités, joue un rôle neutre ici. Les facteurs de production se rangent selon les situations, dans *For* ou dans *Inf*, ou les deux. Par exemple, une même compétence, comme la modélisation des volumes de ventes, peut être considérée sous l'angle *For*, pour sa pertinence dans la chaîne d'activité reliant les ventes à la fabrication ou, sous l'angle de *Inf*, pour le rôle qu'elle occupe dans des réseaux informels d'information. Nous pouvons commencer à poser l'équation suivante :

Organisation comme système	=	*For* (mécanique rationnelle, le formel) + *Inf* (l'informel, l'intangible)

Les valeurs déclarées et les valeurs pratiquées

La plupart des enjeux et des luttes de pouvoir dans l'entreprise tournent autour du mode de définition de la réalité et des problèmes, car la manière de définir le problème conditionne le choix de la solution. À tout moment, le manager peut décider de privilégier la dimension *For* ou la dimension *Inf*. Toutefois, l'accès à la dimension *Inf* exige une capacité de prise de recul pour identifier, voire remettre en cause, ses propres hypothèses et sa vision de la réalité. Cela s'avère souvent difficile pour le manager pris dans le cycle rapide des décisions et des actions.

Des auteurs comme D. Schon et Ch. Argyris[1] ont constaté que l'entreprise pouvait laisser cohabiter une *espoused theory*, contenant les valeurs déclarées de l'entreprise, les principes de management affichés et une *theory in use*, contenant les valeurs opératoires, un mode de fonctionnement réel souvent très éloigné des principes.

- L'une de ces *theory* est affichée et non pas pratiquée, elle fait partie de *For*.
- L'autre est pratiquée mais non reconnue, elle fait partie de *Inf*.

À partir du moment où la direction impose une superposition totale de *For* sur *Inf*, l'entreprise peut difficilement progresser. *Inf* n'est pas réductible à *For*. Sans ce constat de base, aucun apprentissage organisationnel n'est possible. La dimension *For* s'impose comme modèle mental justifiant les décisions prises. Mais en fait, *For* est asservie à *Inf*. En évacuant le pouvoir – car c'est bien de lui dont il est question ici – on se coupe des leviers essentiels pour comprendre la création et la destruction de valeur dans l'entreprise. *Inf* ne colle pas passivement à *For*, au contraire *Inf* induit *For*.

La mise à l'écart de *Inf*, ce que nous appelons aussi « l'informel », peut engendrer bien des déconvenues.

---

1. C. Argyris. et D.A. Schon, *Organizational learning : a theory of action perspective*, Reading, Mass., Addison-Wesley, 1978.

Le changement ou comment naviguer

Nous devons introduire une dernière notion pour analyser les situations et en tirer des enseignements, celle de changement.

Le changement comprend trois éléments : la situation existante, celle de départ, la situation cible et le chemin à suivre, c'est-à-dire le changement proprement dit pour mener l'entreprise de la situation de départ à la cible.

Généralement, le diagnostic de la situation présente et la conception de la cible relèvent de la stratégie. La conduite du changement, elle-même, relève de la mise en œuvre. La stratégie ne s'élabore pas en vase clos mais par rapport à un environnement donné. Une fois le positionnement concurrentiel choisi, le plan de changement va devoir faire évoluer l'organisation pour la rapprocher de la cible. Une conception de l'organisation systémique ou mécanique va influencer le choix du chemin et le résultat.

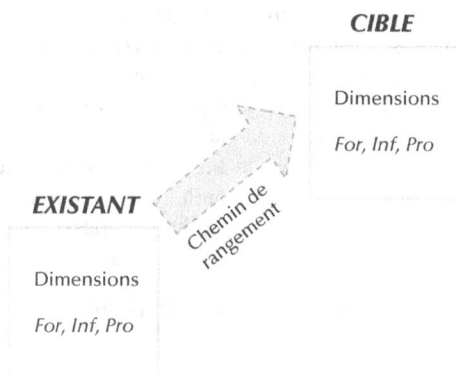

CIBLE

Dimensions

For, Inf, Pro

EXISTANT

Dimensions

For, Inf, Pro

Chemin de rangement

Toute démarche de changement consacre des énergies à la fois à comprendre l'existant et à déterminer la cible en fonction des changements prévisibles dans l'environnement.

On sera d'autant moins intéressé à analyser l'existant que l'on estime que les dimensions *For* et *Inf* de l'entreprise sont alignées. Si *For* et *Inf* sont en phase au départ, on peut penser qu'il suffit de définir un « *For* cible » pour obtenir un alignement du « *Inf* cible ». Ce type de démarche illustre souvent une conception mécanique de l'organisation. Le risque d'échec est grand quand, en fait, *For* diffère de *Inf*.

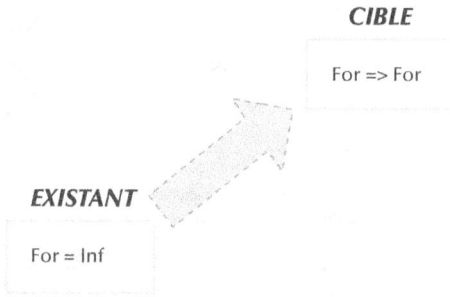

CIBLE

For => For

EXISTANT

For = Inf

Changement mécanique

Au contraire, si l'on pense que *Inf* n'est pas aligné sur *For*, on peut aisément supposer que le « *For* cible » ne suffira pas à entraîner l'alignement du « *Inf* cible ». Un travail approfondi et préalable est nécessaire pour créer les conditions d'un rapprochement de *For* sur *Inf* ou du moins d'une reconnaissance des écarts.

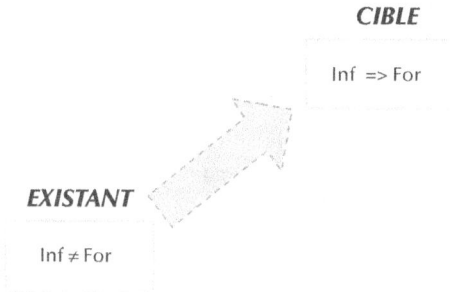

CIBLE

Inf => For

EXISTANT

Inf ≠ For

Changement systémique

LE MODÈLE MÉCANISTE ET LE MODÈLE SYSTÉMIQUE		
Destination du voyage	**Bureaucratie**	**Nouveau Monde**
Métaphores managériales	Architecte	Navigateur, Mosaïste et Tisserand
Modèle d'organisation	Modèle mécanique	Modèle systémique
Rationalité	Rationalité unique *For = Inf*	Rationalités limitées *For ≠ Inf* Motivations inconscientes
Méthode de changement	Définir la stratégie et fixer la cible For La mise en œuvre par définition suivra, *Inf* se conformant à *For* L'intendance suivra	Mettre en lumière *For ≠ Inf* Travailler simultanément sur *For* et *Inf* pour définir la cible La mise en œuvre se fait par l'apprentissage
Coûts	Puisque *For = Inf a priori* : Pas d'apprentissage Rejet de l'innovation Résistance au changement	Puisque *For ≠ Inf* : délais et investissement supplémentaire sont nécessaires
Avantages	Résultats rapides possibles aux moindres coûts Méthode simple	Apprentissage et création de valeur durable

CARNET DE ROUTE DU NAVIGATEUR (PLAN DU LIVRE)

Nous vous proposons d'appareiller immédiatement pour un voyage vers la « Terra Incognita » de la performance (le Nouveau Monde). Nous quittons les rives confortables de la bureaucratie. Attention, frissons garantis. Nous ont rejoint à bord, le Mosaïste et le Tisserand qui nous apportent leurs outils et les savoir-faire organisationnels dont nous aurons besoin quand nous atteindrons le Nouveau Monde.

D'un précédent voyage, le Mosaïste a ramené une carte plus précise du grand large. Cette carte nous sert à fixer notre plan de navigation.

Une première course brève nous conduira à l'île fortifiée dite « Carré magique du Mosaïste », dernier territoire connu avant le grand large. Nous y aborderons les outils d'analyse systémique auxquels a recours le Mosaïste pour comprendre les organisations (chap. 3).

Armés de ces outils, nous entreprendrons notre longue et incertaine traversée. Nous ferons une première escale dans l'archipel du micromanagement qui regroupent les récifs de la destruction de valeur aux écueils et bas-fonds dangereux et les atolls de la création de valeur (chap. 4).

De ces derniers atolls, nous pourrons contempler l'immense presqu'île du macromanagement qui a du mal à cacher son rattachement au continent de la bureaucratie. Nous comprendrons peut-être ainsi pourquoi il est si difficile de reproduire à l'échelle d'une entreprise les mécanismes de création de valeur identifiés au chapitre précédent (chap. 5).

Une fois franchi ce cap, il nous faudra nous engouffrer dans l'inévitable triangle des Bermudes du corps social, zone très dangereuse et crainte des marins. Selon les rescapés, les instruments de bord traditionnels y sont inutiles, car totalement déréglés. En fait, nous touchons là aux frontières cachées de l'entreprise qui font inéluctablement échouer tout projet de changement en renforçant les caractéristiques bureaucratiques de l'organisation. Heureusement, le Mosaïste nous affirme qu'il est parvenu jusqu'à cette région extrême et qu'il dispose d'instruments adaptés (chap. 6).

Si nous sortons sains et saufs de cette passe difficile, alors nous pourrons reprendre des forces dans l'île du manager intégrateur (chap. 7). Nous dégagerons ici des préconisations pour augmenter le taux de succès des projets de changement en développant les capacités de coopération et d'apprentissage de l'entreprise.

De là nous emprunterons le chenal de la conduite du changement (chap. 8) dont les courants porteurs et les bords escarpés sont connus du Tisserand. Il nous conduira, à l'abri de la houle, jusqu'aux rives de la « Terra Incognita ».

Nous situerons la démarche du management intégrateur dans le prolongement des approches de Stratégie Organisationnelle (chap. 9).

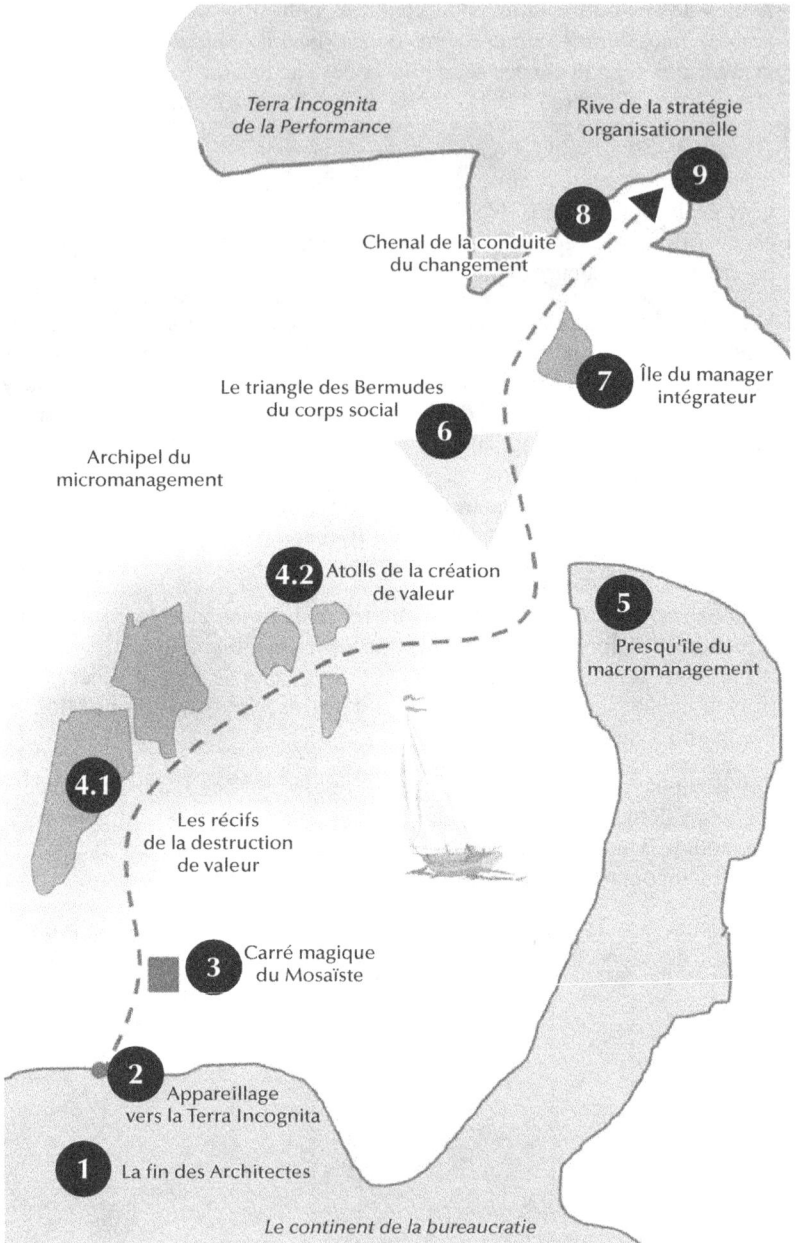

Terra Incognita
de la Performance

Rive de la stratégie
organisationnelle

9

8

Chenal de la conduite
du changement

7 Île du manager
intégrateur

Le triangle des Bermudes
du corps social

6

Archipel du
micromanagement

4.2 Atolls de la création
de valeur

5

Presqu'île du
macromanagement

4.1

Les récifs
de la destruction
de valeur

3 Carré magique
du Mosaïste

2 Appareillage
vers la Terra Incognita

1 La fin des Architectes

Le continent de la bureaucratie

Continent de la bureaucratie   Terra Incognita de la Performance

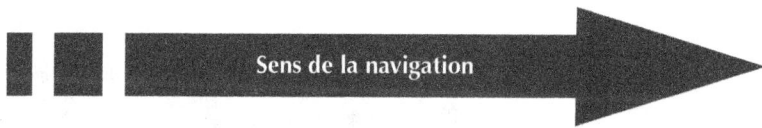

Sens de la navigation

CHAPITRE 1	CHAPITRE 2	CHAPITRE 3	CHAPITRE 4	CHAPITRE 5
La fin des Architectes	Appareillage vers la Terra Incognita	Le carré magique du Mosaïste	À la recherche de la création de valeur «micro»	Les limites du macromanagement

CHAPITRE 6	CHAPITRE 7	CHAPITRE 8	CHAPITRE 9
Les frontières cachées de l'entreprise	Le manager intégrateur	La conduite du changement du Tisserand	La stratégie organisationnelle

CHAPITRE 1	CHAPITRE 2	CHAPITRE 3	CHAPITRE 4	CHAPITRE 5	CHAPITRE 6	CHAPITRE 7	CHAPITRE 8	CHAPITRE 9
La fin des Architectes	Appareillage vers la Terra Incognita	Le carré magique du Mosaïste	À la recherche de la création de valeur «micro»	Les limites du macromanagement	Les frontières cachées de l'entreprise	Le manager intégrateur	La conduite du changement du Tisserand	La stratégie organisationnelle

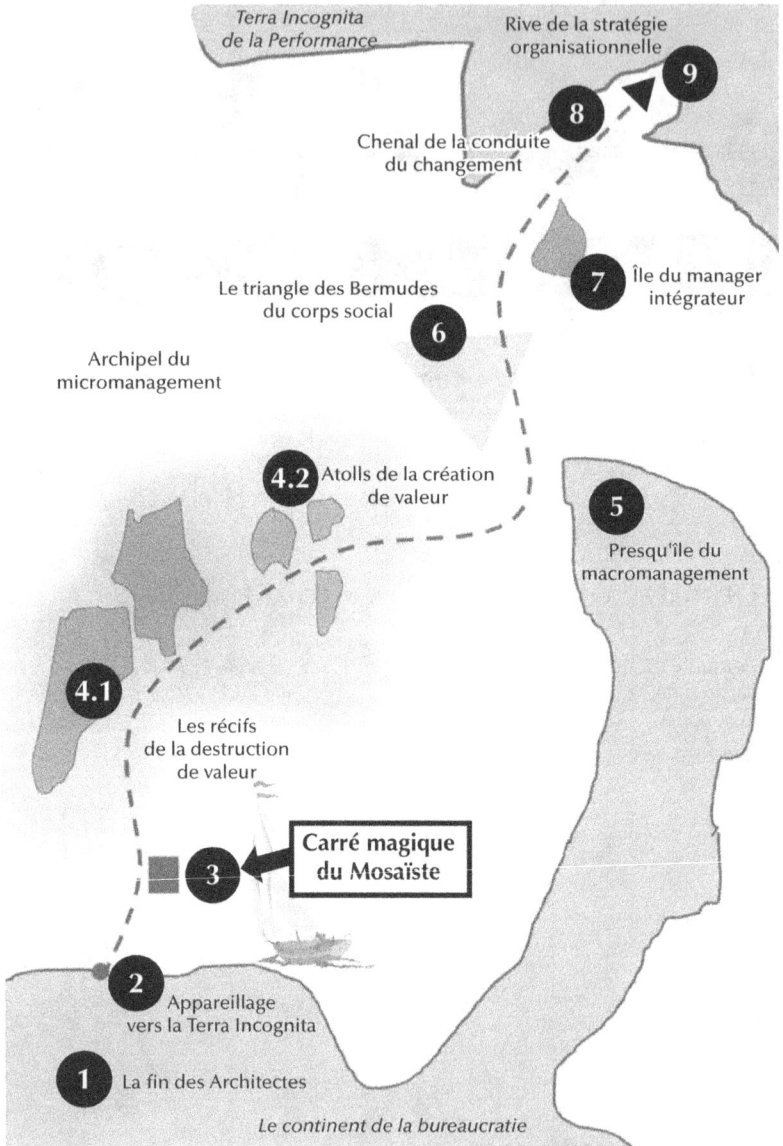

Terra Incognita de la Performance

Rive de la stratégie organisationnelle

9

8

Chenal de la conduite du changement

7 Île du manager intégrateur

Le triangle des Bermudes du corps social

6

Archipel du micromanagement

4.2 Atolls de la création de valeur

5

Presqu'île du macromanagement

4.1

Les récifs de la destruction de valeur

Carré magique du Mosaïste

3

2 Appareillage vers la Terra Incognita

1 La fin des Architectes

Le continent de la bureaucratie

CHAPITRE 3

Le carré magique du Mosaïste

Le fonctionnement de l'Architecte, malgré sa volonté de performance économique, devient de plus en plus coûteux pour l'entreprise, d'autant plus qu'il n'arrive pas à se réformer lui-même. Il faut alors lui venir en aide.

Un deuxième caractère entre en scène, le Mosaïste qui sera le premier coach de l'Architecte. Il va l'aider à changer d'optique. Le regard plonge dans *Inf* et aux organigrammes succèdent la mosaïque des sous-systèmes de l'organisation.

Le carré magique du Mosaïste permet d'analyser l'organisation dans sa profondeur et sa diversité en explorant les différentes facettes de la dimension *Inf*. Il dégage les forces en présence pour rendre compte des effets de système au-delà de toute causalité linéaire.

Le Mosaïste a besoin d'outils pour comprendre la dimension *Inf* de l'organisation et éclairer la stratégie de changement. Nous en dénombrerons quatre se répartissant sur deux axes : micro-macro (c'est-à-dire individuel-collectif) et organisation-système humain.

	MICRO	MACRO
FOR ORGANISATION	Zone d'incertitude	Intégration-différenciation
INF SYSTÈME HUMAIN	Rationalité limitée	Culture et effets induits

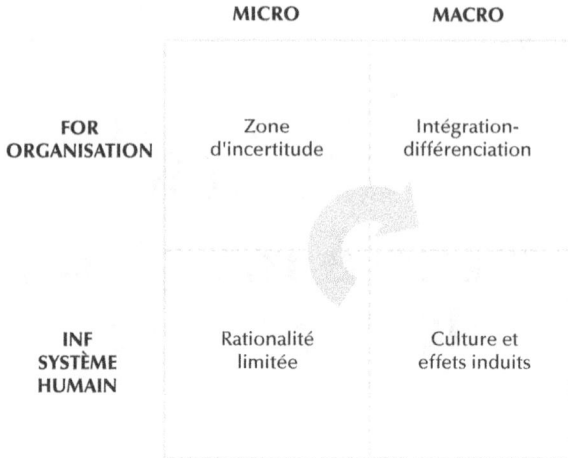

Comme nous l'avons vu, chacun est rationnel dans ses choix, mais ses capacités de décisions sont limitées par plusieurs facteurs, soit liés à la personne elle-même et à son parcours, soit au contexte dans lequel elle évolue.

C'est le principe de rationalité limitée.

Les acteurs de l'entreprise subissent aussi les aléas et incertitudes de l'environnement externe ou interne. Ils cherchent à les maîtriser ou à s'en protéger. Ainsi la vie de l'entreprise tourne autour du contrôle de ces zones d'incertitude.

Rationalité limitée et zones d'incertitude sont structurées dans l'organisation en fonction de son degré d'intégration et de différenciation.

C'est enfin le couple intégration - différenciation, l'ensemble des rationalités limitées et des zones d'incertitudes qui fabriquent la culture de l'entreprise.

LA RATIONALITÉ LIMITÉE : « J'AI LE POUVOIR, DONC L'ORGANISATION EST RATIONNELLE »

La rationalité limitée, effet de position
et de disposition

Nous prenons tous des décisions sur la base d'une analyse de la situation
à partir des informations disponibles et ce processus obéit au principe
de la rationalité limitée. Celle-ci est elle-même déterminée par l'effet de
position et de disposition. Ce dernier, décrit par R. Boudon[1], structure
les cartes mentales du manager, comme pour chacun d'entre nous. La
rationalité du manager est limitée à la fois par le contexte de décision
qui conditionne l'accès aux informations (effet de position) et par les
capacités cognitives et les grilles de lecture dont il a hérité de son parcours social et professionnel (effet de disposition).

Nous décidons de manière rationnelle, mais dans un contexte chargé de
contraintes. Notre propre sensibilité, nos émotions, notre parcours dans
l'entreprise, la nature de nos relations et des tableaux de bord disponibles
influencent considérablement notre processus de décision : certains faits
prendront beaucoup d'importance et d'autres seront masqués. Nous avons
vu dans le précédent chapitre qu'il fallait y ajouter l'influence des motivations inconscientes. Bref, nous faisons avec les moyens du bord. Chacun se rappellera cette plaisanterie, profondément juste, de l'individu
cherchant sa montre non pas sur le trottoir où il pense l'avoir perdue,
mais sur le trottoir d'en face qui, seul, est éclairé !

Le cas Matélec

Nous sommes appelés à améliorer la performance des fonctions du « siège »
de Matélec, une grande société de matériel informatique. Nous expliquons à
notre client que nous devons faire un diagnostic de chaque fonction pour
mesurer l'efficacité des processus existants. La direction générale nous indique
que nous risquons de rencontrer des difficultés au service du personnel.

Effectivement, lors d'une première prise de contact, nous nous rendons compte
que les cadres de ce service sont partagés sur l'intervention de consultants.

---

1. R. Boudon, *L'Idéologie*, Fayard, Paris, 1986 et E. Friedberg, *Le pouvoir et la règle*,
Ed. du Seuil, 1993.

Les opposants soupçonnent le consultant d'utiliser des méthodes standards d'origine « américaine », incompatibles avec l'approche globale de l'individu que doit promouvoir un service des ressources humaines.

Lors de la réunion d'ouverture du projet, l'ensemble des cadres du service est présent. À peine ai-je commencé la présentation de la démarche que je me trouve attaqué par certains qui rejettent la notion même de diagnostic, trop réducteur à leurs yeux. Ils parlent fort et personne n'ose les contredire.

Il me faut reprendre la main. J'ai l'intuition que la « rationalité limitée » va pouvoir m'aider. Je dessine deux schémas sur les tableaux de papier blanc dressés dans un coin de la salle.

L'un représente une organisation « au carré », avec un organigramme classique contenant des boîtes – les départements – rattachés par des traits droits et verticaux à un responsable hiérarchique, le directeur.

L'autre représente une organisation plus tourmentée dont les éléments simples sont des ronds, des soleils, de tailles différentes et d'où partent en rayonnant des traits conduisant à d'autres cercles plus petits.

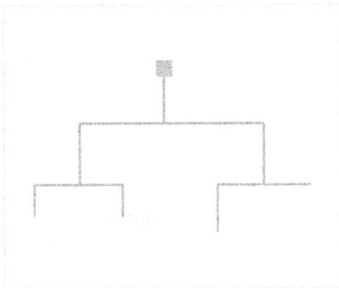

Organisation rationnelle   **Organisation clanique**

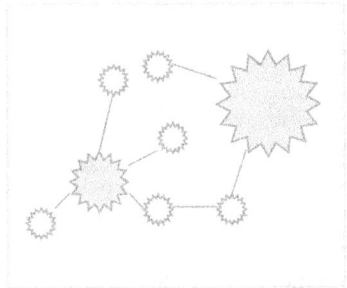

Je leur explique ce que j'ai voulu schématiser. Dans un cas, une organisation où règnent la rationalité, la discipline et la transparence. Dans l'autre, une organisation par clans où certains ayant plus de pouvoir que d'autres exercent une influence unilatérale sur la marche de l'ensemble du service !

Bref, la première est vue par un Architecte (dimension *For*) et la seconde par un Mosaïste (dimension *Inf*).

Et je leur demande de voter : lequel des deux dessins rend le mieux compte du service du personnel auxquels ils appartiennent. Le moment de surprise passé, chacun s'exécute. Comme je le prévoyais, les avis sont partagés. Si un quart des cadres penche pour l'organigramme rationnel, les trois quarts se reconnaissent dans l'organisation « clanique ».

J'ai au moins marqué un point : chacun tend à prendre son point de vue comme le seul rationnel (principe de rationalité limitée).

Je sais que je peux aller plus loin. Je fais l'hypothèse que les tenants de « l'organigramme rationnel » sont plutôt du côté des meneurs de clans. Ils ne voient dans l'organisation que ce qui fonctionne. Leur effet de position les pousse à n'accorder aucun crédit à ceux qui s'estiment laissés pour compte. Ceux qui ont voté pour l'organisation en clans se rangent, quant à eux, du côté des « perdants ». Leur effet de position se traduit par des plaintes et des critiques. J'engage un débat là-dessus : bien évidemment l'hypothèse en sort confirmée.

Il y a bien deux rationalités qui s'opposent et c'est la vision du Mosaïste qui l'emporte : l'organisation est de type clanique. Néanmoins, les tenants de l'organisation « au carré » la voient ainsi, car ils ont intérêt à ce que l'on croit qu'elle est ainsi. Ils sont heureux sans doute d'y croire eux-mêmes !

▨ *La dissonance cognitive*

Suivant le principe de la dissonance cognitive, un individu peut préférer se couper d'une réalité remettant en cause ses hypothèses plutôt que d'abandonner sa logique[1].

Un dirigeant accédant à un poste de direction générale après avoir réalisé un parcours dans la filière commerciale de son entreprise suscite chez ses collaborateurs un regard « biaisé » par des *a priori*. Ils éprouvent une difficulté à imaginer que ce nouveau directeur général échappe au profil caricatural du commerçant : un bon vendeur ne doit pas être trop technique ! Ils sont conduits à surestimer tout signe de sa part trahissant son incompréhension des contraintes techniques et organisationnelles de leur travail. Bref, tout ce que l'on est en principe en droit d'attendre d'un commerçant. La moindre erreur de jugement en matière d'organisation des métiers confirme l'hypothèse de départ : c'est un vendeur qui ne connaît rien à la technique.

Le décideur devrait savoir que les autres parties prenantes de l'organisation le regardent avec leur propre rationalité limitée : elles aussi disposent d'informations parcellaires pour interpréter des décisions et sont amenées à généraliser, souvent abusivement, pour établir des prévisions

---

1. Voir L. Festinguer, *A theory of cognitive dissonnance*, Harper, New York, 1957.

sur l'évolution de la situation. Chacun tend à prendre son point de vue comme le seul rationnel et objectif. Chacun forme ainsi son « modèle d'anticipation », comme nous le verrons plus loin.

La pression du groupe d'appartenance

Les sous-groupes se forment autour d'intérêts à défendre et se forgent chacun une manière spécifique de présenter la réalité en appui des intérêts à défendre. Autant de sous-groupes, autant de rationalités limitées. Ce qui unit les membres d'un sous-groupe, c'est la défense d'intérêts communs. Nous avons vu, par exemple, que les « gagnants » réduisent l'organisation à *For* et s'opposent aux « perdants » qui, eux, se réfèrent à *Inf* pour décrire la même organisation (cas Matélec).

Tout point de vue différent est rejeté, non pas parce qu'il est faux ou erroné, mais parce qu'il menace les intérêts du sous-groupe. Si la démonstration logique vient en appui de la décision de rejet, elle n'est souvent qu'un habillage *a posteriori*.

L'écart entre valeurs affichées et valeurs pratiquées

Les principes de management affichés sont parfois en opposition franche avec le mode de fonctionnement réel de l'entreprise (voir p. 33).

Nous avons tous rencontré ces contradictions : l'entreprise affiche des valeurs de transparence mais négocie en secret, l'esprit d'équipe est glorifié par l'entreprise, mais au moindre refroidissement de conjoncture, seules les divisions qui présentent une marge positive sont épargnées... Deux types de rationalités limitées ainsi s'opposent. La première, affichée, officielle, fait partie de *For* et prétend à l'universalité, mais elle n'est pas pratiquée. La seconde est pratiquée mais non reconnue, elle relève de *Inf*. L'entreprise présente souvent ainsi des aspects schizophrènes.

Le décideur fait aussi partie du problème

Ce rappel sur la notion de rationalité limitée ne peut qu'inciter le décideur à une certaine modestie quant à la justesse de ses perceptions et de ses analyses. Plus encore s'il est en position de pilotage d'une organisation. Le décideur doit admettre que sa rationalité est « limitée », qu'il décide avec des informations parcellaires et qu'il est conduit à prendre sa vision ou ses désirs pour des réalités. Comme pour tout le monde. Faute de quoi, le décideur devient une partie du problème.

Les parades à la rationalité limitée

L'organisation, sous l'effet de la rationalité limitée, se fragmente en sous-domaines discontinus, chacun ayant sa propre histoire et arborant des couleurs différentes. Les sous-domaines rencontrent des difficultés à se comprendre mutuellement aussi importantes que des États se disputant sur le tracé d'une frontière commune. Comment apporter un peu de cohérence et surmonter les clivages produits par la rationalité limitée ?

Toute réalité est le résultat d'une construction de l'esprit. C'est pourquoi, changer nécessite souvent de changer de lunettes. Ce changement d'optique n'est pas aisé à réaliser : les principes qui définissent la vision que nous avons d'une situation sont enfouis si loin parfois que nous n'en avons pas conscience.

Bien sûr, la multiplication des consultations et des avis recueillis à tous les niveaux dans la structure permet au manager de réduire sa dépendance vis-à-vis d'une source prédominante d'information.

De nombreux managers, de manière intuitive et pragmatique, développent leurs propres parades à la rationalité limitée : participation à de multiples réseaux, déjeuners à la cantine de l'entreprise, rencontres sur le terrain, réunions informelles ou enquêtes d'opinion.

Reste que ces consultations ne peuvent être productives pour interpréter les avis et en dégager une cohérence que si le manager dispose d'un prisme neutre, d'une grille de lecture solide, c'est-à-dire ancrée profondément dans l'organisation. Plus l'entreprise est cloisonnée, composée de pièces rapportées et moins le manager pourra dégager une synthèse « robuste » de ses propres consultations. Nous verrons plus loin comment le processus d'intégration apporte des réponses à cette question.

Pour ces situations, de plus en plus nombreuses avec les vagues de fusions et d'acquisitions, le diagnostic organisationnel s'impose. L'un des buts du diagnostic organisationnel est de révéler au travers de l'interview d'un échantillon d'acteurs de l'entreprise les différentes rationalités en présence, pour dégager de leur confrontation une vision du réel, la moins mauvaise possible.

Le consultant externe peut jouer ici un rôle utile en apportant un regard libre des contraintes propres à l'organisation concernée. Mais il ne faut pas oublier que son regard est lui aussi marqué du sceau de la rationalité limitée ! Chacun ses biais. Le consultant en stratégie réduit la réalité à ses modèles et l'auditeur à des chiffres, tandis que le consultant en ressources humaines ignore le plus souvent la dimension technique des problèmes rencontrés.

LA ZONE D'INCERTITUDE : « JE SUIS PERDU, JE SUIS ASSASSINÉ, ON M'A COUPÉ LA GORGE, ON M'A DÉROBÉ MON ARGENT »[1]

La notion de zone d'incertitude est la deuxième notion à garder à l'esprit pour comprendre le système humain d'une entreprise.

Vous avez dit « zone d'incertitude » ?

Une zone d'incertitude dans une organisation est un élément qui n'est pas encore « banalisé » et dont la maîtrise est essentielle à la vie de l'organisation. Par exemple, pour une entreprise qui croît par acquisition, assurer la coordination des équipes dirigeantes pour faire fonctionner le nouvel ensemble de manière cohérente constitue une « zone d'incertitude » importante. Et si je sors du bureau prendre un café, alors qu'une averse se déclare, le parapluie devient la zone d'incertitude ! Je serai très reconnaissant envers celui qui peut m'en prêter un. Le parapluie n'est pas complètement « banalisé » puisque je n'en dispose pas et sa maîtrise prend une grande importance pour moi, à présent que le ciel est menaçant.

Cette définition mérite des éclaircissements. Mais avant d'aller plus loin, il faut se demander pourquoi la zone d'incertitude est un élément aussi important.

------
1. Molière, *L'Avare*.

Nous courons tous après les zones d'incertitude

Dans les entreprises, y compris bien sûr dans les administrations et le secteur public, nous assistons à une grande course au pouvoir. Comprenons-nous bien, le pouvoir, ce n'est pas que le poste à responsabilités au sommet de la pyramide, ou le bureau d'angle et la voiture de fonction avec sellerie cuir qui lui sont associés. Le pouvoir, c'est simplement une capacité de liberté d'action pour faire ce que l'on a envie de faire en limitant les contraintes. Si, pour certains, avoir du pouvoir, c'est encadrer un grand nombre de collaborateurs, pour d'autres, c'est faire strictement les 35 heures par semaine, pour d'autres encore, c'est pouvoir s'absenter du bureau quand ils le veulent.

La zone d'incertitude rentre ici en action, car elle est le sésame du pouvoir ! Pourquoi les diamants sont-ils chers ? Parce qu'ils sont rares. Il en est de même des zones d'incertitudes : pour donner du pouvoir, elles doivent être rares. Une différence de « taille » avec les diamants : on ne collectionne pas les zones d'incertitude. Elles ne sont que des moyens pour obtenir quelque chose de plus précieux : ce pouvoir, c'est-à-dire, cette marge de manœuvre supplémentaire pour décider, agir et influencer son environnement selon son libre arbitre.

Comment réussir cette chasse au trésor ? D'abord, éliminons les terrains stériles où ne pousse aucune zone d'incertitude : rien de ce qui est connu, partagé, banalisé, standardisé, facilement accessible ou remplaçable, visible et prévisible ne peut donner du pouvoir.

Par exemple, vous vous occupez de l'administration des ventes et un nouveau système informatique va supprimer un grand nombre des tâches que vous exécutez : dites-vous que vous maîtrisez une zone d'incertitude peu pertinente et qu'en conséquence votre pouvoir d'influence en interne décroît d'autant ; votre poste sera sans doute supprimé. Autre exemple, vous êtes le directeur des ressources humaines dans une entreprise dirigée par des financiers : toutes vos propositions de développement du potentiel humain qui ne s'appuient pas sur des chiffres seront sans doute rejetées.

En revanche, vous avez peut-être participé à ces réunions informelles qui se tiennent tard le soir, une fois le travail terminé, où les uns et les autres dissertent sur les stratégies de carrière de tel manager qui réussit et sur les meilleures tactiques à employer.

Que nous disent ces conseillers avisés ? Il faut suivre une « locomotive », se faire remarquer par la direction générale, avoir de bonnes relations avec les syndicats, connaître la fille du patron, avoir un profil commercial, faire partie du club des notables locaux... La liste est longue et hétéroclite.

Les sociologues ont appris à classer les zones d'incertitude en cinq grandes familles : le contrôle des moyens (humains, financiers), les règles (censées guider les comportements), l'information (qui permet d'éclairer la décision), les compétences (ou l'expertise) et la relation à l'environnement[1] (dans lequel l'organisation évolue). Dans le cas suivant, l'information et les compétences constituent les clés de la situation.

Le cas Filmoplast

Tout le monde a été confronté au moins une fois à ce type de situation : quelqu'un fait disparaître les plans d'une machine pour se rendre indispensable. Un classique[2] !

Nous sommes consultés par la direction générale de Filmoplast, une entreprise fabriquant des films d'emballage plastique. Les marges sont très faibles. Le processus de production est très sensible et les rebuts et problèmes de non-qualité chez les clients coûtent très cher à l'entreprise.

Le directeur de l'usine auquel nous avons été imposés par le siège nous explique qu'il est extrêmement difficile de fiabiliser le processus de production. Trop de paramètres et d'incertitudes entrent en jeu : la variation d'hygrométrie, la température, la tension, les réglages, l'obsolescence des machines, la qualité de la matière première, la compétence des hommes. Les plus grands experts européens sont venus sur le site : leurs recommandations ont été pratiquement sans effet.

Le directeur de l'usine est ce qu'on appelle un cadre sorti du rang. Il a fait toute sa carrière sur site. Embauché comme agent de maîtrise, il y a près de vingt ans, il est devenu chef d'atelier, puis directeur d'usine.

Nous commençons notre travail d'analyse. Interviews, mesure de la performance des machines, de la qualité. Personne sur le site, aucun agent de maîtrise, ne peut nous expliquer les raisons de la faible efficacité des lignes. Les opérateurs, très peu qualifiés, n'ont pas reçu de formation technique sur le

---

1. *In* P. Morin et É. Delavallée, *Le manager à l'écoute du sociologue*, Éditions d'organisation, Paris, p. 156.
2. Dans *Le phénomène bureaucratique* (Seuil, Paris, 1964), Michel Crozier décrit le cas du monopole industriel régi par les procédures. L'entreprise a tout prévu, sauf les pannes de machines. Les ouvriers d'entretien se rendent indispensables en faisant disparaître les plans des machines.

fonctionnement des machines. Les agents de maîtrise quelque peu chevronnés sont partis. Personne ne peut proposer d'action d'amélioration.

Les plans des machines, les principes de réglages ont disparu : seul le directeur possède l'information, dans sa tête ! Le directeur s'est arrangé pour devenir l'unique mémoire de l'entreprise.

Le directeur de Filmoplast s'est arrangé pour faire de la connaissance du fonctionnement des machines quelque chose d'aussi rare qu'un diamant, en supprimant toutes les sources alternatives d'information, notamment les plans et les techniciens compétents.

Certaines zones d'incertitude sont des aléas découlant des spécificités de l'environnement, comme l'innovation technique, le degré de fiabilité d'un processus de production, le comportement de la concurrence ou l'évolution des besoins des clients. Ces zones d'incertitude sont des données « naturelles », en quelque sorte, qui s'imposent à l'entreprise, aux décideurs et à chacun d'entre nous.

D'autres, comme dans le cas présenté ci-dessus, sont créées par l'homme. Les plans ne causent problème qu'à partir du moment où ils ont disparu. Savoir manier les zones d'incertitude constitue un atout important dans la gestion tactique des relations. On retrouve ici les comportements « stratégiques » comme la pratique du court-circuit, la dramatisation ou l'entretien du flou pour préserver des situations de pouvoir.

Un jeu de pouvoir se construit quand plusieurs acteurs ont intérêt à s'allier ou à s'opposer autour de la maîtrise d'une zone d'incertitude. Ils se mettent à voir les choses différemment, à oblitérer certains aspects de la réalité, pour préserver la maîtrise de cette zone, c'est-à-dire l'accès à une relation de pouvoir.

Dans le cas Matelec, nous avons pu mettre en évidence les trésors d'argumentation que déploient les uns et les autres pour justifier une position qui a surtout comme avantage de préserver ou de renforcer la zone d'incertitude fondatrice de leur pouvoir. Ceux qui tirent bénéfice d'être à la tête du clan ne veulent surtout pas que leur zone d'incertitude, l'organisation clanesque, soit mise à jour. L'organisation en clan est un tabou. Pour eux, l'organisation suit le plan logique de *For*. Leur intérêt les conduit à prendre pour universelle, et à présenter comme telle, une rationalité qui est, en fait, limitée.

Le cas Équipeuro n° 1

Ce groupe européen fabrique des équipements industriels qu'il distribue dans toute l'Europe au travers d'un réseau de filiales et de distributeurs.

La direction après-vente dispose d'inspecteurs auprès des distributeurs. Ces inspecteurs ont pour but de promouvoir la vente de pièces de rechange portant l'estampille « maison ». La direction après-vente s'est érigée en bastion de défense de la pièce de rechange « maison », activité plutôt rémunératrice car le client « installé » est un client captif. C'est grâce à l'après-vente, selon elle, que l'entreprise regagne ce qu'elle a dû lâcher pour acquérir le client face à la concurrence.

La direction après-vente se bat pour préserver les inspecteurs dont les postes sont menacés, suite au lancement d'un plan de réduction des coûts de distribution. Pour peser face aux autres structures de l'entreprise et assurer sa pérennité, cette direction a besoin de garder un contingent important d'inspecteurs. Pour donner du poids à sa position, elle va développer un argumentaire sur l'imprévisibilité et le manque de loyauté des distributeurs. En « diabolisant » ces derniers, elle monte en épingle une zone d'incertitude importante. Elle justifie le maintien des inspecteurs pour garder la situation sous contrôle et prévenir les risques d'évaporation de la marge. Selon elle, si les inspecteurs disparaissent, les distributeurs passeront par des fournisseurs indépendants concurrents pour s'approvisionner en pièces de rechange, car ils sont moins chers.

Il est vrai que les distributeurs, même s'ils s'en défendent, utilisent les sources alternatives d'approvisionnement quand l'occasion se présente. Mais derrière l'argument se profile un combat coûteux pour l'entreprise.

Avec la « fiabilisation » des équipements, les volumes de vente de la pièce de rechange s'érodent inéluctablement. De nouveaux besoins émergent : le client souhaite le zéro souci.

En se coupant des distributeurs, la direction se coupe de ceux qui sont en contact avec le client final et qui peuvent lui remonter ces nouveaux besoins : la prise en charge totale, le contrat de maintenance et le service 24/24. Campée sur sa ligne de défense, la direction rate la vague de nouveaux services rémunérateurs.

Dans le cas ci-dessus la combinaison des zones d'incertitude « marge sur la pièce de rechange » et « manque de fidélité des distributeurs » explique le choix de la solution « des inspecteurs pour contrôler la distribution ». Mais cette solution est marquée par sa « rationalité limitée » d'origine. La cécité gagne les décideurs qui ne voient pas qu'avec la fiabilisation des équipements émerge un nouvel enjeu, « le service », chassant l'ancien, « la pièce de rechange ». En fait, une zone d'incertitude peut en cacher une autre et c'est généralement la dernière arrivée qui prime.

La notion de zone d'incertitude permet d'aborder également la question des fameuses « résistances » au changement. Tout changement a un impact, positif ou négatif, sur la marge de manœuvre d'un individu ou d'une structure et sa capacité à accéder à des zones d'incertitude. Chacun cherchera à faire passer sa « rationalité limitée » pour la seule et unique qui vaille de manière à réduire les pertes et si possible à y gagner.

La dynamique des zones d'incertitude semble renforcer les forces d'émiettement de l'entreprise que nous avons vues à l'œuvre avec la rationalité limitée. Au travers de nos exemples, l'entreprise semble percluse de zones d'incertitude que les uns et les autres peuvent prendre en otage pour leur propre intérêt. La question devient cruciale : comment assurer un minimum de cohérence dans cet ensemble animé de forces centrifuges ?

INTÉGRATION-DIFFÉRENCIATION : LES LIGNES DE FORCE DE LA MOSAÏQUE

Zones d'incertitudes et rationalités limitées sont réparties dans toute l'organisation. À première vue, la multiplication de sous-groupes ou de cloisonnements donne le sentiment d'une absence de logique et d'un développement anarchique. En fait, il n'en est rien. Des forces sont à l'œuvre qui, comme un champ magnétique, organisent des regroupements.

Le troisième outil, intégration-différentiation, procure un modèle général pour comprendre comment s'agencent et s'influencent mutuellement, dans l'entreprise, les rationalités limitées d'une part et les zones d'incertitude d'autre part.

Pour Lawrence et Lorsch[1], une organisation se décompose en autant de sous-systèmes spécifiques qu'il y a d'environnements différents auxquels l'organisation doit faire face. Ces environnements spécifiques se distinguent par : le rythme de changement, le degré d'incertitude, la fluidité des transferts de connaissance et le temps nécessaire pour évaluer la réussite ou l'échec des actions. Ces spécificités constituent autant de « zones d'incertitude » que les sous-systèmes devront « maîtriser » le mieux possible.

Ainsi, le commercial, la R&D et la production constituent trois sous-systèmes faisant face aux spécificités très différentes des environnements particuliers que sont le marché, la science et les processus industriels.

Les compétences et les modes d'organisation mis en œuvre par les sous-systèmes pour faire face à ces différents environnements vont varier : à travers la nature des objectifs, l'horizon de temps, la nature des relations interpersonnelles, le degré de formalisation de la structure. Par exemple, la R&D aura un horizon de temps pour calculer la rentabilité d'un investissement plus long que la production. Inversement, la gestion par objectif tendra à être plus précise et plus structurée du côté des ventes que du côté de la R&D.

Ces quatre dimensions vont fonctionner comme le cadre délimitant les capacités cognitives et émotionnelles des acteurs.

Ainsi, les acteurs faisant face à des environnements différents devront développer des réponses différenciées pour gérer les incertitudes spécifiques à ces environnements. Chacun utilisera une rationalité « limitée »,

---

1. P.R. Lawrence et J. W. Lorsch, *Organization et environment*, Cambridge, Mass., Harvard Business School, 1967.

adaptée à son sous-environnement propre, dont les spécificités trahissent en quelque sorte le « terroir » d'origine.

Il s'ensuit des difficultés de coordination : par exemple, le commercial privilégie le volume et le relationnel client, tandis que le bureau d'étude met en avant l'intérêt technique, la production, la faisabilité et le financier, la marge et les délais. Il s'agit d'assurer une coordination minimum entre ces sous-systèmes pour introduire une dynamique de convergence. C'est l'intégration.

Il n'existe pas une seule façon d'intégrer. Mais le marché sanctionne toujours une intégration mal adaptée. La clé du succès est de trouver le bon réglage, le bon dosage entre intégration et différentiation, entre les forces de cohérence et les capacités d'adaptation. L'intégration peut s'appuyer sur une palette très large d'outils, tous contenus dans *For* : la hiérarchie, mais aussi les procédures, les comités de liaison, le management par objectifs, la standardisation des méthodes, la formation, la gestion des connaissances, les valeurs et la culture d'entreprise. Le pilotage d'une entreprise dans la durée exige un savoir-faire particulier : la capacité à choisir les bons outils d'intégration et à les faire évoluer en fonction des circonstances.

L'intégration par les leviers de management

Les structures et la hiérarchie (ou le management) constituent le mode le plus simple et le plus répandu d'intégration tiré de *For*.

L'efficacité des structures est liée à leur capacité à répartir les leviers de management, c'est-à-dire les ressources et les contraintes qui influencent les comportements. Un poste hiérarchique donné peut être vide de sens s'il ne permet pas l'accès aux leviers pertinents.

Par exemple, la direction générale demande à son crédit manager, expérimenté, de réduire de 20 % les impayés qui atteignent presque six mois de chiffre d'affaires. Au bout de plusieurs mois d'un travail suivi, le crédit manager n'atteint pas les 5 % d'amélioration. Que se passe-t-il ? Le réseau commercial continue de ne s'intéresser qu'au chiffre d'affaires facturé ! Le crédit manager ne peut pas réussir car il ne dispose pas de « leviers de management » pour influencer le comportement des commerciaux et les inciter à s'intéresser, d'abord, au chiffre d'affaires encaissé.

Dans de nombreuses entreprises, on se plaint de l'effet « édredon » de la hiérarchie intermédiaire. Ce dernier n'est souvent que la traduction du fait que cette hiérarchie intermédiaire ne dispose pas de leviers de management pertinents pour influencer le comportement des collaborateurs. Au nombre de ces leviers, on compte la fixation d'objectifs, l'évaluation des performances, la délégation de moyens, la formation, les primes, les promotions et le développement de carrière. Bref, le manager doit gérer des zones d'incertitude pertinente pour ses collaborateurs, afin de pouvoir exercer une influence sur eux.

Définir une structure ou un poste ne suffit pas pour obtenir les résultats recherchés. Il est indispensable, comme le cas suivant le montre, de coupler le poste à des leviers de management concrets.

Le cas d'Équipeuro n° 2

Le délégué commercial d'Équipeuro est en charge d'animer localement un réseau de distributeurs. Les leviers de la politique commerciale comprennent : la fixation des volumes de vente par produit, les prix, la politique de services, les remises au distributeur, les gestes commerciaux, les supports marketing, les campagnes de promotion, la politique de livraison, le suivi des commandes et le traitement des réclamations.

La capacité du délégué commercial à influencer le comportement du distributeur dépend de deux facteurs, d'une part, son degré de maîtrise de ces leviers et, d'autre part, le degré de dépendance du distributeur à l'égard du fabricant. Plus le distributeur a de moyens de trouver des sources d'approvisionnement alternatives et moins le fabricant pourra exercer une pression efficace. Quant au degré de maîtrise du délégué commercial sur les leviers, il dépend du niveau de décentralisation et de délégation des responsabilités dont il bénéficie.

Le schéma suivant montre que le délégué commercial chez Équipeuro n'est qu'un agent d'exécution. Il est un représentant d'Équipeuro auprès des distributeurs, mais, *de facto*, il ne dispose d'aucun pouvoir de décision.

Il n'est pas associé au développement de la politique commerciale et toute décision d'adaptation des contrats en cours remonte au niveau central.

Les leviers de la politique commerciale	LIEU DE MAÎTRISE DES LEVIERS	
	Direction produits	Délégué commercial
1. Volumes par produit	X	
2. Prix par produit	X	
3. Politique de service		X
4. Gestes commerciaux, remises	X	
5. Support marketing	X	
6. Campagnes promos		X
7. Politique de livraison	X	
8. Suivi des commandes		X
9. Réclamations client	X	
10. Garantie		X

Stragégie du distributeur ⟶ Le délégué commercial ne maîtrise aucun des leviers pertinents pour influencer le comportement du distributeur. Il a un rôle d'exécution. La stratégie du distributeur sera soit de l'annexer, soit de le court-circuiter. Et de préserver une part d'approvisionnement externe.

Client

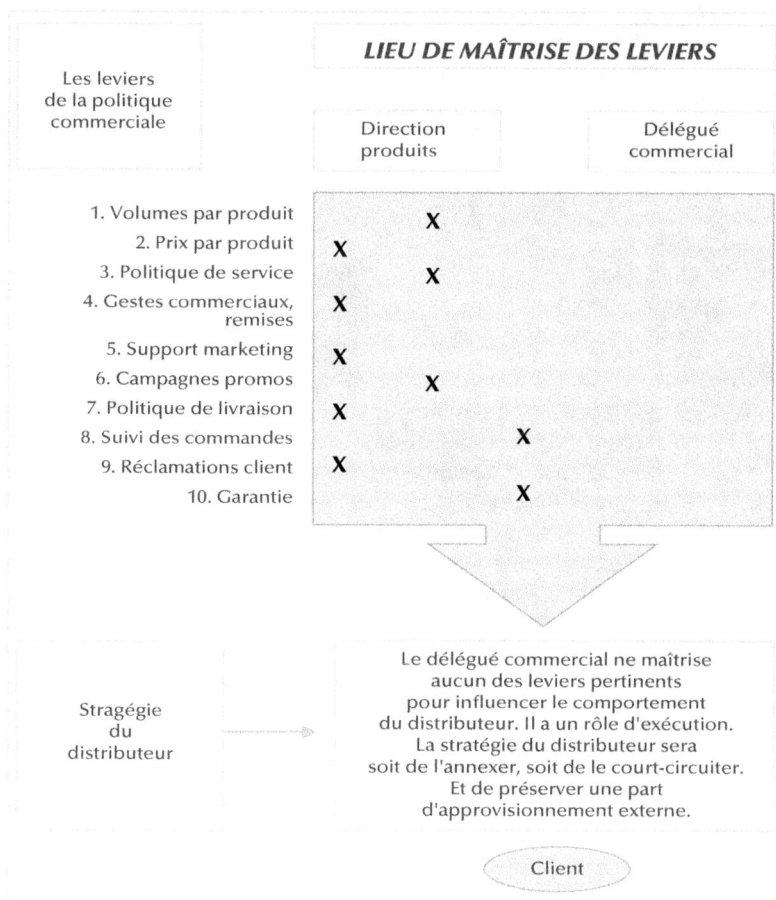

Plus cette erreur dans la répartition des leviers se situe haut dans les lignes hiérarchiques et plus elle peut avoir d'impact négatif sur la marche de l'entreprise. Regardons ce qui se passe plus particulièrement dans notre cas.

Le délégué commercial ne se voit attribuer aucune responsabilité sur les dix leviers identifiés. Il est avant tout l'exécutant d'une politique très précise définie par les services centraux. Le niveau d'intégration se situe-t-il plus haut ? Pas vraiment. La maîtrise des leviers en amont est répartie entre plusieurs directions de produit qui ne communiquent pas entre elles. En fait, le nerf de la guerre est évidemment la conquête du client. Mais pour assurer cette conquête, il y a un prix à payer : les avantages en services supplémentaires non facturés ou en réduction sur le tarif publié. L'une des directions, voire plusieurs, doit donc sacrifier une partie de sa marge. Chaque direction espère bénéficier, au maximum, du gain du client en reportant sur une autre direction le sacrifice de marge consenti.

Nous sommes donc en face d'un cercle vicieux. Chaque direction de produit refuse de déléguer une part de décision aux délégués commerciaux de crainte que ceux-ci ne jouent contre elle en acceptant des réductions de marge sur ses produits seulement. Ni le délégué commercial ni aucune des directions produit ne peuvent jouer un rôle d'intégrateur.

Le distributeur est indirectement incité à court-circuiter le délégué commercial qui n'a aucun pouvoir et à chercher à « faire son marché » auprès des directions de produit. Il peut ainsi espérer collecter les différents avantages que chaque direction produit est prête à céder individuellement de manière à gagner une affaire. Au total, comme personne ne fait la somme des avantages consentis, à part le distributeur, le fabricant doit, sans doute, abandonner plus de marge pour gagner le client que s'il avait opéré de manière concertée.

La seule solution structurelle à cette impasse consiste à déléguer une véritable autorité au délégué commercial sur les leviers qui influencent le comportement du distributeur. Il peut ainsi devenir le point d'intégration des offres des différentes directions produit face au distributeur. Certes, cette solution de globalisation contient un risque car le cloisonnement n'a pas que des inconvénients pour Équipeuro : il joue dans deux sens opposés.

Le distributeur peut, d'une part, chercher à multiplier les avantages en négociant avec des directions qui ne se parlent pas. Mais, d'autre part, le cloisonnement peut fonctionner comme un frein, un obstacle à l'alignement sur l'offre la plus basse. La globalisation des avantages possibles, en supprimant des verrous de sécurité, laisse la voie libre à une maximisation des ristournes à l'avantage des distributeurs !

Ainsi, pour bien cerner le fonctionnement des organisations, il nous faut toujours faire appel à une seconde dimension *Inf* qui oppose aux formes explicites de l'entreprise, *For*, son fonctionnement – moins visible – mais néanmoins bien réel. Nous envisagerons ce point dans le prochain chapitre.

LIEU DE MAÎTRISE DES LEVIERS

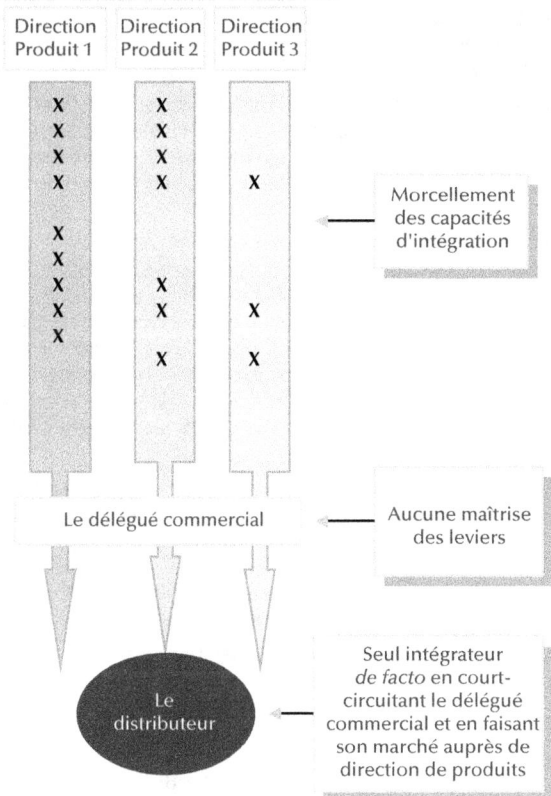

Direction Produit 1	Direction Produit 2	Direction Produit 3
X	X	
X	X	
X	X	
X	X	X
X		
X		
X	X	
X	X	X
X		
	X	X

Morcellement des capacités d'intégration

Le délégué commercial ← Aucune maîtrise des leviers

Le distributeur

Seul intégrateur *de facto* en court-circuitant le délégué commercial et en faisant son marché auprès de direction de produits

L'intégration par le partage des zones d'incertitude

Au-delà de la structure et de la hiérarchie, *For* offre un panel très étendu d'outils d'intégration.

La comparaison de deux sociétés d'assurance-vie, Flexivie et Assurex, candidates à un rapprochement, nous permet de mettre en évidence l'impact du mode d'intégration retenu sur la performance d'une entreprise.

Le cas du rapprochement d'Assurex et Flexivie

Flexivie se distingue par une rentabilité de 13 % contre 8 % chez Assurex. Flexivie a toujours été spécialisée dans l'assurance-vie, tandis qu'Assurex couvre toute la gamme, dommage et santé compris. Flexivie représente les deux tiers de l'activité vie d'Assurex.

Dès les premiers contacts, la différence de climat qui règne chez Flexivie et Assurex est frappante. Chez Flexivie, on peut voir, le midi, des cadres monter rapidement les escaliers vêtus d'un survêtement de sport : ils reviennent de la salle de gymnastique. Chez Assurex, au contraire, règne un climat plus lourd de bureaucratie aux portes capitonnées.

Une analyse plus fine révèle la grande cohérence du positionnement et de l'organisation de Flexivie. Flexivie se concentre plus particulièrement sur le marché des jeunes cadres, offre uniquement des produits vie flexibles et à rentabilité élevée, au travers d'un réseau limité de courtiers dans le capital desquels elle prend des parts. Elle s'appuie sur une structure simple et plate, dispose d'un outil informatique très performant, recrute essentiellement des diplômés d'université, assure une rotation des postes et la polyvalence, promeut des valeurs d'écoute du client, de dynamisme, de respect de l'individu et de bien-être.

Assurex couvre l'ensemble des segments du marché avec une offre complète et non spécialisée, gère un réseau très étendu de courtiers qui ne sont que des points de distribution. Elle s'appuie sur une structure nécessairement cloisonnée par produit, avec une pyramide d'âge élevée et un faible nombre de diplômés de l'université, une spécialisation des rôles de ventes, de technique produit et de back-office qui rend plus difficile le traitement intégré du client.

Dans le cas de Flexivie, l'intégration est facilitée par la concentration sur un segment de marché particulier. Il n'en reste pas moins que la chaîne de la valeur est également formée de maillons différenciés : ventes, animation des courtiers, traitement des dossiers, technique produit... Flexivie a cependant réussi à limiter les cloisonnements et les oppositions que l'on remarque fréquemment dans les sociétés d'assurance traditionnelles dont Assurex est un spécimen représentatif.

Chez Flexivie, l'intégration est réussie parce que tous les maillons de la chaîne sont conduits à partager les mêmes incertitudes, les mêmes enjeux : la satisfaction du client. Rotation de poste et polyvalence entre le front et la back-office ont pour résultat que tout le monde – du courtier au gestionnaire de dossier – exerce des activités aux caractéristiques similaires : les demandes du client, résolution de problème, offre sur mesure, peu de gros volumes, rapidité d'exécution. Incertitudes partagées, cela signifie une seule et unique rationalité limitée, une seule culture. Flexivie a su contenir ainsi les inconvénients de la spécialisation fonctionnelle et de la séparation décision-exécution des structures plus classiques. L'intégration se faisant par la pression du client, le management a raison de réduire le poids et le rôle de la hiérarchie.

Au contraire, Assurex semble cumuler les handicaps. La distribution d'une offre de produits très diversifiée au travers d'un réseau émietté de courtiers aboutit à créer à l'intérieur de la compagnie des sous-systèmes très hétérogènes par le type d'incertitudes auxquels ils doivent faire face et par le type de rationalité limitée que chacun doit adopter.

Comme les règles de décision ne peuvent couvrir tous les cas, les vendeurs s'arrangent au jour le jour avec leurs homologues des directions produits concernées. La hiérarchie pèse d'autant plus lourd que son rôle d'intégration est peu efficace : elle exerce des arbitrages lointains sur des activités dont elle méconnaît les contraintes et les ressources réelles. Peu crédible, cette hiérarchie n'est pas en mesure de mobiliser ses équipes.

L'équilibre du couple différenciation-intégration est essentiel pour la bonne marche de l'entreprise. Une entreprise soumise à des forces de différentiation marquées et dépourvue de capacité d'intégration adéquate, comme dans le cas d'Assurex, pâtira d'une mauvaise performance économique.

La hiérarchie n'est qu'un des mécanismes d'intégration

La hiérarchie n'est qu'un des dispositifs d'intégration. L'efficacité du management dans son rôle d'intégration varie fortement selon les contextes. Il peut créer des dysfonctionnements quand son activité d'arbitrage résulte d'un déficit de décentralisation. Dans le cas d'Assurex, il se surimpose à une coordination interservice qui pourrait s'effectuer par ajustement mutuel.

La capacité d'intégration est d'autant plus forte qu'elle peut s'appuyer sur d'autres dispositifs, notamment la politique de ressources humaines, (polyvalence, mobilité, recrutement), les valeurs et le style de management, permettant de prolonger son effet comme dans le cas de Flexivie

La clé de l'intégration réussie : le partage des zones d'incertitude

La zone d'incertitude, c'est le client. Par ses demandes particulières, il exerce une pression que le front office transmet au back office. Cette zone d'incertitude peut être traitée de deux façons opposées.

Dans le cas d'Assurex, celui qui reçoit la demande du client est dans une situation d'inconfort puisqu'il n'a pas les leviers nécessaires pour la traiter. Vivant la pression du client de façon négative, chacun s'en protège en cloisonnant et en cherchant à la transférer sur le service voisin. La dépersonnalisation de la relation avec le client se traduit par une dépersonnalisation de la relation en interne.

Dans le cas de Flexivie, au contraire, la zone d'incertitude « client » joue un rôle d'intégration par une traduction au quotidien des valeurs déclarées que l'on attribue au client : jeunesse, sport, décontraction, absence de formalisme, bien-être, respect de l'individu, compétence et autonomie. L'employé recherche le contact avec le client auquel il s'identifie et qu'il valorise. La valeur client dilue les rationalités limitées propres aux métiers du back office et du front office pour les fondre dans une même culture tournée vers l'extérieur.

Certes, tout n'est pas idyllique. L'important est de retenir que la hiérarchie n'est qu'un élément parmi d'autres, et sans doute pas le plus performant, pour assurer l'intégration. Le choix et la localisation au bon niveau des leviers de décision contribuent fortement à la capacité d'intégration.

Quand les jeux de pouvoir fixent le niveau d'intégration

Nous sommes partis de l'hypothèse que l'organisation était une conséquence de la stratégie retenue par le management. À tel positionnement, à tel mix produit-marché doit correspondre un couple intégration-différentiation le mieux adapté possible.

La structure différenciée est généralement le résultat d'une stratégie élaborée à partir d'une analyse fine du marché et des contraintes organisationnelles. Quand on se plonge dans les organisations, on se rend compte que, parfois, cette différentiation n'est que la conséquence d'un effet recherché en premier, le cloisonnement !

Autrement dit une structure formelle (*For*), traduction logique d'un positionnement compétitif sur le marché, peut n'être, en fait, que la solution provisoire que les acteurs ont trouvée à leurs conflits de pouvoir internes (*Inf*).

Le cas Natdistri n° 1

À l'intérieur de Natdistri, nous sommes amenés à nous occuper plus particulièrement d'un petit service d'entretien. Ce service est chargé de l'entretien d'équipements industriels lourds répartis en Île-de-France et en province. Le service jouit d'une grande autonomie et facture directement ses prestations auprès des clients.

La direction du personnel vient de recevoir six demandes de mutation au sein de ce service qui ne contient que seize personnes. Ce service affiche de mauvaises performances économiques et son responsable semble dépassé. Le taux de « chargeable » des techniciens est très faible et le carnet de commandes n'est pas bon. La direction du personnel nous demande d'intervenir pour améliorer la situation.

Nous menons une première phase de diagnostic, au travers d'entretiens individuels. Ce qui nous remonte, ce sont les détails d'une situation délétère où deux groupes de techniciens s'opposent. Le conflit s'exprime aussi bien par des enfantillages comme le refus de prendre du café en commun entre les deux sous-groupes que par des formes plus prononcées d'agression verbale, de menaces, d'invectives personnelles et de procès d'intention. Le climat se détériore d'autant plus que les problèmes techniques et d'organisation s'accumulent sans être réglés. Le manager, perçu comme parachuté, n'a aucune crédibilité : il ne peut pas jouer son rôle d'intégrateur, c'est-à-dire de « juge de paix ».

• *La zone d'incertitude*

Comment en sont-ils arrivés là ? La localisation des équipements est la clé du conflit. Les interventions d'entretien imposent une présence de plusieurs semaines et parfois de plusieurs mois sur site. Tout le monde dans le service préfère s'occuper des équipements de la région parisienne, pour des raisons évidentes de confort de vie.

Il se trouve qu'à la carte des localisations se surimpose une carte des technologies utilisées. Deux technologies, A et B seulement sont utilisées. Les équipements de la région parisienne utilisent tous la technologie A, ceux de province la technologie B.

La technologie A (qui commande l'accès aux sites d'Île-de-France) constitue la zone d'incertitude à maîtriser.

• *Les jeux de pouvoir*

Au moment de la création du service, un sous-groupe s'est formé, autour d'un technicien chevronné et charismatique, venu de l'extérieur à l'occasion d'une fusion, en apportant la maîtrise de la technologie A avec lui. Le sous-groupe s'est vite organisé de manière autonome. Une fois sur site, les membres de ce sous-groupe effectuent les démarches commerciales locales, sécurisent le plan de charge de l'année suivante et consolident progressivement leur « monopole » sur ces sites de la région parisienne.

Pour préserver leur situation avantageuse, les membres de la technologie A élèvent d'autres barrières. D'une part, ils refusent de se former à la technologie B, arguant du fait qu'ils sont déjà surchargés. D'autre part, ils utilisent tous les moyens possibles pour décourager les autres techniciens de se former à la technologie A. Ils affirment que les techniciens de type B n'ont pas les connaissances nécessaires pour accéder à la technologie A, plus complexe que B. Et ils se gardent de transmettre tout savoir-faire dans les rares cas où des techniciens de compétence B viennent sur leurs sites.

La grogne gagne le reste du service, contraint de s'occuper de la technologie B et donc soumis à l'obligation de longs déplacements. Les membres du sous-groupe B partagent une image négative et caricaturale du clan A, nourrie des histoires édifiantes que distillent les rares techniciens revenant de stages sur des sites A.

• *Stratégie de différenciation ou de cloisonnement ?*

Le service de maintenance se découpe donc en deux unités étanches, A et B, différenciées par les segments de clientèle servis, l'offre et les compétences requises. La différenciation est l'instrument, voire le prétexte, d'une stratégie de cloisonnement. L'accès aux équipements de la région parisienne est la zone d'incertitude autour de laquelle se fixent tous les enjeux.

Les services centraux décident d'intervenir finalement car la situation financière du service se dégrade inexorablement. La formulation simultanée de plusieurs demandes de mutation n'est que le facteur déclenchant.

• *Le coût du fonctionnement*

Le cloisonnement interdit toute polyvalence des équipes alors que les besoins d'entretien des équipements varient d'une année sur l'autre en fonction de nombreux facteurs : les volumes, le taux de marche, le programme d'investissements et l'obsolescence.

Certaines années, les équipements de type A tournent à plein régime, d'autres années, c'est au tour des équipements de type B.

Le service, sans flexibilité interne, se trouve confronté de plus en plus fréquemment à cette situation absurde où une partie des troupes est en surcharge, tandis que l'autre est oisive ! Les deux sous-groupes se rejettent mutuellement la responsabilité de ce problème. Ils reprochent à leur manager son attentisme. La situation est explosive.

Le diagnostic intégration-différenciation permet de situer les points de fragilité potentiels. Le cas du service de maintenance de Natdistri montre combien le rôle d'intégration de la hiérarchie peut être, à la fois, essentiel à la cohésion d'un groupe humain et difficile à tenir.

Il nous arrive souvent de tomber sur des structures mal adaptées, c'est-à-dire, présentant un mauvais réglage intégration-différentiation. D'évidence la structure présente n'est que la solution à des conflits passés. Mais les membres de chaque « clan » s'appuient sur leur rationalité limitée pour présenter avec force une logique qui ne peut convaincre qu'eux-mêmes.

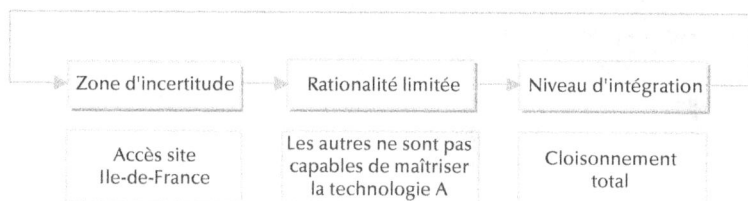

Zone d'incertitude	Rationalité limitée	Niveau d'intégration
Accès site Ile-de-France	Les autres ne sont pas capables de maîtriser la technologie A	Cloisonnement total

Les solutions structurelles ne sont efficaces qu'un temps. Plus l'entreprise croît et se développe, plus elle se différencie. En d'autres termes, plus la variété de rationalités limitées augmente en interne. Le nombre de produits offerts, de pays couverts, de structures enrichissent le potentiel d'offre de l'entreprise, mais en même temps accroissent sa complexité.

Des postes et outils qui jouaient efficacement leur rôle d'intégration perdent de leur valeur ajoutée alors que des besoins d'intégration nouveaux ne sont pas couverts.

La tentation du conservatisme

Par exemple, il est conseillé aux entreprises de s'ouvrir à l'international à partir d'une base nationale solide, servant en quelque sorte de rampe de lancement. Cela leur permet de faire jouer les économies d'échelle, tout en trouvant de nouveaux débouchés aux productions locales au travers de leur réseau international.

La difficulté première vient du fait que les outils de management du système central ont connu un fort développement parce qu'ils répondaient bien aux incertitudes du marché national. Si l'on reprend la grille de Lawrence et Lorsch, ces outils sont marqués par la nature des objectifs, l'horizon de temps, la nature des relations interpersonnelles, le degré de formalisation de la structure, tous spécifiques au pays d'origine. Bref, ils sont datés.

Le système central, celui de la maison mère, développe une rationalité limitée, adaptée aux incertitudes de son marché national. L'erreur du management peut être de plaquer cette rationalité dans le nouvel environnement international, croyant cette rationalité universelle.

Les pays périphériques, les filiales étrangères, bénéficient certes de l'ombrelle du système central, mais pâtissent aussi de ses lourdeurs. Le conflit entre la rationalité limitée centrale et les rationalités limitées des systèmes périphériques engendre frustrations et inefficacité. Le risque est grand que le développement de l'entreprise ne soit entravé par une inadaptation du mode d'intégration.

Le cas Food Inc n° 1

Food Inc est une grande entreprise de l'alimentaire, encore contrôlée par la famille fondatrice, leader sur son marché national et présente dans la plupart des grands pays développés.

Son schéma de développement s'inscrit dans celui décrit par Barlett et Goshal pour les multinationales européennes[1]. Food Inc s'est d'abord développé sur son marché national et a atteint un niveau de maturité en se dotant de structures fonctionnelles centrales et en dégageant des capacités d'investissement. La croissance à l'international s'est réalisée par l'acquisition ou la mise en place de partenariat avec des acteurs locaux.

La structure de groupe traduit le chemin de développement d'une multinationale européenne : elle suit le principe d'une organisation matricielle à deux dimensions, produits et pays, où la dimension pays domine. Le groupe ainsi constitué reste donc faiblement intégré. Les filiales nouvellement rattachées conservent les attributs et capacités qu'elles détenaient en propre au moment du rachat. Les synergies commencent à se manifester par l'essai de vente croisée des différents produits nationaux et notamment du pays d'origine du groupe. Le top management des filiales (une cinquantaine de personnes) est réuni régulièrement pour faire le point sur l'activité. Un niveau plus fort d'intégration passerait par la mise en commun de ressources, la centralisation de politiques, le partage de certaines procédures et processus.

Les caractéristiques du système central, c'est-à-dire l'état-major et les fonctions de pilotage et de coordination du groupe, traduisent la situation de quasi-monopole que le groupe occupe dans son pays d'origine. Investissement lourd en production privilégiant les grands volumes, une base de clientèle fidèle autorisant un horizon de temps moyen terme, une standardisation des tâches, le poids élevé des procédures, une forte formalisation des structures reproduisant la longue histoire de cette entreprise.

Ces caractéristiques du système central sont très éloignées des attentes des nouveaux pays où l'entreprise vient de s'implanter. Dans ces nouveaux pays, la marque ombrelle du groupe est peu connue, ses volumes et parts de marché restent faibles. Selon les dirigeants des filiales locales, la réactivité et la flexibilité est un facteur essentiel pour gagner sur la concurrence. Ils ont besoin de livraisons rapides en petites quantités pour attaquer leur marché avec les produits de la maison mère. Le système central assis sur la rationalité des économies d'échelle attend que les « petites commandes » des filiales se soient suffisamment accumulées pour lancer de gros volumes de production. Enfin, les fonctions marketing centrales ne tiennent pas compte des demandes

---

1. C.A. Bartlett et S. Ghoshal, *Managing across boarder*, Century Business, 1989.

d'adaptation des produits et des campagnes publicitaires aux goûts et cibles locaux.

Les réunions de management se réduisent à des confrontations stériles sur le modèle gagnant-perdant. Le centre ne peut accéder aux demandes locales qu'en perdant en économies d'échelle. Le management local doit accepter des conditions sous-optimales pour attaquer son marché.

INTÉGRATION

Standard,
Volume
Économies
d'échelle
Centralisation
des politiques

MARCHÉ DOMESTIQUE
• investissements
  domestiques lourds
• grands volumes
• large base de clientèle
• long terme
• structure formalisée

FILIALES À L'ÉTRANGER
• faible part de marché
• marque locales
• faible poids
  de la marque ombrelle
• livraison rapide
• petits volumes
• faibles marges de
  décision

Goûts,
concurrence,
distribution
spécifiques
aux marché
locaux

DIFFÉRENCIATION

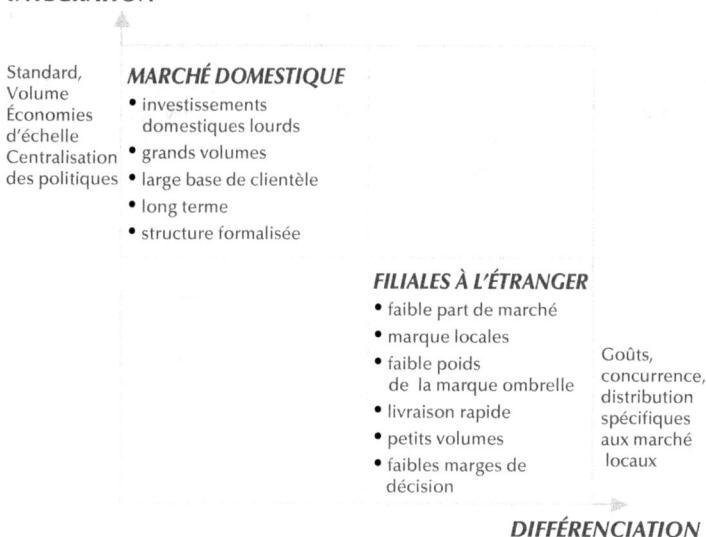

Réalisant qu'elle ne peut tenir son rang international si elle n'évolue pas rapidement, Food Inc s'est finalement lancée dans un projet de réorganisation majeur modifiant l'organisation dans ses deux dimensions intégration et différentiation pour sortir du jeu gagnant-perdant. Ce projet comprend à la fois la création d'une infrastructure commune (processus, politique, management) et la mise en place de flux tirés par le marché. Un changement important dans le leadership a été nécessaire pour que cette stratégie soit acceptée.

Concrètement, le projet se traduit par la mise en place des capacités spécifiques de production dans les usines centrales pour les petits volumes et l'autorisation des approvisionnements locaux. La composition du management du groupe évolue pour faire rentrer aux niveaux supérieurs des non-nationaux. Un dispositif de consultation des filiales est mis en place pour la préparation des budgets et du plan stratégique. Enfin, une étude de rationalisation des marques permet de dégager des priorités et de mettre en place une stratégie de marque ombrelle.

▨ Le changement passe par une révolution au sommet

La plupart des entreprises internationales savent qu'elles doivent développer des capacités d'intégration permettant de gérer la variété croissante induite par l'expansion internationale. Ces capacités ne peuvent être la simple extrapolation de celles du pays d'origine : elles doivent permettre de faire une synthèse des différentes rationalités limitées qui s'opposent au niveau du groupe.

Certes la décision est toujours le résultat d'une analyse comparée des coûts et avantages des différentes solutions. Aucune solution ne satisfait à tous les critères. Mais le fait même d'imposer une rationalité limitée (dans ce cas, celle du système central) empêche d'envisager toute solution alternative autrement que comme une proposition formulée par des gens irréalistes aux penchants sécessionnistes !

L'expérience montre que toute structure qui réussit devient l'otage de ses propres tendances conservatrices qui l'incitent à rejeter ce qui pourrait mettre en cause les rentes d'une situation durement gagnée et dont elle bénéficie enfin. Elle coopte des managers qui ne risquent pas de remettre en cause ses intérêts, mais que le reste de l'entreprise aura vite fait de cataloguer comme courtisans ou beni-oui-oui. Le management central de Food Inc n'échappe pas à la règle. Le ressourcement se fait de manière souvent brutale.

C'est pourquoi Gary Hamel[1] incite les entreprises à cultiver un vivier de révolutionnaires iconoclastes en leur sein !

CULTURE ET EFFETS INDUITS :
LE CREUSET DE LA RATIONALITÉ LIMITÉE

Nous avons montré comment rationalité limitée, zones d'incertitude, et intégration-différenciation, outils de base du mosaïste, jouaient les uns avec les autres pour aboutir à une organisation et un fonctionnement donnés. Ces éléments ne jouent pas tout seuls : ils sont mis en mouvement par les hommes et les femmes de l'entreprise, tous en quête de

---

1. Gary Hamel, « Strategy as revolution », *Harvard Business Review*, juillet-août 1996.

« pouvoir », pour préserver ou agrandir leur capacité d'action ou d'autonomie.

Dans la formulation de leurs choix, on l'a vu, les individus sont dépendants de la rationalité limitée. Effectivement, personne ne peut se soustraire à son emprise mais chacun cherche à s'en affranchir, et parfois croit y être arrivé !

La culture : terreau des rationalités limitées

Les forces de différenciation et les jeux autour de la maîtrise des zones d'incertitude segmentent l'entreprise en rationalités limitées et disjointes. Mais la rationalité n'est pas une donnée abstraite. Elle s'appuie sur un support qui la nourrit : la culture de l'entreprise. Celle-ci comprend : les hypothèses fondées sur l'expérience, les savoirs tacites, les stéréotypes et les motivations inconscientes, bref toutes les formes de « solution » que les acteurs de l'entreprise ont élaborées pour répondre aux problèmes qu'ils rencontrent. Ce répertoire de solutions accumulées au cours de l'histoire de l'entreprise structure et limite la rationalité des salariés de l'entreprise.

Certaines entreprises sont dotées d'une culture forte qui sert d'intégrateur ; d'autres entreprises laissent cohabiter des cultures différentes, traces parfois d'acquisitions réalisées dans un passé lointain.

Dans le cas ci-dessous, parmi les différents éléments de la culture, ce sont les motivations inconscientes qui jouent le rôle majeur.

La culture du « pas de vagues »

Le cas Pétromax

« Tout va bien, rien à changer : on a signé un pacte de non-agression. »

Nous faisons face à un cas très surprenant. Pétromax est une grande entreprise multinationale réputée pour la qualité de son management. Cette entreprise souffre d'un mal mystérieux : elle est comme incapable de changer. De nombreuses initiatives ont été lancées depuis plusieurs années sans améliorer le positionnement stratégique de l'entreprise qui perd inéluctablement des parts de marché. Les plans de réduction de coûts et principalement des effectifs (*downsizing*) se suivent sans permettre de retrouver un niveau de rentabilité suffisant.

Conscient de ces enjeux, le management a donné une vision à l'entreprise s'articulant autour des messages suivants : développer des comportements tournés vers le marché, renforcer l'enthousiasme et la responsabilité des personnels, créer une organisation de rang européen, flexible et efficace.

Pour atteindre ces objectifs, le management élabore un plan de structuration qui consiste à mettre le client au centre des préoccupations de chacun. Il s'agit de faire basculer l'organisation d'une structure par produit à une structure par marché : chaque client aura à présent un seul interlocuteur pour l'ensemble de ses besoins. Ce plan doit permettre de développer le chiffre d'affaires en captant mieux les opportunités de vente.

Le plan ne débouche sur aucun résultat. Certes, il n'est pas difficile de comprendre que les tenants de la structure par produit voient d'un mauvais œil la perte de pouvoir que leur impose cette organisation par marché. Toutefois, le plan a été arrêté par le comité de direction dont ils sont membres.

Le management est conscient des difficultés que rencontre l'entreprise pour changer. De nombreux sondages ont permis de dresser la carte de ces obstacles. Il en ressort que l'entreprise présente une curieuse contradiction : des chapelles, des vues et des intérêts divergents cohabitent avec une culture du consensus.

Ce qui nous surprend le plus : c'est que, fort de ces diagnostics poussés et de cette connaissance du fonctionnement largement partagée, l'entreprise reste cependant incapable d'agir !

• *Les motivations inconscientes*

L'explication classique de la fameuse résistance au changement ne tient plus. En effet, il y a résistance au changement quand une partie des acteurs diverge sur le diagnostic et rejette la mise en œuvre. Ici, le diagnostic est partagé : chacun connaît les points de blocage et souhaite que l'entreprise se transforme. À moins qu'il ne s'agisse d'une résistance collective « inconsciente », d'autant plus forte qu'elle est masquée. Il nous faut en cerner un peu mieux la nature.

Ce que l'on subodore, c'est une espèce de « viscosité » des flux d'information et d'action. Habituellement, une information positive ou négative constitue un stimuli, qui est à son tour interprété et donne lieu à une décision ou à une action individuelle ou collective.

Ce point de vue est confirmé par l'analyse des relations hiérarchiques. Celles-ci sont caractérisées par le mécanisme bien connu du « pas de vagues ».

« Le hiérarchique de rang N-1 ne remonte pas les problèmes au niveau N, de peur de se faire taper sur les doigts. On dit qu'on veut s'améliorer, mais on se garde de citer les problèmes sur lesquels il faudrait progresser » (un responsable de projet).

De quoi les gens ont-ils peur ? Nous rencontrons ici une contradiction de taille car l'entreprise nous est présentée, par ailleurs, comme très soucieuse du bien-être de ses employés.

La force de la culture de cette entreprise n'a d'égale que l'attachement des salariés à celle-ci. Au cœur de cette culture réside un principe fondamental : tous ceux qui font partie de l'entreprise ont droit au respect *a priori*, ils font partie de la famille et on ne peut les agresser. L'entreprise regroupe de « gentils membres ». Bref ici, l'homme est bon. Inversement, les personnels manifestent un élan affectif très fort pour leur entreprise. L'individu est protégé des incertitudes du temps : taille et puissance rassurante du groupe, carrière guidée, formation et même plans sociaux très généreux en cas de difficulté.

• *Il faut que tout aille bien*

On comprend que, dans ce système, l'autocensure se mette en place par un mécanisme plus subtil que la peur du chef. Pour bénéficier de la reconnaissance de l'entreprise, encore faut-il ne pas trop se faire remarquer.

« Si la créativité individuelle peut aisément s'exprimer dans le travail, elle n'est admise que dans le cadre d'un périmètre restreint. Très vite, les personnes recrutées comprennent qu'il est de leur intérêt de ne pas faire de vagues et c'est ainsi que progressivement chacun se conforme au moule » (une jeune recrue).

Le collaborateur de rang N-1 constate qu'il a plutôt intérêt à épouser les idées de son chef de rang N, s'il souhaite travailler dans de bonnes conditions et optimiser son potentiel de carrière. Chacun contribue de sa pierre au processus de clonage. Lié par cet engagement, le collaborateur ne peut tolérer, à son tour, que sa propre équipe (de rang N-2) émette des idées divergentes. À partir de là, il est difficile au chef de faire preuve d'autorité : comment critiquer un collaborateur qui se montre si fidèle envers moi !

Ainsi joue-t-on gagnant-gagnant dans les relations hiérarchiques : personne n'est agressé. De même, les baronnies ne s'affrontent pas directement : le pacte tacite de non-agression préserve l'autonomie de chacune d'elles. Mais on voit bien que ce consensus fonctionne sur un mode « dégradé » . Obtenu au prix d'un renoncement aux informations qui fâchent, il aboutit à l'immobilisme et à l'incapacité d'une évolution collective.

Nous avons donc bien deux modes de fonctionnement, s'ignorant mutuellement, dans cette entreprise. L'un vivant, de type *Inf,* fondé sur des réseaux de relations par lesquels passent les informations et les actions au quotidien. L'autre, de type *For,* comprenant les relations au management, incapable de faire déboucher les réformes. Ces deux dimensions cohabitent sans pouvoir se confronter. C'est l'ensemble du processus d'apprentissage de Petromax qui se trouve bloqué. D'où son incapacité à changer.

Un sous-système de rationalité limitée s'installe qui définit les problèmes que la structure a le droit de soulever et ceux qui lui échappent. En se coupant de certaines informations, le management de l'entreprise évite de se poser certains problèmes et par là de mobiliser des acteurs autour d'un plan d'action.

Le « pas de vague » aboutit à poser *For* = *Inf.* Toute information révélant que tout dans la réalité ne se conforme pas à *For* est éliminée. La langue de bois secrétée par les mécanismes organisationnels que nous avons décrits constitue le plus sûr obstacle au changement car elle empêche l'apprentissage.

M. Crozier en a fait l'un des points centraux de sa réflexion sur le changement : « Une organisation bureaucratique n'est pas seulement une organisation trop rigide pour se corriger en fonction de ses erreurs, c'est aussi et surtout une organisation trop rigide pour s'adapter sans crise...[1] »

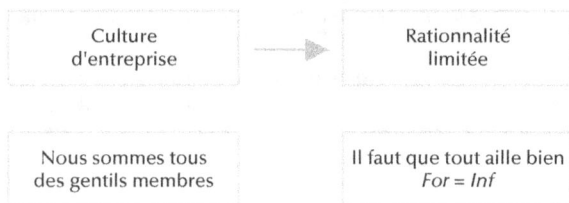

Culture d'entreprise	→	Rationnalité limitée
Nous sommes tous des gentils membres		Il faut que tout aille bien *For* = *Inf*

Les effets induits

Le cas Petromax permet de mettre en évidence l'influence décisive de la culture et des politiques RH sur le caractère plus ou moins efficace du jeu collectif des acteurs. La combinaison d'une culture du « gentil membre » et de procédures RH spécifiques (plan de succession, comité de sélection) débouche sur la « cooptation » et le « pas de vague ».

La découverte de ce mode « pas de vague » nous oblige à enrichir les catégories *For* et *Inf* du modèle d'organisation initial.

Le mécanisme du « pas de vague » n'appartient pas à la dimension *For*, il n'est pas reconnu comme une valeur déclarée. La culture du « gentil membre » a pour but de promouvoir l'épanouissement de l'individu et la coopération, non pas l'autocensure.

Ce mécanisme ne fait pas non plus partie des valeurs opérationnelles de *Inf,* non plus : celles-ci mettent l'accent sur les réseaux de coopération

---

1. In *À quoi sert la sociologie des organisations ?*, Éd. Seli, Arslan, p. 57.

et d'entraide que chacun développe transversalement pour faire face aux aléas du quotidien.

En revanche, le « pas de vague » constitue un dysfonctionnement – caché –, produit par la culture et les procédures RH officielles. Il vient se surajouter aux processus informels de *Inf*.

La dimension *Inf* comprend donc d'une part le système de réseaux informels autonomes et efficaces que chacun utilise pour résoudre les problèmes opérationnels qu'il rencontre et, d'autre part le produit de *For* dans *Inf*, les « effets induits », comme le « pas de vague ».

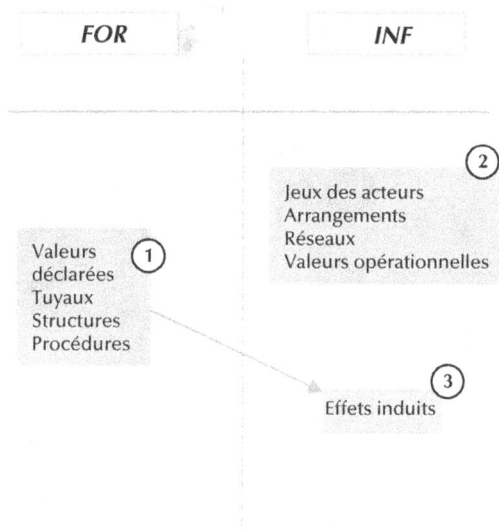

FOR	*INF*

Valeurs déclarées ①
Tuyaux
Structures
Procédures

② Jeux des acteurs
Arrangements
Réseaux
Valeurs opérationnelles

③ Effets induits

CHAPITRE 1	CHAPITRE 2	CHAPITRE 3	CHAPITRE 4	CHAPITRE 5	CHAPITRE 6	CHAPITRE 7	CHAPITRE 8	CHAPITRE 9
La fin des Architectes	Appareillage vers la Terra Incognita	Le carré magique du Mosaïste	A la recherche de la création de valeur «micro»	Les limites du macromanagement	Les frontières cachées de l'entreprise	Le manager intégrateur	La conduite du changement du Tisserand	La stratégie organisa-tionnelle

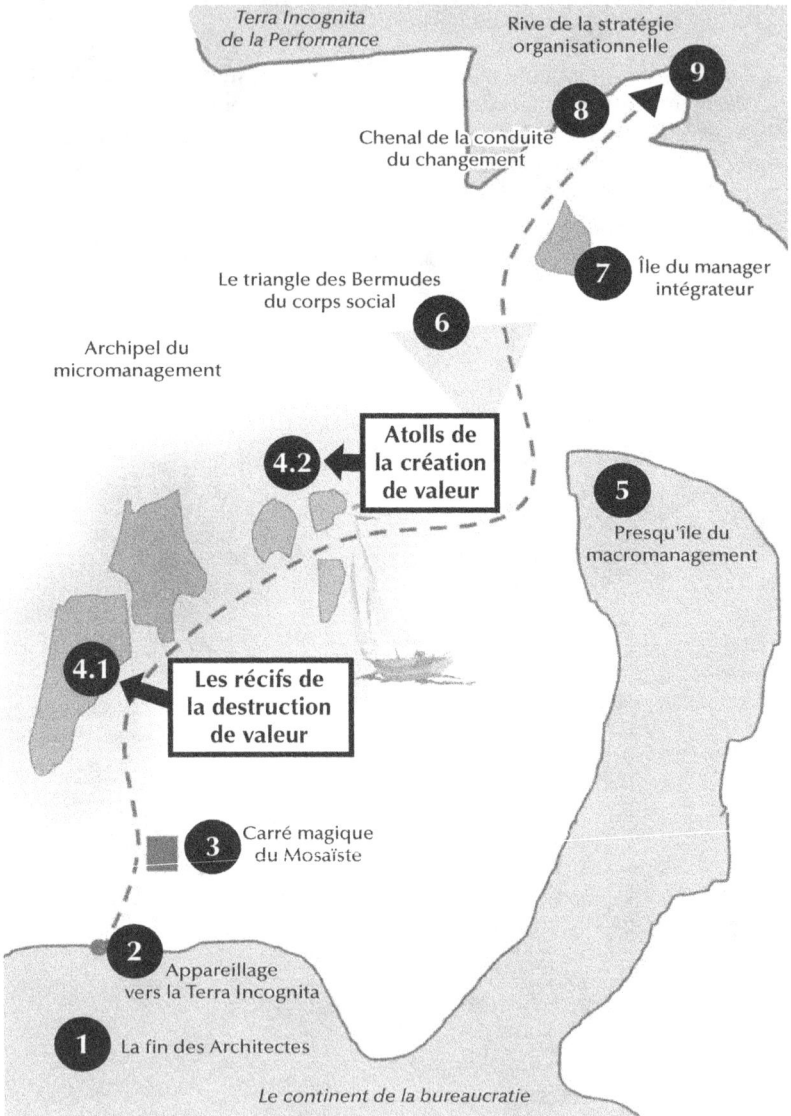

Terra Incognita de la Performance

Rive de la stratégie organisationnelle

9

8

Chenal de la conduite du changement

7 Île du manager intégrateur

Le triangle des Bermudes du corps social

6

Archipel du micromanagement

Atolls de la création de valeur

4.2

5

Presqu'île du macromanagement

Les récifs de la destruction de valeur

4.1

3 Carré magique du Mosaïste

2 Appareillage vers la Terra Incognita

1 La fin des Architectes

Le continent de la bureaucratie

CHAPITRE 4

À la recherche de la création de valeur au cœur du micromanagement

Nous avons mis en évidence des principes et des outils qu'utilise le Mosaïste pour rendre compte de la dynamique des forces dans une organisation et les analyser. Ces outils nous permettent de quitter le littoral de la bureaucratie. Nous considérons l'organisation comme un système humain complexe composé de sous-systèmes, articulés autour de zones d'incertitude, fragmentés par les rationalités limitées, mis sous tension par l'opposition des pôles intégration-différenciation et traversés d'effets induits difficilement prévisibles. Tel est le monde d'*Inf.*

Pour aller plus loin vers la performance, il nous faut trouver des exemples concrets de fonctionnement non bureaucratique. Notre vaisseau nous conduit rapidement vers l'archipel du micromanagement. Les grandes bureaucraties abritent un grand nombre de sous-systèmes aux caractéristiques très différentes. Nous faisons le pari qu'au milieu de cette poussière d'îles organisationnelles nous trouverons les leviers de la performance que nous recherchons. Nous veillerons dans un premier temps à ne pas nous échouer sur les récifs de la destruction de valeur qui barrent notre chemin et nous mouillerons l'ancre un peu plus tard au large des atolls de la création de valeur.

LES CAPACITÉS ORGANISATIONNELLES

Le processus d'intégration-différenciation à l'œuvre aboutit à créer des sous-systèmes, des « micromondes » à l'intérieur de l'organisation que nous appelons « capacités organisationnelles ». Les capacités organisationnelles sont des mondes vivants, relativement autonomes par rapport au management de l'entreprise, celui-ci constituant d'ailleurs l'un d'entre eux. L'agrégation de ces capacités et leurs transactions constituent l'organisation. Nous allons à présent pénétrer à l'intérieur de ces sous-systèmes pour en analyser la dynamique.

Anatomie des capacités organisationnelles

Nous entendons par capacité organisationnelle un micromonde de l'entreprise comprenant :

- une mission, des objectifs ;
- un processus, c'est-à-dire, un flux d'activités et des relations (avec les clients et les fournisseurs internes et externes), complété d'un flux d'information ;
- des compétences (savoir, savoir-faire) ;
- un contexte de management pour piloter l'activité (des critères de performances et un mode d'évaluation).

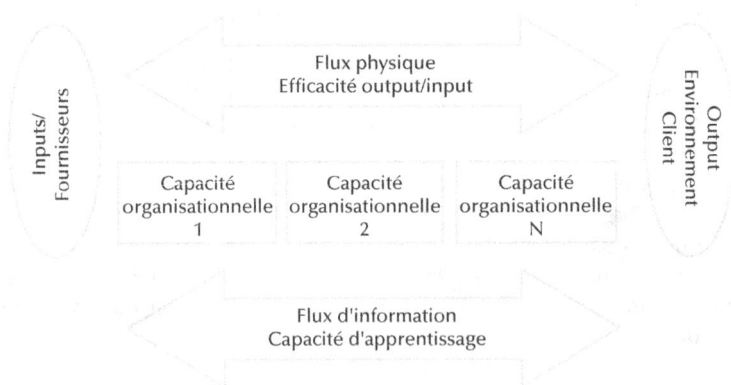

Flux physique
Efficacité output/input

Inputs/ Fournisseurs

| Capacité organisationnelle 1 | Capacité organisationnelle 2 | Capacité organisationnelle N |

Output
Environnement
Client

Flux d'information
Capacité d'apprentissage

Le micromonde peut recouvrir toutes sortes de formes concrètes : le département de la gestion d'actif, une usine d'assemblage, un *call center* ou une direction régionale.

Cette capacité est l'unité de base de l'organisation. Comme celle-ci, elle peut se décomposer en *For*, *Inf* et *Pro*. C'est aussi une sorte de théâtre élémentaire : on voit des gens qui travaillent, certains conçoivent un produit sur ordinateur pendant que d'autres éditent des factures, mais on entend également des portes qui claquent, des voix qui s'élèvent, et parfois des rires.

Les capacités organisationnelles centrées sur leurs incertitudes propres, caractérisées par leurs rationalités limitées propres, développent des réponses spécifiques aux enjeux de survie qu'elles rencontrent. Le laboratoire doit s'assurer que ses examens sont fiables, le vendeur que son client est satisfait, l'usine chimique que les procédures hygiène et sécurité sont correctement appliquées, la *business unit* que sa marge répond aux attentes de l'actionnaire. Comme nous l'avons vu, ces réponses peuvent être alignées sur la stratégie de l'entreprise ou occuper un axe éloigné voire en contradiction avec la politique de l'organisation. Ces capacités organisationnelles présentent également des bilans économiques très différents. Dans tous les cas, ces notions de création ou destruction de valeur sont relatives.

Les capacités destructrices de valeur

Capacité destructrice de valeur

- **Caractéristique**
  - Chaîne de valeur en séquence
  - Segmentation des zones d'incertitude et des rôles
  - Facteur déclenchant : l'un des maillons peut externaliser une partie de ses coûts sur l'amont ou l'aval
  - Échange de type : gagnant-perdant
- **Conséquences**
  - Perte d'efficacité
  - Frein à l'apprentissage organisationnel

Pour arriver à leur fin, certaines capacités « externalisent » des coûts importants sur d'autres acteurs de l'entreprise. Il est essentiel de prendre en compte ces effets de système quand on analyse leur performance.

On peut rassembler les coûts en deux catégories interdépendantes :

- Ceux qui concernent directement l'utilisation de ressources ou le produit-service livré (surconsommation, surqualité et non-qualité, redondances, insatisfaction client). Nous mesurons ici l'efficacité, c'est-à-dire le rapport output/input : combien de ressources (financières, techniques, humaines) consomme-t-on pour développer, produire et livrer le produit qui satisfait le client.
- Ceux qui affectent les capacités d'apprentissage et de décision (capter les informations pertinentes, capitaliser et diffuser les savoirs, arbitrer, mettre en œuvre...). Par exemple, parfois l'information ne passe pas, bloquant le paiement d'une facture ou la livraison d'un client.

Le cas Médicara

Le client appelle le *call center* de Médicara pour signaler que la seconde couchette de sa caravane est inutilisable. Une partie de l'espace habitable est pris par le système d'air conditionné qu'il a fait ajouter en option. Sa réclamation est mal enregistrée et personne ne s'occupe finalement du client dont la demande est ignorée. En conséquence, l'entreprise augmente le nombre de ses clients insatisfaits, mais surtout elle se coupe d'une occasion d'éliminer un dysfonctionnement du produit et donc d'apprentissage.

Nous ne parlons pas ici de destruction nette de valeur, même si ce cas se rencontre également quand l'entreprise est conduite au dépôt de bilan. Simplement, certaines capacités, pour fonctionner, extorquent des ressources aux autres ou bien rejettent sur elles les problèmes qu'elles n'ont pas pris le temps de régler. Ainsi, une capacité peut afficher un résultat positif de création de valeur, avec un bilan d'autant plus remarquable que l'on oublie de prendre en considération les surcoûts « imputés » sur d'autres structures.

Ce qui importe, c'est le bilan énergétique global d'une structure : combien de ressources consomme-t-elle pour produire une valeur ajoutée ? La plupart des outils d'analyse de la valeur utilisés par les consultants ou les entreprises négligent de prendre en compte les surcoûts, pourtant essentiels pour évaluer la performance globale d'une unité.

Ainsi, le bureau d'étude peut refuser de faire des modifications sous prétexte qu'il est en retard sur le développement d'autres produits prioritaires. Finalement, la non-prise en compte des modifications aboutira au mécontentement du client concerné. Mais qui paie ? Le service après-vente procédera aux ajustements nécessaires dans le cadre de la garantie pour adapter le produit aux spécifications du client et le bureau d'étude ne le saura peut-être jamais. Pourtant, il est bien à l'origine de ce surcoût. Les entreprises ont l'art de développer ces poches pour les surcoûts de non-qualité.

La contribution de la capacité au capital de connaissance de l'entreprise est également importante. Fonctionne-t-elle comme un filtre conservateur qui éjecte toutes les informations ou idées dérangeantes, comme dans le cas de Pétromax, entretenant ainsi un décalage jamais assumé entre *For* et *Inf* ? Ou au contraire, collant au marché, aux besoins et réactions des clients, cette capacité transmet-elle toutes les informations pertinentes pour permettre à l'organisation de réagir, voire d'adapter sa stratégie si nécessaire ?

L'externalisation des coûts est facilitée par une chaîne de valeur en ligne : tout maillon peut chercher à rejeter sur l'amont ou l'aval une partie de ses coûts directs et indirects.

Le cas Fotic

Ainsi Fotic Inc conçoit, produit et distribue des instruments d'optique électronique regroupés en deux lignes de produits, l'une à des fins industrielles A, l'autre grand public B. La ligne industrielle A consomme 80 % des ressources en R&D mais ne contribue que pour 20 % du résultat. La ligne A, de création récente, est constituée de produits coûteux fabriqués sur commande, exigeant à chaque fois de nouveaux efforts de R&D, tandis que la ligne B, plus ancienne, comprend des produits standardisés, distribués en masse sur un marché où Fotic Inc occupe une position de leader !

Comment cela est-il possible ? Nous sommes dans ce cas typique si bien décrit par la matrice du BCG[1], historiquement datée mais inusable, qui positionne le portefeuille d'activité d'une entreprise en fonction de sa création ou consommation nette de *cash*. La ligne B est la *cash cow* qui

---

1. Boston Consulting Group, cabinet de conseil spécialisé dans la stratégie.

finance le développement de A, la *question mark* ? que la direction générale souhaite transformer en *star*.

Les capacités créatrices de valeur

Capacité créatrice de valeur

• **Caractéristiques**
 – Chaîne de valeur croisée
 – Partage des zones d'incertitude et superposition partielle des rôles
 – Facteur déclenchant : forte zone d'incertitude à partager

• **Échange de type**
 – Gagnant-gagnant ; sur la base de relations de confiance

• **Conséquences**
 – Économie d'intégration
 – Apprentissage organisationnel favorisé
 – Réduction de la non-qualité

D'autres capacités sont créatrices « nettes » de valeur. La mesure de ce surplus de valeur est difficile à réaliser. Nous nous sommes attachés à identifier les mécanismes utilisés à l'origine de cercles vertueux de performance. Les effets de cette création de valeur se mesurent également sur les mêmes dimensions : efficacité et satisfaction du client, d'une part, capacité d'apprentissage et de décision, d'autre part. La chaîne de valeur « croisée » favorise à la fois l'efficacité et l'apprentissage. L'offre d'Ikéa représente un bon exemple de chaîne de valeur croisée : le client monte lui-même le mobilier qu'il a acheté. Ikéa externalise le coût du montage mais, en retour, fait bénéficier le client « bricoleur » de prix abaissés et d'un service après-vente adapté à ses besoins. Nous allons analyser de manière plus approfondie les mécanismes qui président au développement de ces jeux « gagnant-gagnant ».

TYPOLOGIE DES CAPACITÉS ORGANISATIONNELLES DESTRUCTRICES DE VALEUR

Au travers de nos expériences, nous avons pu identifier la typologie suivante de capacités organisationnelles génératrices de surcoûts.

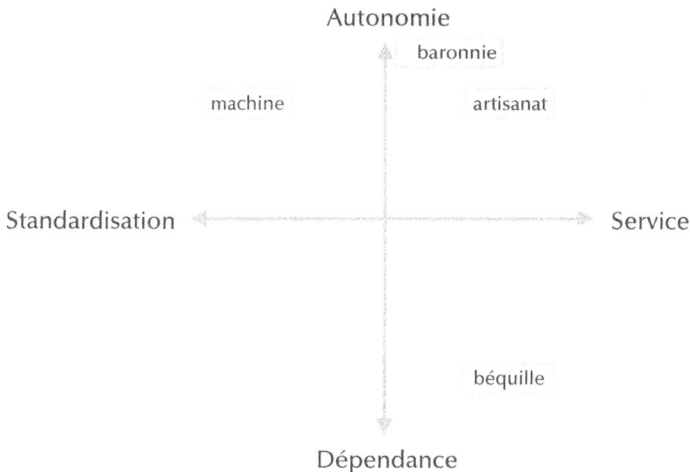

Nous pouvons repérer les capacités organisationnelles selon deux dimensions : le degré d'autonomie (ou de dépendance) de la structure par rapport au reste de l'organisation et la nature plus ou moins standardisée de la relation client-fournisseur qu'elle impose en interne.

« Baronnie », « machine », « artisanat » et « béquille » correspondent à des comportements type d'acteurs, traduisant chacun des stratégies spécifiques. En fait, comme nous le verrons, machine et artisanat ne sont que des variantes particulières de la baronnie. Tout ceci peut se réduire à l'opposition de deux familles aux positionnements complémentaires : la baronnie et la béquille. Les coûts engendrés par ces comportements se retrouvent souvent au niveau du groupe dans son ensemble et sont rarement isolables localement. Ils sont la conséquence et le reflet d'un déficit d'intégration.

La baronnie se développe quand certains sous-groupes refusent de participer à la réalisation des synergies que le groupe contient potentiellement. Elle se traduit par des coûts supplémentaires causés par le financement de doublons.

La béquille est souvent le complément passif de la baronnie. Elle est liée à une autre béquille ou directement à un sous-groupe baronnie.

Enfin l'artisanat et la machine traduisent une volonté d'imposer ses contraintes aux autres sous-groupes de l'entreprise. Là aussi, le surcoût ne se voit que lorsque l'on fait le bilan global de l'activité et reflète toujours un déficit d'intégration.

Nous parlons de déficit d'intégration quand la somme des valeurs nettes (V) créées par les capacités intégrées A et B d'une entreprise est inférieure à la valeur qu'elles créeraient en restant distinctes et reliées entre elles par des mécanismes de marché. Les expressions « capacité destructrice de valeur » et « déficit d'intégration » sont donc interchangeables lorsqu'on procède au diagnostic de la situation.

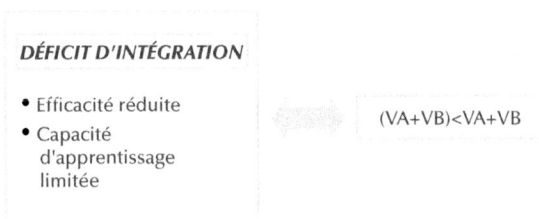

DÉFICIT D'INTÉGRATION

- Efficacité réduite
- Capacité d'apprentissage limitée

$(VA+VB)<VA+VB$

La baronnie

Le positionnement de la baronnie est un grand classique. Nous l'avons rencontré un grand nombre de fois. Il s'agit de structures qui défendent farouchement leur autonomie sous prétexte que coopérer avec d'autres structures aboutirait à réduire leur performance.

Pour assurer leur survie, les baronnies créent en leur sein les activités qui leur font défaut. Ce développement autonome se fait donc au prix d'une redondance et d'une sous-utilisation des ressources de l'entreprise. C'est pourquoi ces structures, quelle que soit leur performance par ailleurs, se distinguent par les surcoûts qu'elles engendrent.

Le comportement de la baronnie se traduit aussi par le détournement ou l'annexion pour son seul profit de ressources qui, normalement, devraient bénéficier à d'autres acteurs de l'entreprise. Il aboutit parfois à une dégradation des prestations, au client. En effet, en ne comptant que sur lui-même, le sous-groupe peut se priver de l'accès à des ressources et des expertises d'un niveau bien supérieur que seule l'entreprise, dans son ensemble, peut attirer et financer. Pour préserver son autonomie, la baronnie utilise parfois des moyens non adaptés qui font prendre des risques à ses équipes et à son client.

Le cas Assurex n° 2

Les filiales d'Assurex dans chaque grand pays européen disposent d'une activité de gestion d'actifs. Chacune d'elles, jalouse de ses prérogatives, s'est dotée des capacités nécessaires pour gérer localement tous types d'actifs (action, obligation) en couvrant toutes les zones (Europe, États-Unis, Japon, pays émergents). Il découle de cette organisation en baronnies plusieurs types de dysfonctionnements et de surcoûts. D'une part, l'éclatement des ressources rares ne permet pas de capitaliser sur les synergies potentielles (fournisseurs, frais d'agence, coût d'accès à l'information) entre activités de gestion d'actif. D'autre part, faute de capacités suffisantes de traitement des informations, chaque filiale est contrainte, soit de se limiter aux positions « sans risques » et donc peu rémunératrices pour ses clients, soit de faire des choix plus dynamiques mais peu rigoureux, faute de disposer des modèles d'analyses nécessaires. La réputation de sérieux et la rentabilité de l'activité de gestion d'actif d'Assurex en souffre fortement.

Chaque site opérationnel tend normalement à renforcer les moyens de son autonomie. Les structures agglomérées à la suite d'une croissance par acquisition ne procèdent pas autrement. Elles cherchent d'abord à se protéger d'un système central qu'elles ne maîtrisent pas.

Fiche d'identité de la baronnie

- Quadrant : en haut de l'axe autonomie
- Caractéristique : taille moyenne (inférieur à 500 personnes)
- Secteur d'activité où elle est susceptible d'apparaître : industrie manufacturière ou service à haute valeur ajoutée
- Type de culture d'entreprise où elle se développe : culture faible, absence de fondateur, décentralisation, croissance par acquisition
- Couple intégration-différenciation associé : faiblement intégré (peu d'outils partagés), fortement différencié par pays ou produit
- Zone d'incertitude : contrôle d'un marché
- Rationalités limitées associées : diabolisation du centre inefficace (état-major) et de toute autre structure concurrente, rationalité légitimée par le vrai travail local
- Comportements managériaux associés : paternalisme poussé, toute personne ayant des liens avec le centre ou une structure avec laquelle la baronnie est en conflit est un traître
- Type de surcoûts qu'elle génère :
  - développement de capacités en propre alors que le groupe dispose de capacités oisives
  - déformation des informations de reporting pour freiner toute immixtion du centre
  - développement d'activités marginales qui ne sont pas en ligne avec le groupe
  - développement d'un comportement passif chez les collaborateurs et rejet des comportements différents
  - frein à la mobilité

La machine

On retrouve sur la seconde dimension des structures qui engendrent des surcoûts parce qu'elles imposent leur logique de standardisation ou d'ajustement de façon unilatérale.

Nous avons déjà rencontré avec Food Inc un exemple d'entreprise qui tend à plaquer sur ses filiales émergentes en situation de grande fragilité les standards développés sur son marché domestique où elle est très largement leader.

Le cas de Mécasoc

Mécasoc fabrique des machines outils sur commande. Chaque unité produite est différente, même si le bureau d'étude s'efforce de décliner des modèles types.

Pour gagner des marchés, il est essentiel de concevoir et fabriquer dans des délais très courts ces produits sur mesure. Or, les clients se plaignent régulièrement du dépassement des délais de livraison.

Le bureau d'étude et la fabrication se rejettent mutuellement les torts. Le bureau d'étude (BE) rentre souvent en conflit avec la fabrication car les « fenêtres » de production disponibles sont trop éloignées. Très souvent également, le chef d'atelier rejette les plans du BE pour cause d'imprécision, alors que l'affaire est déjà en retard. La fabrication, elle, est jugée sur la réduction de ses propres coûts : elle a donc intérêt à planifier ses activités pour optimiser l'utilisation de ses ressources et éviter les heures supplémentaires.

La situation est tendue et pourtant l'entreprise doit progresser sur ses délais tout en maintenant les coûts de production au même niveau.

Nous rencontrons l'homme du planning. Théoriquement, il s'occupe de l'ensemble des affaires, de l'appel d'offre à la livraison en passant par la fabrication, rapporte directement au directeur du site et ne dépend pas de la fabrication. L'emprise de la fabrication sur les plannings ne correspond donc pas à l'organigramme.

Nous proposons d'aborder cette question lors du prochain séminaire de management qui réunit toutes les fonctions du site. Lorsque le sujet du planning tombe à l'ordre du jour, un silence embarrassant remplit la salle de réunion.

Pour débloquer la situation, je propose aux participants de se prêter à l'exercice suivant : je leur demande de se ranger contre le mur dans l'ordre du « pouvoir d'influence » décroissant sur le site. Le directeur du site, de toute façon hors catégorie, se lève le premier, effectue un mouvement centrifuge, et se dirige vers la fenêtre en me disant « Je ne peux pas voir ça » ! De fait : tout le monde s'est rangé par ordre décroissant d'influence... derrière le directeur de production !

L'exercice auquel les membres du comité de direction ont accepté de se prêter a permis de mettre en évidence le décalage entre l'organigramme (*For*) et la distribution effective des pouvoirs (*Inf*). En imposant ses contraintes, le directeur de la production optimisait ses coûts, mais empêchait la réduction des délais. Le directeur de site, par son comportement, donnait le sentiment aux participants d'avaliser cette situation. Bien qu'il ait eu conscience des effets négatifs de cette attitude, il laissait faire, comme s'il était complice.

Fiche d'identité de la machine

- Quadrant : autonomie – standardisation
- Caractéristique : toute structure ayant des coûts fixes importants à amortir
- Secteur d'activité où elle est susceptible d'apparaître : industrie de process, volumes importants, plutôt en production
- Type de culture d'entreprise où elle se développe : culture d'ingénieur, financière
- Couple intégration-différenciation associé : forte intégration pour dégager des économies d'échelle
- Zone d'incertitude : le contrôle d'une activité ayant un impact très important sur les coûts
- Rationalités limitées associées : « je ne veux voir qu'une tête », recherche de la standardisation, absence d'écoute
- Comportements managériaux associés : planification et organisation rigoureuse de l'activité, centralisation et contrôle, rigidité, management par les procédures
- Type de surcoûts qu'elle génère :
  • freins à l'innovation
  • rejet sur l'aval des efforts d'adaptation aux besoins du client (délais, options)
  • incapacité à attaquer des marchés nouveaux
  • passivité des collaborateurs
  • mise en cause des conditions de survie de l'entreprise à moyen terme, faute d'adaptation

L'artisanat

Nous nous trouvons ici dans la situation inverse : une structure fonctionnant sur la base de petits volumes impose, aux autres structures qui la servent, les mêmes contraintes, sans se soucier du manque à gagner en économies d'échelle, ni des coûts de sur-qualité que l'on aurait pu éviter.

Le cas Électro n° 2

Électro fabrique des solutions électroniques industrielles. Chacune de ces solutions est unique. Une fois la vente réalisée, le bureau d'étude élabore la solution technique sur la base du cahier des charges et la fabrication est soit sous-traitée, soit réalisée dans une ou plusieurs des usines du groupe.

Comme l'ingénierie est proche du client, et que la partie R&D est importante dans chaque nouvelle commande, elle arrive à vassaliser la fabrication. Seule à détenir le savoir technique, l'ingénierie peut décider si les modules peuvent être sous-traités selon qu'ils correspondent à des éléments connus ou déjà développés et fabriqués en interne. La fabrication doit se tenir prête : chaque usine du groupe peut se trouver confrontée, soit à l'interne soit à l'externe, à un concurrent. C'est pourquoi on ne refuse rien à l'ingénierie : investissements en équipement industriel, heures supplémentaires. La fabrication utilise toutes les variables possibles pour satisfaire aux contraintes de l'ingénierie. Reste que les surcoûts ainsi engendrés ne sont pas calculés.

Fiche d'identité de l'artisanat

- Quadrant : autonomie – service
- Caractéristique : haute valeur ajoutée, petite taille
- Secteur d'activité où elle est susceptible d'apparaître : petits volumes, innovation, rôle important de la R&D
- Type de culture d'entreprise où elle se développe : milieux scientifiques, intellectuels, peu gestionnaire
- Couple intégration-différenciation associé : forte différenciation
- Zone d'incertitude : le contrôle d'une activité créatrice de valeur, d'une expertise
- Rationalités limitées associées : se faire plaisir par la technique et forte identification au client
- Comportements managériaux associés : *prima donna*, management en retrait (pas d'objectifs)
- Type de surcoûts qu'elle génère :
  - faible taux d'utilisation d'équipements coûteux
  - gaspillages
  - développement de comportement de *prima donna* également chez les collaborateurs
  - rejet sur l'amont et la périphérie des efforts d'adaptation aux besoins du client (délais, options)
  - incapacité à attaquer des marchés mûrs
  - pas de capitalisation sur l'existant

La béquille

À l'opposé des structures qui osent revendiquer un positionnement fort et justifier ainsi des ressources additionnelles pour assurer leur autonomie, nous découvrons de nombreuses structures qui vivent d'autant mieux qu'elles vivent cachées. Elles assurent leur destin en jouant le rôle d'appui, de béquille, à d'autres services. Ces derniers, bénéficiant de l'appui de la béquille peuvent cacher leurs insuffisances. La béquille n'a de raison d'être que pour autant que la structure qui bénéficie de son appui reste incompétente. Elle adapte son offre en fonction des besoins des capacités avec lesquelles elle travaille. Redondance et empilement des rôles et des responsabilités constituent les deux premières manifestations des surcoûts engendrés par cette capacité organisationnelle destructrice de valeur. La béquille se trouve dans le quadrant dépendance-service.

Le cas d'Équipeuro n° 3

Equipeuro dispose de structures régionales pour piloter et appuyer ses distributeurs. Les distributeurs sont de deux types. Les grands, issus de mouvement de concentration, sont suffisamment équipés pour se passer de l'appui des directions régionales. Capables de mener leur propre politique, ils ont assez de moyens pour mettre en place des relais au siège du fabricant. Grâce à ces relais, le distributeur peut anticiper les politiques commerciales et les annonces produits, et surtout il peut trouver les interlocuteurs compétents et influents pour résoudre des problèmes de prix ou de qualité auxquels font face ses clients.

Les plus petits distributeurs, eux, n'ont pas leurs entrées au siège du fabricant. Ils dépendent doublement des structures régionales. Leur taille réduite les empêche de se doter de toutes les compétences nécessaires pour piloter leur activité, notamment en technique et marketing produit. Ils vont s'appuyer sur les structures commerciales régionales du fabricant pour « remonter » dans les structures et faire entendre leur voix.

Les directions régionales qui sont court-circuitées par les gros distributeurs ont intérêt à maintenir les petits distributeurs sous tutelle. La béquille des structures régionales disparaîtrait si tous les distributeurs étaient de taille suffisante pour s'en passer.

Nous avons souvent observé des situations où les corps d'inspection à vocation et compétence techniques, évoluent vers un rôle de management opérationnel en se substituant au management en place. L'inspecteur devient ainsi une béquille du management local qui, simultanément, perd de sa crédibilité auprès de ses collaborateurs et interlocuteurs directs. Cet exemple confirme l'écart fréquent de fonctionnement entre *For* et *Inf*. Le rôle d'inspecteur décrit dans *For* se transforme dans *Inf* en manager par intérim. Ceci constitue également une raison supplémentaire de prendre les organigrammes avec précaution !

Fiche d'identité de la béquille

- Quadrant : dépendance-service
- Caractéristique : groupe de grande taille, multilocalisation
- Secteur d'activité où elle est susceptible d'apparaître : tout secteur connaissant une forte mutation
- Type de culture d'entreprise où elle se développe : peu homogénéisée
- Couple intégration-différenciation associé : intégration molle
- Zone d'incertitude : peu visible, flou des structures, incapacité de décision du management
- Rationalités limitées associées : être persécuté et sauveur à la fois, « heureusement que nous sommes là pour réparer les erreurs du management »
- Comportements managériaux associés : en retrait, passif, parfois protecteur à orientation sociale
- Type de surcoûts qu'elle génère :
  • abandon de compétences en friches difficilement adaptables
  • ne développe pas l'employabilité des salariés
  • refus du changement
  • maintien d'activités inutiles
  • maintien d'activités d'exécution à faible valeur ajoutée
  • démotivation
  • stress important pour les individus confrontés à l'incompréhension et à l'incertitude

Trop de cloisonnement, une démission du management

Le développement de ces structures génératrices de surcoûts est-il inéluctable ? Pourquoi d'autres structures dans le même groupe acceptent-elles de payer ces surcoûts ? Se manifestent-ils plus particulièrement dans certaines entreprises et non dans d'autres ? Peut-on identifier des entreprises plus particulièrement sujettes à ce type de dérives ?

Les quatre cas présentés ci-dessus partagent un point commun : un déficit des capacités de management et d'intégration. Certains micromondes peuvent surconsommer des ressources, en toute impunité, sans que des mécanismes de régulation se mettent en place.

Plusieurs raisons favorisent le développement de ces pratiques :

  - La capacité pour une des composantes de l'organisation de coloniser le management : à partir du moment où une structure peut justifier des accès privilégiés au sommet de l'entreprise, elle peut plus facilement faire passer son positionnement comme celui de l'entreprise. Sa rationalité limitée dicte le mode d'intégration dominant.

- Un relatif éclatement de l'entreprise qui rend vulnérable le management et l'empêche de jouer son rôle de régulation. C'est notamment le cas des entreprises qui se sont développées rapidement par acquisition et n'ont pas pris le temps de se consolider. Le manque de visibilité cache les surcoûts.
- Une confiance trop exclusive du management dans le système de budgétisation et de reporting. Dans certaines entreprises, la sacralisation des outils de management aboutit à un détournement d'objet où les chiffres affichés à un moment donné comptent plus que la réalité.

Dans tous les cas, seule l'existence de cloisonnements importants peut expliquer la permanence de ces dysfonctionnements. La résolution de ces difficultés passe par le renforcement des capacités d'intégration de l'entreprise.

Comment peut-on identifier des capacités surconsommatrices de ressources ? L'analyse de l'organigramme et du reporting financier est rarement suffisante, puisque l'on est dans une situation où *Inf* diffère de *For* (*Inf # For*). Il faut rentrer dans le détail concret des organisations et des activités pour découvrir les redondances éventuelles et les ressources mal exploitées. Il est fréquent, par exemple, que deux divisions comprennent des activités similaires mais sous des noms différents.

Lors du diagnostic des fonctions centrales d'un ministère, nous avons trouvé que les cinq directions fonctionnelles avaient chacune une activité de communication, alors que le ministère disposait également d'un département central de communication.

Nous aborderons de façon approfondie la réponse à ces questions dans le chapitre 7.

À LA DÉCOUVERTE DE CAPACITÉS ORGANISATIONNELLES CRÉATRICES DE VALEUR : DÉFINITION

Nous venons de voir comment certaines structures inscrivent dans leur fonctionnement normal le développement et l'externalisation de surcoûts généralement cachés et difficilement mesurables, mais supportés par d'autres.

Du pont de notre navire, mouillant au large de l'atoll de la création de valeur, nous apercevons deux îles aux formes originales qui attirent notre attention. Nous les appelons « plateau » et « anneau ».

Nous voici enfin devant deux types de capacité démontrant des comportements créateurs de valeur.

Le « plateau » s'appuie sur une logique d'échanges croisés où chacun travaille mieux que s'il fonctionnait seul, car il bénéficie d'un gain de temps grâce aux informations collectées par d'autres services. L'échange croisé réduit les redondances et contribue aux capacités d'apprentissage de l'entreprise.

Dans le cas de « l'anneau », l'échange croisé va plus loin pour réaliser une véritable transversalité interfonctions. Des ressources sont mises en communs, l'expertise et le temps de chacun sont utilisés au mieux en fonction de l'exigence des situations. Chacun adapte sa contribution au sous-groupe par un processus souple d'ajustement mutuel.

Anneau et plateau créent de la valeur en exploitant au mieux les potentiels de l'intégration et les synergies. Alors que les grands enseignements de la stratégie, à commencer par ceux de Porter, mettent l'accent sur une différenciation réussie, nous voyons que la qualité de l'intégration peut jouer un rôle décisif dans la création de valeur en optimisant l'utilisation des ressources.

Le plateau

Le cas de Natdistri n° 2

Nous notons chez ce distributeur de grandes différences de performance entre points de ventes, tant en termes de volume d'activités qu'en termes de satisfaction clientèle. Nous réalisons une opération de *benchmarking* interne et analysons dans le détail les facteurs de performance des points de vente obtenant les meilleurs résultats.

La clé de la performance, pour les cas de « meilleure pratique », nous a semblé résider dans la notion d'échange croisé à somme positive. Prenons l'exemple de la liaison entre le plateau téléphonique et le service de dépannage. Quand un client appelle pour un dysfonctionnement, le plateau téléphonique ne se contente pas de prendre un rendez-vous pour l'équipe d'entretien. Il réalise un prédiagnostic par téléphone, et vérifie le plan d'accès. Ceci évite à l'équipe d'entretien les déplacements inutiles, faute d'avoir emmené les outils pertinents, et les pertes de temps pour accéder au site du client. Inversement, le technicien maîtrisant mieux son temps peut donner des plages horaires plus précises au plateau téléphonique et faciliter ainsi la prise de nouveaux rendez-vous.

Nous avons rencontré un autre cas d'échange positif sur un plateau téléphonique, cette fois entre le responsable hiérarchique et son équipe. Les parties prenantes sont tombées d'accord sur le mode de fonctionnement suivant :

- le plateau a toute latitude pour s'organiser en termes de rotation d'équipe et d'horaire ;
- son engagement vis-à-vis du responsable hiérarchique est la tenue des objectifs de satisfaction client (délais d'attente maximum du client en ligne) ;
- ainsi déchargé des activités d'organisation du plateau, le responsable hiérarchique peut se concentrer sur les activités à plus haute valeur ajoutée : l'analyse de la segmentation clientèle et la préparation des plans marketing qui donnent de la visibilité au plateau.

Écouter le client et régler rapidement son problème sont les clés de la performance. Des services et des niveaux hiérarchiques différents participent à ce même processus. Il faut que chacun des acteurs le long de la chaîne ait intérêt à écouter le client, à transmettre rapidement la bonne information pour agir et régler le problème identifié.

Chaque acteur peut enrayer le déroulement des opérations très simplement et empêcher que l'intérêt du client soit pris en compte. À partir du moment où l'un des maillons perçoit l'autre comme une contrainte, il va se protéger en se cloisonnant. Tout l'art de la création de valeur pour le client est de maintenir les conditions d'une coopération élevée entre acteurs participant du même processus, une fois que l'on a trouvé un créneau solvable.

Se pose au niveau du micromanagement la question des moyens d'intégration, comme au niveau d'un groupe. Comment faire en sorte que chacun échappe à son contexte de rationalité limitée pour participer à la réussite de l'ensemble ? À l'échelle d'une entreprise la question devient : comment aligner le jeu des acteurs sur la stratégie de l'entreprise ? Le mécanisme à l'œuvre dans le cas du plateau est celui de l'échange croisé. Il est intéressant de remarquer qu'il est difficile de définir, à distance et d'en haut, ce mécanisme d'échange croisé. La coopération est le résultat, soit d'un ajustement mutuel, soit d'une négociation portant sur les contraintes et les ressources qui déterminent le contexte de travail. Nous verrons plus loin sous quelles conditions il est possible d'obtenir, à grande échelle, les effets vertueux du plateau.

L'anneau

L'anneau constitue une généralisation du plateau dans un contexte de multirationalités, où doivent converger les efforts d'un grand nombre d'acteurs appartenant à des métiers différents.

Le cas de l'hôpital n° 1

Chacun connaît les critiques adressées à notre système de santé et plus particulièrement aux hôpitaux. Cloisonnements, bureaucratie, opacité, déresponsabilisation. Et pourtant, l'hôpital tourne et de nombreuses vies y sont quotidiennement sauvées.

Nos travaux nous ont montré que le cloisonnement inter-services ou intermétiers n'était pas une fatalité[1]. Là encore, la création de valeur pour le patient passe par la saisie, la transmission des informations pertinentes le concernant, puis par la prise de décision et l'exécution rapide et rigoureuse des interventions. Le tout doit suivre des protocoles précis.

Dans certains hôpitaux, entre certains services, ces circuits d'information sont fiabilisés par des fiches de liaison et les protocoles sont partagés. Le processus d'échange croisé est à l'œuvre et se traduit par l'entraide entre métiers. Dans un milieu où le travail est difficilement planifiable, où les aléas et les incertitudes sont multiples, la coopération et l'ajustement mutuel fournissent ce surcroît de flexibilité nécessaire pour faire face aux imprévus.

Au plus près du malade nous avons pu voir fonctionner ces anneaux relationnels intermétiers et interservices. On y trouve les ingrédients suivants du fonctionnement efficace : reconnaissance et entraide entre les personnes,

---

1. M. Crozier, A. Lasserre, G. Pavy, *Pour une stratégie de changement à l'hôpital*, rapport pour le ministère de la Santé, 1995.

transmission des informations pertinentes, centrage de l'attention sur la mission, perméabilité aux changements. Chacun adapte rapidement sa contribution et son comportement en fonction des problèmes concrets rencontrés par la chaîne de soins. À l'intérieur de l'anneau relationnel, chacun fonctionne comme un traducteur de l'intérêt du malade.

En revanche, dès que l'on quitte cet espace proche du malade, les rationalités limitées des uns et des autres, gestionnaires, administratives, médicales, techniques, font éclater l'anneau relationnel. Chaque territoire dispose d'instruments de connaissance spécifiques et produit un savoir spécialisé. Aucun n'est capable de transmettre aux autres une partie de sa réalité, ni de capter les problèmes et les contraintes des autres. Ainsi il est courant d'entendre : « On est pris entre le marteau et l'enclume. Le corps médical dit : "Je prends le malade" ; mais l'institution nous envoie auprès du médecin pour freiner l'activité médicale et éviter que la charge n'augmente » (un cadre supérieur infirmier).

L'anneau relationnel est un réceptacle intégrateur permettant simultanément le rapprochement des rationalités limitées des uns et des autres et l'échange croisé, fondement d'une chaîne de la valeur sans rupture autour du malade.

Par essence, ces dynamiques intégratives favorisant l'attribution efficace des ressources et l'apprentissage, grâce à la pratique de l'ajustement mutuel, ne sont pas détectables au travers de la seule dimension *For*, puisqu'elles se logent entre les fonctions et les départements. Seule une étude de terrain ou l'interview des acteurs permet de la mettre en évidence. Ceci constitue, comme dans le cas du plateau, une difficulté majeure pour généraliser à l'échelle d'une entreprise le fonctionnement en anneau. La dégradation des dynamiques intégratives constitue l'un des dommages collatéraux fréquents des opérations de changement et plus particulièrement de *downsizing*.

Fiche d'identité du plateau et de l'anneau

- Caractéristique : taille réduite (inférieur à 200 personnes)
- Secteur d'activité où elle est susceptible d'apparaître : secteurs exposés ou à risque, faible turnover
- Type de culture d'entreprise où elle se développe : forte culture de métier,
- Couple intégration-différenciation associé :
  • forte intégration par la confiance et rôle faible de la hiérarchie
  • intégration par le partage de la zone d'incertitude
- Zone d'incertitude : liée au client ou à un risque (sécurité)
- Rationalités limitées associées :
  • valorisation du client

- valorisation de l'esprit d'équipe
- et comme dans le cas de la baronnie, tendance à la diabolisation du centre inefficace, rationalité légitimée par le vrai travail local
– Comportements managériaux associés :
  - forte délégation
  - intervention ponctuelle du manager pour faire évoluer le système
– Type de gains qu'elle génère :
  - meilleur service au client (délais, personnalisation)
  - exploitation des synergies (mise en commun de ressources et d'information)
  - réduction des coûts d'intégration (moins de conflits hiérarchiques, moins de non-qualité, temps de management réduit)
  - motivation des salariés
– Types de surcoûts éventuels
  - tendance à s'isoler du reste de l'organisation
  - déformation des informations de reporting pour freiner toute immixtion du centre

DE LA DESTRUCTION À LA CRÉATION DE VALEUR : DU CLOISONNEMENT À L'ÉCHANGE

La performance de l'entreprise dépend fortement de l'équilibre, toujours instable, entre différenciation et intégration. Les mécanismes d'intégration au niveau global, à l'échelle d'une entreprise, sont complexes. Essayons de les identifier et de les analyser à l'échelle des micromondes.

Nous avons pu analyser et classer les micromondes en systèmes créateurs ou destructeurs de valeur. Existe-t-il un lien entre le rapport intégration-différenciation d'un micromonde et sa capacité à créer ou détruire de la valeur ? Regardons comment s'échangent contraintes et ressources dans les différents cas.

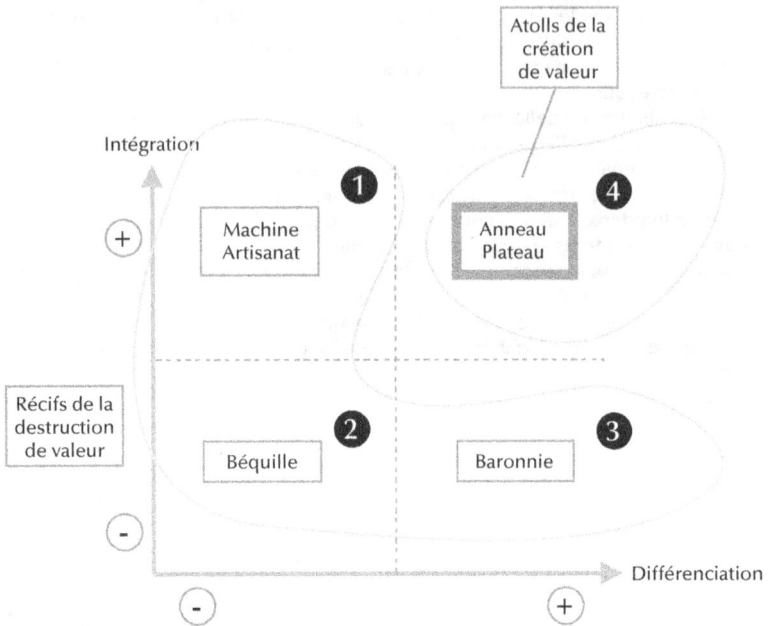

Les micromondes destructeurs de valeur mettent
la main sur l'intégration

❶ Jouer un rôle dominant en imposant ses spécificités (machine et
artisanat) tout en niant les contraintes des autres ; la machine et
l'artisanat imposent leurs contraintes comme le seul mode d'intégration.

❷ Se satisfaire d'un sous-optimum résultant d'un mélange de genres
où les capacités d'intégration se substituent aux capacités différenciées ; les acteurs de la béquille partagent des ressources en s'isolant
des impératifs plus globaux de l'entreprise.

❸ Refuser les contraintes de l'intégration pour se développer en autarcie ; la baronnie capte unilatéralement les ressources qui se trouvent
totalement différenciées, spécialisées et donc non exploitables ailleurs. Elle constitue un obstacle aux capacités d'apprentissage et
d'innovation. L'intégration est inexistante.

Dans les micromondes créateurs de valeur, le
mode d'intégration n'est monopolisé par personne

L'intégration est le résultat d'un échange croisé des rationalités limitées
entre les acteurs. C'est un phénomène relativement autonome, construit
localement, permettant à chacun d'avoir confiance dans le processus.
Chacun peut escompter raisonnablement que les gains générés ne seront
captés par personne définitivement. La création de valeur naît dans les
environnements où :

4 Se développe l'échange croisé (le plateau) ; dans un contexte de
réciprocité, chacun accepte de porter une partie des contraintes de
l'autre. À la différence du cas de la béquille, il n'y a pas ici de
redondance ou de superposition de responsabilités. Le niveau d'intégration est donc plus élevé.

Un portefeuille unique de tâches élémentaires est partagé par tous
les acteurs d'un même processus. C'est le cas de l'anneau relationnel. Une même incertitude, le malade, sert d'intégrateur des différents métiers et assure la convergence des comportements.

Seule l'option correspondant à la case **4** est réellement créatrice de
valeur.

La relation entre individus est bien un canal par lequel vont transiter,
plus ou moins bien, plus ou moins vite, des informations et, attachées à
elles, des ressources ou des contraintes. Dans nos deux cas du plateau
et de l'anneau, la coordination repose sur l'ajustement mutuel entre les
personnes.

La confiance est le mode de relation le plus
économique

O.E. Williamson[1] a mis sous le vocable « coût de transaction » les investissements que les partenaires d'une transaction sont prêts à financer pour
sécuriser celle-ci. Ces investissements comprennent notamment des systèmes d'information, des contrats, des modes de contrôle et de sanction.

---

1. O.E. Williamson, *Market and hierarchies : analysis and antitrust implications*, The
Free Press, 1975.

Les procédures prescrivent aux individus ce qu'ils doivent faire selon les situations rencontrées.

Moins l'individu est en confiance, plus il se protège. Le coût de la transaction s'élève avec l'augmentation du volume d'activités nécessaire pour sécuriser la relation et le résultat. Quand les gens anticipent une catastrophe, ils accumulent des « stocks de guerre », créant ainsi la pénurie qu'ils craignent et contre laquelle ils cherchent à se prémunir. De même, dans l'entreprise, on constate parfois que les services aval imposent des délais irréalistes aux services amont pour être sûr de pouvoir livrer leur propre client à temps. Ainsi placé sur la brèche, le service amont produit de la non-qualité et le cycle de fabrication s'en trouve rallongé d'autant. Au final, les délais ne sont pas tenus.

À l'inverse, à partir du moment où une relation de confiance s'est instaurée entre deux parties, les attitudes « opportunistes » sont exclues mutuellement et donc personne n'a à se protéger. Dans une relation de confiance, le comportement des individus est prévisible. La réactivité, la connexion entre personnes, l'échange de ressources et d'information sont d'autant plus importants que règne un climat de confiance entre les parties. La confiance est le mode de transaction le moins coûteux, car elle permet d'économiser sur les dispositifs de contrôle. Fondée sur l'ajustement mutuel entre participants, elle est aussi plus compatible avec le besoin de liberté qu'un modèle prescriptif d'organisation.

Comportement prévisible ou adapté	Le niveau de confiance s'élève	Les individus se protègent moins	Les coûts de transaction baissent

La coopération est l'antidote de la bureaucratie

Nous sommes tout prêt de trouver l'antidote aux coûts de transaction. L'étude de l'anneau et du plateau nous a mis sur la voie en révélant le rôle économique joué par la coopération. Or, l'Architecte lui laisse une portion congrue. C'est là son erreur. Pour faire des économies dans les ressources utilisées, il est essentiel d'élever le niveau de coopération.

Les ratés des opérations de *downsizing* en sont une preuve par l'absurde[1]. Elles ne prennent pas en compte l'impact sur les relations et le niveau de coopération requis.

Quand on décompose le temps réellement passé dans un service au travail, on trouve quatre catégories (hormis le temps résiduel de souplesse incompressible) :

- La production de valeur ajoutée, c'est-à-dire la réalisation des activités pour lesquelles le poste est créé.
- La coordination avec les services amont et aval pour recevoir les informations nécessaires à la production et fournir aux autres services les éléments dont ils ont eux-mêmes besoin pour ajouter leur pierre à la création de valeur.
- La création de non-valeur ajoutée : erreurs, rebuts, non-qualité. Même les entreprise alignées sur les « meilleures pratiques » en produisent.
- Le temps passé à réduire cette non-valeur ajoutée par des actions de prévention, de contrôle, ou de correction (re-travail).

Que faire pour que la réduction du niveau de ressources allouées à un service n'obère pas le temps consacré à la production de valeur ?

Il reste à actionner les deux autres leviers : réduire la part de non-valeur ajoutée ou améliorer l'efficacité de la coordination interservices. Or, à court terme, l'essentiel de la non-qualité produite est incompressible. Des investissements dans de nouvelles technologies, compétences et processus sont généralement nécessaires.

Il ne reste donc en fait qu'un levier : le temps de coordination. Ce dernier s'abaisse à mesure que les acteurs se font confiance. La coopération, c'est-à-dire l'ajustement mutuel directement entre acteurs, se substitue à la coordination plus lourde par voie hiérarchique. Inversement, moins les services participant d'une même chaîne de valeur ont su développer entre eux des relations de confiance et plus ils « secrètent » de « marges de manœuvre », sous forme de délais, de stocks de guerre, de ressources en main d'œuvre supplémentaire. Le rationnement, loin d'éliminer les stocks de guerre, favorise le développement du marché noir. Le downsizing, de même.

---

1. Voir J. Brilman, *Les meilleures pratiques de management*, Éditions d'Organisation, Paris, 1998.

La figure ci-dessous explique ce phénomène. La performance y est représentée comme une fonction du niveau de ressources par activité de base, et de la capacité de coopération entre les activités.

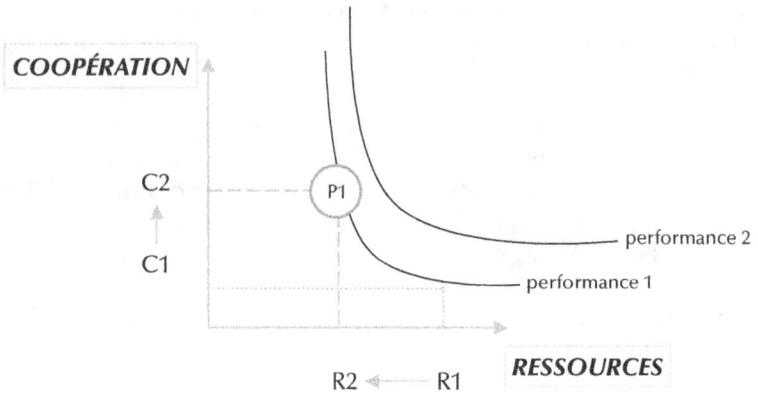

La figure montre qu'il existe une certaine équivalence entre ressources et coopération pour atteindre un niveau de performance donné. Moins on dispose de ressources pour une activité et plus il faut coopérer avec les autres activités pour atteindre le même niveau de performance[1].

Précisément, sur la courbe de performance 1, une réduction en ressource de R1 vers R2 exige une hausse du niveau de coopération de C1 à C2 pour atteindre le même niveau de performance.

1. W. Tsai et S. Ghoshal, « Social capital and value creation : the role of intrafirm networks », *Academy of Management Journal*, 1998, vol. 41, n° 4, 1998, p. 464-476.

CHAPITRE 1	CHAPITRE 2	CHAPITRE 3	CHAPITRE 4	CHAPITRE 5	CHAPITRE 6	CHAPITRE 7	CHAPITRE 8	CHAPITRE 9
La fin des architectes	Appareillage vers la Terra Incognita	Le carré magique du Mosaïste	À la recherche de la création de valeur «micro»	Les limites du macromanagement	Les frontières cachées de l'entreprise	Le manager intégrateur	La conduite du changement du Tisserand	La stratégie organisationnelle

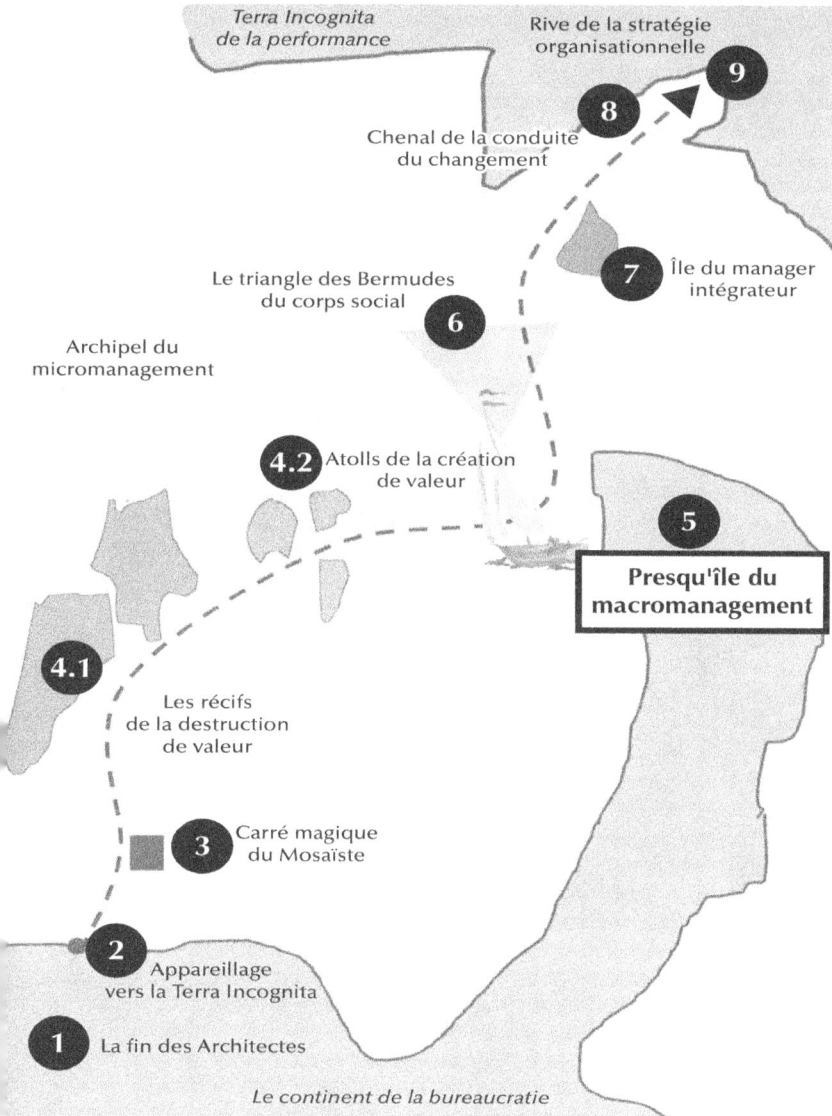

Terra Incognita
de la performance

Rive de la stratégie
organisationnelle

9

8

Chenal de la conduite
du changement

Le triangle des Bermudes
du corps social

7 Île du manager
intégrateur

Archipel du
micromanagement

6

4.2 Atolls de la création
de valeur

5

**Presqu'île du
macromanagement**

4.1

Les récifs
de la destruction
de valeur

3 Carré magique
du Mosaïste

2
Appareillage
vers la Terra Incognita

1 La fin des Architectes

Le continent de la bureaucratie

CHAPITRE 5

Quand le macromanagement freine la création de valeur

Nous croisons la pointe extrême des atolls de la création de valeur et nous savons, avec ce que nous avons trouvé, que nous sommes sur le bon chemin.

Nous avons mis en évidence certaines spécificités du micromanagement. Ce dernier a pour fonction de piloter ces capacités organisationnelles de base qui traitent chacune d'un ou plusieurs maillons de la chaîne de la valeur d'une entreprise : le bureau d'étude, le service après-vente, la distribution, la fabrication.

L'ADN de la création de valeur

Nous avons plus particulièrement identifié, grâce à l'anneau et au plateau, les fonctionnements à la source de la création de valeur : l'échange croisé, le partage de zones d'incertitude et de rationalités limitées, l'intégration par la confiance, l'ajustement mutuel et l'abandon des comportements opportunistes permettant d'abaisser les coûts de transaction. Ces ingrédients constituent l'ADN de la création de valeur, à partir duquel il est possible de reconstruire l'entreprise.

Se pose au navigateur la question suivante : comment étendre à l'échelle de toute une organisation, de toute une entreprise, les vertus de l'anneau et du plateau ? Sur quels effets de leviers peut-on s'appuyer pour repousser les effets de la bureaucratie ?

Ces leviers existent déjà dans l'entreprise : ils sont entre les mains du macromanagement.

Le macromanagement n'est qu'une presqu'île de la bureaucratie

Sur notre route vers la Terra Incognita, nous franchissons justement le cap du macromanagement. Il comprend l'ensemble des processus qui assurent la coordination entre les capacités organisationnelles et permettent le lien entre la stratégie et la mise en œuvre.

Le macromanagement se compose de trois éléments :

❶ Le management, plus précisément le « top-management », c'est-à-dire, le sommet de l'entreprise où se prennent les principales décisions stratégiques.

❷ Le management intermédiaire qui sert de relais vers le corps social, c'est-à-dire vers l'ensemble des salariés.

❸ Les processus qui assurent l'articulation du sommet avec la base et du centre avec la périphérie de l'organisation.

Ces catégories de management sont traversées par des courants forts et réguliers qui menacent, en continu, de projeter le navire du changement sur les rives du macromanagement. En fait, il faut bien s'y résoudre, le macromanagement n'est qu'une presqu'île, certes tendue vers le grand large, mais encore bien accrochée à la terre ferme de la bureaucratie.

Le macromanagement n'est pas un allié facile pour la création de valeur. Certains mécanismes endogènes que nous allons mettre à jour font le lit des baronnies et des béquilles. En se déployant à grande échelle, le macromanagement altère des éléments du précieux ADN de la création de valeur.

Nous allons étudier la nature de ces différents courants, leur origine, leur dynamique et leurs effets sur la performance de l'organisation.

**ÉCHEC DU CHANGEMENT
30 % DE NON-QUALITÉ
RÉSIDUELLE**

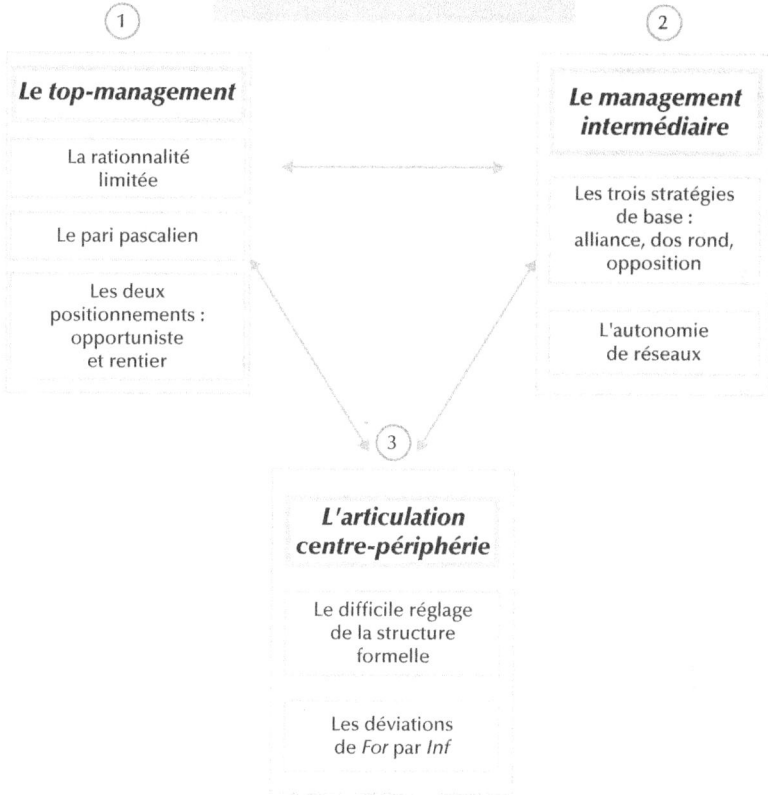

①

Le top-management

La rationnalité
limitée

Le pari pascalien

Les deux
positionnements :
opportuniste
et rentier

②

**Le management
intermédiaire**

Les trois stratégies
de base :
alliance, dos rond,
opposition

L'autonomie
de réseaux

③

**L'articulation
centre-périphérie**

Le difficile réglage
de la structure
formelle

Les déviations
de *For* par *Inf*

Les limites intrinsèques du macromanagement

LE TOP-MANAGEMENT

La rationalité limitée de l'Architecte

Le mosaïste nous a appris que la rationalité de chacun est toujours limitée et nous a expliqué les fondements sur lesquels elle repose (voir l'effet de position et de disposition, chap. 3).

Le top-management n'y échappe pas non plus. Voyons comment le contexte de travail influence et structure les processus de décision.

▦ L'aveuglement des dirigeants

Dans mon parcours de consultant, j'ai pu observer et analyser le fonctionnement quotidien de structures appartenant à des secteurs aussi divers que l'administration, les collectivités locales, l'industrie, la banque ou les hôpitaux, dans différents pays, et de toute taille, de la simple agence à la multinationale matricielle. Une chose m'a particulièrement frappé : l'écart entre les pratiques quotidiennes et la vision qu'ont de leur organisation un grand nombre de dirigeants, quels que soient les pays et leur culture.

▦ Qu'est-ce qui trouble leur vision ?

L'organisation est bonne, puisque j'en suis le chef légitime

Pour reprendre les formulations de Watzlawick[1], fondateur de l'école de Palo Alto, les managers, tenants de la vision mécanique de l'organisation, commettent une erreur de type logique en ignorant *Inf* et en faisant comme si la carte (*For*) épousait strictement le territoire (*Inf*).

L'architecte ne peut que croire dans l'efficacité de la dimension formelle de l'organisation, puisqu'il tire lui-même sa légitimité de son appartenance à la hiérarchie.

Le cas de Matélec nous a permis d'identifier ce piège qui prend la forme d'une sorte de syllogisme :

---

1. P. Watzlawick, J.H. Weakland, R. Fisch, *Change*, W.W. Norton & Cy, 1974.

1. Je gagne, j'ai le pouvoir.
2. Donc, l'organisation est rationnelle.
3. Donc, c'est une mécanique bien huilée.
4. Donc, les comportements doivent suivre la règle prescrite.

La pression sur les résultats à court terme

Le manager doit répondre aux attentes de résultats tout en résolvant une multitude de problèmes au quotidien. Ne disposant, par hypothèse, que de ressources limitées, il doit fréquemment faire des arbitrages. Tout ceci lui laisse peu le loisir de s'intéresser aux causes cachées de la dynamique de son organisation. Il est à la recherche d'une vision simplifiée de l'organisation, aisée à mettre en équation.

La recherche de solutions

Tout manager cherche, même à son corps défendant, des solutions, voire des recettes pour résoudre rapidement les milliers de problèmes auxquels il est quotidiennement confronté. Le diagnostic ne peut être perçu que comme un détour inefficace, aux effets dilatoires et onéreux.

Moins j'écoute et plus j'avance

Partant du principe que « l'intendance suivra », l'Architecte n'a pas intérêt à divertir son attention par l'écoute des uns et des autres qui ne lui remonteront la plupart du temps que des problèmes opérationnels supplémentaires à résoudre. Pourquoi écouter ceux qui viennent avec des excuses pour ne pas changer ?

Le cas Électro n° 2

Le vice-président en charge d'une des divisions produit cherche à réduire les frais de structure dans ce groupe qui a crû par acquisition. Pour supprimer les doublons hérités du passé et générateurs de surcoûts, il souhaite aligner tous les sites industriels à travers le monde sur un même schéma organisationnel. Chaque unité de base se trouvera dotée de la même liste limitative et réduite de fonctions. Tout le reste sera centralisé. Le problème est que les « unités de base » ne sont pas comparables. Pour partie parce qu'elles sont issues d'entreprises différentes, pour partie parce qu'elles sont spécialisées dans des fonctions effectivement différentes : R&D, production, assemblage ou distribution. Le projet est dans l'impasse. Le vice-président s'obstine à imposer aux sites un schéma organisationnel impraticable et rejette les objections des uns et des autres, simple traduction, à ses yeux, de leur incompétence.

La prime au reporting

Le côté séduisant des tableaux de bord est d'alimenter l'illusion que l'entreprise peut être mise en équation. Ce qui ne se mesure pas n'existe pas. Un esprit pressé peut se satisfaire des explications et des résultats d'un tableau de bord. En fait, des analyses de terrain sont indispensables.

Le cas de Lamacier

Le laminoir de ce site sidérurgique offre une médiocre rentabilité économique. Deux causes principales semblent se coordonner pour rendre la situation impossible. D'une part, le laminoir est vétuste : difficile de garantir un niveau constant de qualité produit avec cet outil. D'autre part, l'organisation est extrêmement complexe (différents métiers « postés » doivent se coordonner). Au bout du compte, on ne sait plus si les problèmes rencontrés sont dus au produit, à l'outil ou à l'organisation défaillante.

Le directeur du site n'est pas satisfait de cette analyse : il regarde tous les jours le nombre de tonnes bonnes sorties. Il pense que ni le laminoir ni l'organisation ne sont en faute, mais il n'a pas d'explication. Les premières explications ne sont pas dans le tableau de bord mais dans l'humain. L'équipe de direction fonctionne très mal, les relations entre la qualité et la production sont bloquées. Les problèmes de qualité produit identifiés aux différentes étapes du laminage se perdent dans les méandres de l'organisation interne avant d'être traités. Enfin, le directeur du site « passe » mal auprès des troupes qui attendent autre chose qu'un *status quo* ambigu.

Le rythme de la mobilité interne

La mobilité des managers présente de nombreuses vertus. Dans les grands groupes, elle est indispensable pour préparer les nouvelles générations de managers à l'accès aux commandes. Revers de la médaille, l'Architecte reste rarement assez longtemps en place pour lancer des opérations de fond ou prendre des risques. Tout l'incite à privilégier le cosmétique et les effets d'affichage, voire à obérer le long terme au profit du court terme. Les investissements lourds, la formation et le développement de l'organisation sont ainsi négligés. Dans les entreprises où la gestion des carrières prévoit une mutation de poste tous les trois ans, il n'est pas rare d'entendre que « l'important, c'est la possibilité d'afficher des résultats même s'ils sont superficiels pour assurer sa promotion » sachant qu'à l'heure du bilan, le manager en charge aura quitté le poste.

```
                        ┌─────────────┐
                        │    INF      │◄──────────────────┐
                        └─────────────┘                    │
                               │                           │
                        ┌─────────────┐                    │
                        │ Le Manager  │                    │
                        └─────────────┘                    │
```

La recherche de solutions	La règle et la structure fondent la légitimité du manager	Le manager ne reste en poste que trois ans	Seul le quantitatif remonte au travers des tableaux de bord	Si on écoute les gens on ne recueille que des problèmes	Pressions sur les résultats à court terme

«Je crois ma rationalité universelle» (alors qu'elle est limitée)

«Je contrôle la situation, l'organisation est une mécanique»

Changement par les leviers *For*

Limites à la création de valeur
- échec au changement
- non-qualité

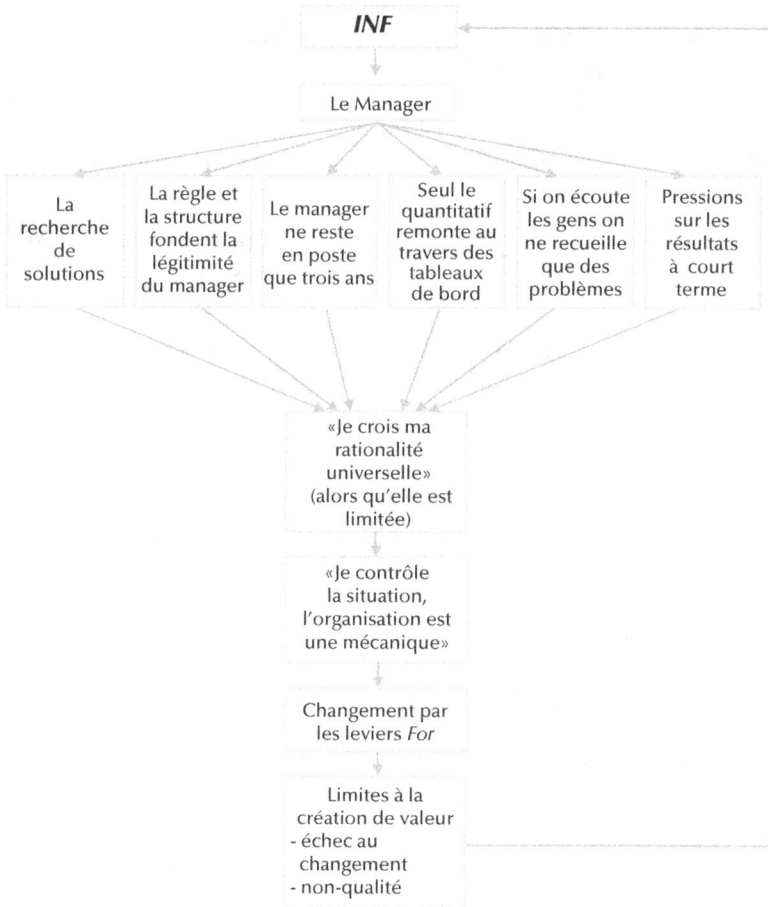

Genèse de la rationalité limitée de l'Architecte

Consequence : des freins à la création de valeur

De cette analyse du processus de décision, il ressort une vision éclatée de l'organisation.

Le manager architecte sous-estime la place de la rationalité (limitée) des autres, que ce soit celle des baronnies ou celle des anneaux. Il ne voit pas, mais les autres eux le voient, que la mise en place de sa vision (ses valeurs déclarées) suppose l'existence – illusoire – d'une organisation mécanique. Cet écart, entre ce que dit le manager et la réalité, entame la confiance.

Les ratés du changement issu de cette vision sont le symptôme d'un manque : *Inf*, ignoré, en quelque sorte se venge sous la forme de la fameuse résistance au changement.

Ayant découvert dans les dysfonctionnements du modèle mécanique les vertus du modèle systémique, il nous est possible de proposer une manière de passer de l'un à l'autre en rendant « fonctionnels » ce qui n'était que des ratés.

Le pari pascalien du management

L'échec du changement est mis sur le dos de la fameuse résistance. Mais, nous nous rendons compte que le manager architecte y est aussi pour quelque chose. Nous avons décortiqué les différentes facettes de la rationalité limitée du manager. Celles-ci ne contiennent-elles pas en germe certaines causes des échecs des projets de changement ? Bref, Le manager n'est-il pas le premier obstacle au succès de son entreprise ?

On comprend pourquoi la métaphore mécanique occupe une telle place, que l'on peut qualifier de dominante, comme une pensée unique, dans l'entreprise. La simplicité du modèle en fait sa force. Ce mode de pensée, par l'aveuglement qu'il induit, n'est guère sensible aux avertissements. Son point faible est l'incapacité à apprendre. Seule une confrontation avec la réalité peut l'amener à se remettre en cause. C'est pourquoi « changement mécanique » et résistance au changement sont indissociables.

Puisque Inf = For, je n'ai pas intérêt à investir dans le changement

Quand on est à la tête d'une organisation, deux questions s'imposent. La première : quels sont les leviers les plus efficaces pour assurer le développement de celle-ci ? Et donc, où gît le supplément de croissance rentable. La seconde : combien doit-on investir en temps, en énergie et en argent pour identifier et faire fonctionner ces leviers ? Pour partie, le pragmatisme pousse le dirigeant à répondre à ces questions en privilégiant les leviers formels immédiatement disponibles :

- un modèle simple même approximatif est plus efficace qu'un modèle exhaustif, mais lourd et compliqué ;
- les prescriptions que l'on peut tirer des sciences humaines sont perçues comme peu opérationnelles et la prise en compte de l'implicite n'est pas pour autant une garantie de succès.

Si, en tant que dirigeant, j'estime que les leviers que je contrôle sont suffisamment efficaces et que la maîtrise supplémentaire que je pourrais obtenir ne compense pas le coût marginal de l'investissement à réaliser pour acquérir cette maîtrise, alors il est normal que je me contente des leviers formels.

Telle est la logique du dirigeant : pourquoi investir dans le changement puisque, avec les structures et les procédures, je peux suffisamment influencer les comportements et les performances (*For = Inf*) ! C'est un pari que Pascal aurait sans doute inversé puisqu'il y a plus à gagner en investissant dans le changement qu'en s'abstenant.

Qu'entend-on par « investir dans le changement » ?

Si *Inf* est différent de *For* (il n'y a aucune raison *a priori* pour que les deux coïncident), il est nécessaire d'établir des ponts entre eux pour réussir le changement. Ces ponts sont jetés, soit en amont du projet, en prenant mieux en compte les particularités de *Inf* grâce à un diagnostic poussé, soit en aval, en facilitant, par la communication, la formation et l'adaptation des outils de gestion RH et de management, l'adaptation de *Inf* aux nouvelles conditions de fonctionnement.

▨ *Le choix de la bonne stratégie de changement ?*

	Faible maîtrise des leviers formels	Forte maîtrise des leviers formels
Sans investissement	**①** Coûts Echecs	**②** Économique mais rare
Avec investissement	**③** Préventif	**④** Surcoût de sécurité

❶ *L'échec « garanti »*

Le manager investit peu dans le changement, alors que les leviers dont il dispose ne sont pas efficaces. C'est le cas le plus fréquent qui explique l'échec de 60 % des projets. Ceci se produit quand l'entreprise choisit de mettre en place une nouvelle procédure, une meilleure pratique, un système d'information intégré, un ERP comme l'automatisation des forces de vente.

L'échec est garanti par le fait même que la solution est « standard » :

- les utilisateurs vont nécessairement rencontrer des problèmes puisque la solution, par définition, ne prend pas en compte les spécificités locales ;
- le management peut d'autant moins écouter les problèmes que rencontrent les utilisateurs qu'il ne peut, ni ne doit par définition, apporter d'aménagement à la solution retenue ;
- les problèmes s'accumulent et la résistance au changement se met en branle.

② *Le changement réussi avec un investissement minimum*

Ici, nul besoin d'investir dans le changement puisque *Inf* = *For*. Ce niveau élevé de cohérence se rencontre dans deux cas extrêmes : les organisations mises au pas autour d'un chef autocrate, d'une part, et les unités « gouvernées » par la confiance, comme l'anneau ou le plateau, d'autre part. Plus largement, en dehors de ces situations très particulières, on rencontre un niveau de cohérence élevée quand la culture de l'entreprise est très forte ou quand son leader est suffisamment charismatique pour rallier aux objectifs la plus grande partie du personnel.

Lorsque ces conditions sont remplies, le management est perçu comme légitime, ainsi que les procédures et solutions qu'il met en place.

Comme on peut l'imaginer des situations où *Inf* = *For* sont rares, et, de plus, elles ne sont pas toutes recommandables d'un point de vue éthique. Les cultures fortes, par le code de convenance qu'elles contiennent implicitement, présentent également un coût : la pression à la conformité et à la passivité.

De toute façon, le niveau élevé de cohérence est le résultat d'un investissement préalable en matière de recrutement, de processus d'intégration, de communication ou de formation. Les efforts que l'on s'épargne dans la préparation du changement ont, en réalité, été effectués auparavant.

③ *Le changement avec investissement*

Dans ce cas, conscient de l'écart entre *Inf* et *For*, le management investit dans le changement. Il prend le temps de créer un référentiel commun par la formation, les systèmes d'information partagée, la communication et réduit ainsi les risques d'incompréhension et de blocage.

Il doit pour cela reconnaître d'abord que sa rationalité est limitée tout en prenant en considération l'existence d'autres rationalités limitées dans l'entreprise, celle des baronnies et des anneaux aussi. Puis, il identifie les leviers de *Inf* permettant d'élargir les zones de confiance. Nous développerons plus loin les méthodes utilisées pour créer un pont entre *Inf* et *For*.

④ *Le surinvestissement*

Ce cas limite ne joue en principe ici qu'un rôle de repoussoir. Pourquoi dépenser des ressources pour atteindre un objectif qui est déjà réalisé ? !

On rencontre malgré tout cette situation de temps en temps, et plus particulièrement dans les entreprises ayant atteint un niveau sophistiqué de management. On assiste alors à un véritable déplacement d'objet. Certaines entreprises sont tellement riches qu'elles font du projet de changement lui-même un « spectacle », une fin en soi, avec le recours aux technologies de communication du dernier cri, et l'hébergement de la conférence ou du séminaire dans des lieux exotiques et luxueux.

Attention toutefois à ne pas cacher par l'exubérance de la forme l'indigence du contenu ! Une bonne publicité n'a jamais fait vendre un mauvais produit.

▒ *Avec l'Architecte, le cas n° 1 se cache derrière le cas n° 4*

En fonction de son hypothèse sur son degré de maîtrise des leviers, le manager peut faire des paris sur l'intérêt d'investir. Pressé par le temps, il applique la règle des vingt-quatre vingt, dite de Pareto, estimant que les 20 % de l'organisation non impactés – car situés hors du champ des leviers qu'il maîtrise – ne l'empêcheront pas d'atteindre le résultat recherché.

Le dilemme du décideur réside dans le surcoût comparé des situations 1 et 4. L'expérience montre que souvent pour éviter la situation 4, le décideur tombe dans la situation 1, surestimant son degré de maîtrise des leviers pertinents. Cette manière de gérer perdure en dépit des échecs répétés des projets de changement, d'investissement et de fusion parce que le bilan *a posteriori* de la situation 1 n'est quasiment jamais fait. Et puis, chacun fait l'hypothèse que les budgets des années suivantes ouvriront d'autres possibilités et permettront de rattraper, si besoin est, les erreurs éventuelles.

Les deux dérives du management :
l'opportuniste et le rentier

Tout se passerait bien si le monde fonctionnait, ce que prétend l'Architecte, comme une mécanique bien huilée. Le problème est que l'Architecte lui-même est le premier à se soustraire aux rouages de la machine !

Quand l'Architecte grippe la machine

L'opportuniste

Le manager renie ses règles

Nous l'avons vu, nous courons tous après des zones d'incertitude, sésame du pouvoir. L'Architecte aussi. Or, se conformer à *For*, aux règles et aux directives, rendre son comportement prévisible, constitue un obstacle majeur pour devenir soi-même une zone d'incertitude pour les autres et exercer une quelconque influence.

De plus, nous l'avons également mentionné, dans une réalité toujours changeante, une règle est vite caduque. S'y référer aveuglément est le meilleur moyen d'échouer. Pour réussir, l'Architecte est donc condamné à se renier dans les faits en adoptant, en pratique, un comportement opportuniste en contradiction avec ses valeurs déclarées. Il échappe ainsi aux règles qu'il a lui-même édictées et qui sont censées régir les rapports et le fonctionnement à l'intérieur de l'entreprise.

Le management de l'entreprise est également en contact direct avec l'environnement. Il ne dépend pas totalement des informations remontées par les différentes fonctions pour savoir ce qui se passe dans les différents domaines économique, scientifique ou social qui caractérisent son environnement. Les relations avec les clients, les fournisseurs, les banquiers, les institutionnels lui permettent de collecter des informations pertinentes sur les menaces et les opportunités auxquelles l'entreprise fait face.

Le management ne fonctionne pas seulement au travers de *For*, mais aussi grâce à des réseaux ouverts sur l'extérieur.

Le cas de Food Inc n° 2

Cette entreprise dispose d'un processus de planification stratégique tout à fait rodé comprenant un plan stratégique à trois ans et une remise à jour annuelle au travers de l'exercice budgétaire.

Pourtant, les principales décisions d'acquisitions à l'étranger se sont faites en dehors de ce plan. Elles sont le résultat d'initiatives individuelles de membres du directoire de l'entreprise.

LA LOGIQUE DE L'INFORMEL

Le management de cette entreprise défend une politique agressive vis-à-vis de ses distributeurs de manière à préserver ses marges. Une politique de prix et de contrôle des marges très rigoureuse a été mise en place. Dans la pratique, le management ménage certains de ses distributeurs, entre autres, ceux qui ont participé à la naissance de l'entreprise. La concurrence s'exacerbant, il faut prévenir le départ des plus importants d'entre eux vers la concurrence.

Un comportement paradoxal

D'où la contradiction : le management proclame et veut que *For* et *Inf* soient identiques *(For = Inf)*, mais par ses choix, il affiche aux yeux de tous que, en fait, *For* diffère de *Inf* *(For ≠ Inf)* !

Grâce au circuit court, au travers de ses propres contacts avec l'extérieur, le management se retrouve, lui aussi, en prise directe avec la réalité. On le voit chez Équipeuro qui entretient des relations personnalisées de haut niveau avec ses distributeurs et chez Food Inc où les hommes du management montent eux-mêmes des opérations d'achat et de développement à l'international, court-circuitant le processus du plan stratégique.

Ces contradictions entre les valeurs déclarées et les valeurs opérantes sont une autre manifestation de l'inéluctable confrontation des rationalités limitées dans l'entreprise.

Le management est dans une situation *a priori* contradictoire : garant de la cohérence d'ensemble, il détermine, par les principes affichés, l'espace de rationalité dans lequel l'ensemble des salariés peut se mouvoir. Ainsi il apporte de l'ordre. Mais il fait face lui-même, comme ses collaborateurs, à un agrégat d'incertitudes très vaste, par rapport auquel il doit pouvoir s'adapter.

Ce n'est pas en se liant à une procédure figée qu'il pourra saisir des opportunités. Ainsi est-il conduit à échapper aux règles qui sont censées prescrire le fonctionnement de l'entreprise. Comme dans le cas de la « baronnie », le management estime que les règles sont une contrainte, inadaptée à son rôle de stratège.

L'organisation court-circuitée

Les cas Équipeuro et Food Inc nous montrent l'existence de deux circuits distincts, véhiculant des informations, des décisions et des actions, avec des horizons de temps différents.

© Éditions d'Organisation

Le management pilote une organisation qui, elle, est en contact direct avec l'environnement, la réalité. C'est le circuit long. Mais il a un accès direct à la réalité. C'est le circuit court. La cohabitation de ces deux circuits peut remettre en cause le rôle d'intégration du management.

En prise direct avec l'environnement, le management peut prendre des décisions sans passer par le circuit long, donc en mettant une partie de son organisation hors circuit. Par ailleurs et en même temps, le management essaie par *For*, englobant les valeurs, les structures, des processus, d'obtenir une prévisibilité des comportements en interne.

Fiche du manager opportuniste

• **Valeurs déclarées :**
– For = Inf
– respect du circuit long

• **Valeurs pratiquées :**
– Inf ≠ For
– emprunt du circuit court

• **Conséquence :**
– contradiction entre valeurs pratiquées et valeurs déclarées
– méfiance du reste de l'organisation

• **Coûts :**
–développement de comportements de protection
– bureaucratie

Ces contradictions sont d'autant plus affirmées que le management lui-même est agité par des forces divergentes. Il n'est pas rare de retrouver au sein de l'équipe de direction ce dialogue conflictuel entre ceux qui veulent plus de règle pour contraindre les opportunistes et ceux qui cherchent au contraire à préserver leur autonomie. Souvent, comme dans le cas de Food Inc (p. 66), ces débats au sein du comité de direction restent la partie émergée de jeux de pouvoir dont ils ne peuvent s'affranchir.

Perte de crédibilité du management, scepticisme et démotivation des salariés accompagnent souvent la mise à jour de ces contradictions.

Le rentier

Le manager reste campé sur ses positions

Puis, dans sa course à la zone d'incertitude, arrive un moment où l'Architecte opportuniste se meut en rentier.

Soucieux de protéger une zone d'influence durement acquise, le manager se met à ériger des barrières pour repousser la concurrence externe et interne en utilisant, sans vergogne, tout l'attirail du baron. L'architecte devenant rentier est le premier à se forger un domaine se soustrayant aux lois de la mécanique générale et à gripper la machine.

La logique du rentier est également dans l'ordre des choses. C'est la rançon du succès. La structure qui bénéficie d'une position dominante résistera à tout changement qui la saperait. Un sous-groupe du management, organisé en rentier, peut avoir les moyens de s'opposer à la nouveauté. S'installe souvent un climat délétère de peur comme dans le cas de Filmoplast (voir p. 50).

Plus une « rationalité limitée » est en mesure de cerner un aléa critique, une zone d'incertitude, pour l'organisation et plus elle « pèse » dans les décisions et sur les procédures pour influencer le comportement des autres. Plus elle a du « pouvoir ».

Selon les contraintes de l'environnement et le stade de développement de l'organisation, les rationalités dominantes changent. Si la clé de l'avantage concurrentiel est dans l'innovation produit, la R&D pèsera lourd dans le comité de direction. Si l'entreprise connaît une mauvaise rentabilité, les financiers prendront le pouvoir, etc. Comme on le voit, la victoire d'une rationalité est le résultat d'une histoire : la rationalité dominante n'est pas forcément celle qui détient la clé de l'avenir.

Le tabou des intérêts catégoriels

Garant des « meilleures pratiques » installées, le rentier impose sa rationalité et s'oppose à l'avènement d'une autre répondant mieux à un nouvel aléa, mais qui lui ferait de l'ombre.

Les tabous sont les choses qui sont tues pour préserver l'illusion de la machine rationnelle et de la pertinence de la rationalité dominante. La dimension *Inf* reste un peu cachée derrière la dimension *For*.

C'est ainsi que, pour l'entreprise qui réussit, la roche Tarpéienne n'est jamais loin du Capitole. Ce phénomène rend compte du phénomène des baronnies que l'on constate dans les entreprises, de sa multiplication mais aussi des faiblesses induites.

Le cas Interconseil

Cette grande société de conseil internationale a connu une croissance continue depuis sa création, offrant du même coup des possibilités très intéressantes de développement et d'enrichissement pour les fondateurs et le premier cercle de recrues qui y ont fait toute leur carrière. L'offre de cette entreprise est à présent inadaptée à un marché qui, entre-temps, a changé et s'est sophistiqué. Mais les pionniers, eux, n'ont pas évolué au même rythme. Ils n'ont pas su élargir ni renouveler leur base de compétence. Ils se sont d'autant plus affirmés en thuriféraires dogmatiques de l'offre « maison » qu'ils sont incapables de s'adapter et de retrouver ailleurs des postes aussi bien rémunérés avec la même capacité d'influence. Ainsi agissent les effets de position et de disposition. Leur rationalité les conduit à ne pas écouter ceux qui proposent une démarche alternative.

Les démarches alternatives sont rejetées car elles contiennent en puissance un message iconoclaste. La promotion de l'offre maison n'est que le faux nez de la défense d'intérêts catégoriels dépassés. Ici réside le tabou. Accusés d'être incompétents ou irresponsables, ceux qui s'y attaquent prennent le risque de se voir marginalisés voire exclus de l'organisation.

L'Architecte transformé en rentier est le premier à « résister » au changement et à freiner les processus d'apprentissage.

Fiche du manager rentier

- **Valeurs déclarées :**
  - ma rationalité est universelle
- **Valeurs pratiquées :**
  - rejet des rationalités alternatives
  - procès en sorcellerie
- **Conséquences :**
  - résistance au changement
  - marginalisation des profils innovants
- **Coûts :**
  - blocage du processus d'apprentissage
  - risque d'inadaptation de l'entreprise à terme
  - la survie de l'entreprise est menacée

LE MANAGEMENT INTERMÉDIAIRE

Nous venons de voir que l'Architecte est bien souvent son propre ennemi. Il n'est pas au bout de ses peines. Examinons ce qui se passe plus profondément dans les structures.

Traditionnellement, le management intermédiaire constitue ce ventre mou, reliant la base au sommet et constituée d'une pléthore de « petits chefs ».

A-t-il survécu à la généralisation des organisations matricielles et au mouvement de raccourcissements systématiques des échelles hiérarchiques ? Il semble que oui. L'Architecte a besoin de relais pour assurer la mise en œuvre de sa vision.

Le management intermédiaire est à la jointure de *For* et de *Inf* et il se sort avec des résultats variés de cette situation contradictoire. Non seulement son propre fonctionnement peut accroître l'opacité de l'entreprise, mais il est aussi rarement de taille à gérer les réseaux transversaux qui animent *Inf*.

Le management de type mécanique cherche à faire coller *Inf* à *For*, sorte de cadre prédéfini.

Un jugement superficiel peut arriver ainsi à la conclusion que l'efficacité maximum est obtenue quand le management peut s'appuyer sur des relais loyaux, mettant en œuvre les décisions prises sans hésitations. Il n'en est rien. Dans la mise en œuvre, à un certain moment, *For* rencontre *Inf*, autrement dit la procédure rencontre un cas non prévu. Le management intermédiaire peut prendre alors une des trois attitudes suivantes : faire comme si la procédure s'appliquait malgré tout, chercher à modifier la procédure pour l'adapter à l'aléa ou fuir en feignant, par exemple, de n'avoir pas été confronté à l'aléa.

Ces trois attitudes possibles importent surtout par le message qu'elles véhiculent et la manière dont elles seront interprétées par les collaborateurs. Le cas suivant met en évidence leurs interdépendances et les conséquences négatives sur les capacités d'intégration du management.

Le cas Natdistri n° 3

Le management de Natdistri souhaite améliorer les performances de l'entreprise en termes de satisfaction client, de coût et de pénétration. Pour ce faire, il met en place un système de management par objectif qui permet de fixer les nouveaux résultats à atteindre, ainsi que les ressources nécessaires, pour chaque unité opérationnelle.

Face à cette pression des nouveaux objectifs qu'ils doivent faire partager à leurs collaborateurs, les cadres adoptent trois types de comportements différents, correspondant chacun à des stratégies et à des couples avantages-inconvénients spécifiques : l'alliance inconditionnelle, l'opposition ou le dos rond.

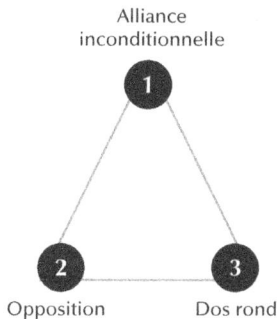

L'alliance inconditionnelle ou le béni-oui-oui

Comportement

L'allié inconditionnel du management répercute la « pression » sur ses collaborateurs en réduisant la plage de négociation. Il minimise la portée des obstacles rencontrés par ses collaborateurs et ne fait pas remonter les problèmes vers le sommet. Il s'approprie les réalisations les plus valorisantes et fait savoir que son service est en conformité avec les priorités de l'entreprise.

Il met en avant sa loyauté pour se rendre indispensable auprès d'un management confronté à des opposants et à des dos ronds.

Mécanismes à l'œuvre

L'Architecte cherche des points d'appui et des relais fiables : il est prêt à récompenser l'allié inconditionnel.

Martin Gargiulo explique pourquoi l'esprit de chapelle marque aussi facilement les organisations de son emprise : « Il est plus simple de communiquer avec quelqu'un qui vous ressemble... l'entourage se tait, minimise les problèmes, préférant ne pas soulever de vague[1]. »

Le responsable colle ainsi aux messages de la direction au prix d'un déni des difficultés éventuelles rencontrées par ses équipes. Son zèle pour atteindre les objectifs est au service de ses enjeux personnels de carrière. Perçu positivement comme un allié inconditionnel par son management, il passe surtout pour un « beni-oui-oui » auprès de ses collaborateurs.

Limites et effets bloquants pour la création de valeur

En se distanciant ainsi de ses équipiers, le manager perd en crédibilité et va au-devant de situations de blocage qui l'empêchent de faire passer la réforme.

« Les nouveaux chefs de département sont des carriéristes choisis parmi les beni-oui-oui. Leurs prédécesseurs étaient respectés par la base : eux pas du tout » (un technicien).

---

1. Martin Gargiulo, professeur à l'INSEAD, propos recueillis par Marie-Béatrice Baudet et Antoine Reverchon, *Le Monde*, 4 septembre 2001.

Ainsi se créent des ruptures dans les lignes de management, la méfiance s'installe et les capacités d'intégration s'étiolent.

L'opposition

Comportement

L'opposant manifeste ouvertement son désaccord avec sa hiérarchie. Il prend à témoin son équipe et ses collègues du conflit qui l'oppose avec ses supérieurs et force chacun à prendre position. Il se présente souvent comme un défenseur des intérêts locaux et de la vraie création de valeur contre la bureaucratie des fonctionnels du siège.

Mécanismes à l'œuvre

En général l'opposant contrôle une zone d'incertitude forte, ce qui lui donne une aura dans l'entreprise.

Il prend une distance vis-à-vis des directives du management et de certains plans d'action. Il protège ainsi son équipe de la pression et de l'interventionnisme venus de plus haut.

Il pratique de la rétention d'informations vers le haut et renforce ses alliances avec ses collaborateurs et avec des collègues de même rang qui se désolidarisent également de la direction.

En fustigeant les résultats superficiels qu'obtiennent selon lui les béni-oui-oui, il gagne en crédibilité auprès de ses équipes et augmente paradoxalement ses chances de faire progresser la réforme. Il est moins clairvoyant avec les « dos ronds » dont il peut pourtant avoir besoin comme alliés.

Limites et effets bloquants pour la création de valeur

L'opposant renforce l'intégration au sein de son équipe au prix d'une coupure avec le management supérieur. Ce travail de sape contribue à décrédibiliser le management. Selon les moyens dont il dispose, il peut s'organiser en baronnie avec les effets dommageables sur la création de valeur que nous avons examinés p. 83-84.

L'exécution molle ou dos rond

Comportement

Coincé entre les ordres du management et les exigences de son équipe, le « dos rond » cherche à éviter les chocs. Ce manager, qui a horreur du conflit, respecte les formes pour ne pas être pris en défaut.

Il utilise tous les moyens, y compris la triche, pour faire en sorte que les objectifs soient atteints sur le papier et donner l'illusion de se conformer aux nouvelles procédures. Il s'engage rarement et reste vague dans ses réponses.

Mécanismes à l'œuvre

À court terme, le manager « dos rond » semble cumuler les avantages de l'allié inconditionnel et de l'opposant. Il assure la qualité de ses relations avec ses collaborateurs, satisfaits de préserver le *statu quo*. Si la pression augmente malgré tout, il peut toujours expliquer à ses collaborateurs qu'il n'y est pour rien et que le management supérieur sous-estime les efforts déjà accomplis. Il protège également ses relations avec son management supérieur, convaincu que les résultats progressent.

« Avec notre chef, ça se passe pas mal, mais il est assis entre deux chaises. Il est issu de la base, il connaît nos difficultés, mais il reçoit une mission de la hiérarchie » (un technicien).

Limites et effets bloquants pour la création de valeur

Ce comportement est d'autant plus répandu qu'il est peu conflictuel. Il peut cependant engendrer des coûts élevés.

Le recours régulier à la débrouillardise et au louvoiement contribue à décrédibiliser le manager aux yeux de ses équipes. En effet, d'une part, les collaborateurs attendent de leur chef qu'il soit ferme sur ses principes. D'autre part, ils peuvent craindre que cette capacité à louvoyer – dont ils sont actuellement les bénéficiaires – ne se retourne contre eux, leur manager se gardant bien de les défendre si la situation se détériore avec les niveaux supérieurs en attente de résultats tangibles.

« Je n'ai pas le soutien de la hiérarchie : certain ne veulent pas de vague. Mon chef de département ne m'appuie pas, il me dit : "Vas-y doucement" » (cadre).

Généralisation

On peut débusquer les mêmes mécanismes, sous d'autres vocables, derrière les oppositions entre « anciens » et « modernes », cadres « techniciens » et cadres « sociaux », « jeunes turcs » et « vieux barons ».

Le cas Pharmaco et Labo n° 1

Pharmaco, un des leaders mondiaux de l'industrie pharmaceutique rachète Labo, un laboratoire pharmaceutique important mais de moindre taille et occupant des positionnnements stratégiques complémentaires. Derrière ce qui est présenté aux salariés des deux entreprises comme un rapprochement entre égaux, se cache une acquisition pure et simple.

Pharmaco lance très rapidement un plan d'envergure pour hisser Labo au niveau de ses standards de management et de ses valeurs. Ce plan a vite fait de dessiller les yeux de ceux qui croient encore à un mariage entre égaux.

• *Les anciens contre les modernes*

À peine engagé, ce plan se heurte à un conflit aigu entre les « modernes » et « les anciens ». Les modernes, collaborateurs issus de Labo comme de Pharmaco, sont les zélateurs des « meilleures pratiques » et du management conquérant de Pharmaco. Les anciens, qu'ils soient de Labo ou de Pharmaco, ne sont pas partisans de la fusion.

• *Les coûts induits*

Chez Pharmaco, la prise de pouvoir par les « modernes » aboutit au départ massif des « anciens », une perte importante de compétences rares sur le marché, et à une démotivation des salariés restants qui ne se retrouvent pas dans le nouveau management.

Or, un management n'est pas légitime parce qu'il est du côté de l'acquéreur, mais parce qu'il apporte de la valeur à ses équipes. Il ne suffit pas de tomber dans les bras du vainqueur pour être crédible et le fait d'être opposé à la fusion ne signifie pas nécessairement que l'on est un manager dépassé. Ainsi rencontre-t-on si souvent cette situation paradoxale, conduisant immanquablement la fusion à l'échec, où les « modernes », « béni-oui-oui » sans crédibilité, exercent une forte influence, alors que les « anciens », dotés de compétences reconnues et bénéficiant du support de la base sont marginalisés pour cause d'« opposition dépassée ».

Le management intermédiaire occupe une position délicate, souvent négligée, et pourtant importante pour la vie de l'entreprise. Placé à la confluence d'intérêts divergents, il n'est pas toujours à la hauteur de la tâche. Son affaiblissement peut être couteux pour l'entreprise puisqu'il joue un rôle majeur dans l'intégration.

L'autonomie des réseaux

Loin d'être un bloc uni, l'entreprise est formée de sous-groupes relativement autonomes dont le mode de fonctionnement peut produire des résultats fort éloignés de la stratégie et des objectifs affichés.

Le cas d'Équipeuro n° 5

• *Une nouvelle politique à mettre en œuvre*

Pour préserver sa clientèle, Équipeuro doit s'orienter vers le service global, à la fois intégré et international : service dépannage, contrat de maintenance couvrant la durée de vie des équipements.

Cette politique, définie au sommet, doit être mise en œuvre par les distributeurs. Une série de dysfonctionnements empêche la mise en place de cette stratégie de service.

• *Les effets négatifs d'une centralisation poussée*

Équipeuro gère de façon centralisée ses relations avec les distributeurs pour neutraliser les éventuelles pressions de lobby. Cette centralisation éloigne un peu plus les distributeurs du système central. Les problèmes de non-qualité, de mauvais positionnement des prix et des produits ne remontent plus.

Il n'y a pas de place, dans cette logique, pour le développement d'une stratégie de service : la mise en place de contrats de maintenance ou de services de dépannage implique une discussion entre le fabricant et les distributeurs. Faute d'une réponse claire du fabricant, chaque distributeur tend à travailler en autarcie avec ses clients et sa politique se réduit au service de proximité dont il peut faire bénéficier son client pour rattraper les problèmes de non-qualité produit ou de délais.

• *Les limites à la création de valeur*

Puisque le distributeur définit le service comme un moyen de capter sa propre clientèle, personne ne défend la promesse de service global du fabricant. Celui-ci perd donc des points dans son positionnement stratégique vis-à-vis de ses principaux concurrents mondiaux qui communiquent fortement sur le service et la prise en charge globale du client.

Ainsi, la nature des relations entre le centre et les distributeurs débouche sur une offre et un positionnement opposés à l'engagement officiel. Le fonctionnement quotidien impose l'offre en dépit des choix stratégiques.

Si la qualité du relationnel permet parfois de compenser aux yeux du client la non-qualité de l'offre, elle ne résorbe pas les problèmes de fond : faire évoluer l'offre du fabricant vers une offre globale. Pire même, elle entretient le malade en vie, sous perfusion. Nous avons déjà analysé ce mécanisme sous l'intitulé de « béquille ».

Les questions cruciales de qualité du produit et de discontinuité de l'offre ne sont pas abordées.

Ceci nous confirme que les structures formelles, malgré leur fondement rationnel, sont une vue de l'esprit, à laquelle s'accroche par erreur l'Architecte, par rapport à une réalité plus complexe.

La dimension explicite de l'organisation (les valeurs déclarées, la structure formelle) n'épuise pas toutes les richesses de la mosaïque de micromondes qu'elle abrite.

En dépit de *For*, de la volonté affichée par le management, et des capacités de relais du management intermédiaire, les réseaux mènent leur stratégie. Ils peuvent contribuer ainsi à la pérennité de l'entreprise en assurant, malgré tout, une adaptation de celle-ci aux besoins des clients.

Les réseaux peuvent jouer aussi contre l'entreprise, et fonctionner comme le manager rentier, en faisant passer leurs intérêts catégoriels avant ceux, plus globaux, de l'entreprise.

L'ARTICULATION CENTRE-PÉRIPHÉRIE ET LA GÉNÉRALISATION DES STRUCTURES MATRICIELLES

Nous avons vu que *For*, notamment la structure, constitue l'armature d'une organisation. Chaque structure propose un mode de répartition et d'articulation des ressources pour faire face aux enjeux de l'entreprise.

Ainsi, les entreprises ou organismes publics se présentent généralement avec plusieurs niveaux de management et d'activité. On distingue souvent le centre avec l'état-major et la périphérie composée de *business unit*, de filiales ou de régions plus ou moins autonomes. Parfois s'insère entre ces différents niveaux une couche de management intermédiaire.

Cette structure de base se complexifie quand l'entreprise doit faire face à des préoccupations multiples : répondre aux besoins spécifiques de ses clients et optimiser l'utilisation des ressources rares, innover et conforter les marchés existants, croître et réduire les coûts, se mettre au diapason de la mondialisation et satisfaire les exigences locales. La plupart des grandes entreprises se sont dotées d'une dose de « matriciel » permettant de gérer ces paradoxes, en introduisant une sorte de pilotage croisé de leurs activités.

Un dernier réglage permet de « fixer » une structure en fonction de l'effet recherché : le dégré de centralisation et de décentralisation. Généralement, la conception des politiques et de la stratégie sont du ressort du sommet de l'entreprise, tandis que l'exécution est déléguée aux structures périphériques opérationnelles.

Simple sur le papier, le choix de « la » bonne structure est loin d'être évident.

Combien d'entre nous ont-ils été un jour ou l'autre confrontés aux difficultés suivantes :

- se trouver dans un poste sans pouvoir suffisant et sans intérêt car les leviers d'action sont détenus ailleurs ;
- perdre énormément de temps et d'énergie dans la coordination de plusieurs directions pour obtenir une décision sur un même dossier ;
- devoir composer avec les structures que l'on supervise parce que celles-ci ont un accès direct à des décideurs de rang supérieur ;
- ne pas être soutenu sur le règlement d'une affaire transversale par sa propre direction qui a choisi de ne pas coopérer.

Les problèmes rencontrés dans le choix et le fonctionnement des structures complexes sont si nombreux que nous nous limitons aux cas les plus fréquents.

Le difficile réglage de la structure formelle

Le couple intégration/différenciation a un impact décisif sur la capacité de gouvernance de l'entreprise. La nature de ce couple est elle-même le résultat d'une interaction complexe entre *For* et *Inf*. Côté *For*, le levier centralisation-décentralisation est le plus puissant et nous allons analyser sa portée. Le bon réglage ne s'obtient pas de soi : nous le verrons au travers de nombreux exemples, il est le résultat d'un mouvement de balancier, jamais abouti, entre les deux points extrêmes de la centralisation et de la décentralisation.

L'impératif de décentralisation

Pour garder et étendre sa part de marché, l'entreprise doit être toujours plus réactive et à l'écoute des tendances de l'environnement et des besoins de sa clientèle. Ceci pousse les organisations vers une décentralisation de leurs activités qui leur est nécessaire pour combattre les rigidités induites par la croissance en taille. Diversification, passage du produit au service ou à l'offre intégrée, réduction des temps cycles, réduction de la non-qualité, individualisation de l'offre : pour réussir ces politiques, l'entreprise doit pouvoir responsabiliser les acteurs les plus proches du client en leur donnant accès à l'ensemble des leviers qui permettent de satisfaire celui-ci.

Cette clarification des responsabilités trouve son expression ultime dans des solutions structurelles du type gestion de compte, *business unit* et *process owner* à la périphérie. L'ensemble des activités concourrant à une offre, de l'élaboration à la livraison de la solution au client sont regroupées sous une même autorité au lieu d'être segmentées entre de multiples fonctions verticales, R&D, production, ventes, après-vente.

Concrètement, le groupe veillera à mettre en place des structures dédiées dans les cas suivants. Quand l'unité locale sert un client international, il est essentiel de trouver au niveau du groupe des modes de coordination de manière à ce que le client soit traité de la même manière dans tous les pays et que son contrat lui permette de bénéficier d'économies d'échelle. Plus généralement, des formes organisationnelles similaires s'imposent quand l'entreprise cherche à développer une offre globale. Cette stratégie de différenciation et de fidélisation du client par une offre globale est de plus en plus répandue. Le client veut du « zéro souci » : il ne veut pas avoir à faire face à plusieurs interlocuteurs selon le type de produit ou la phase du cycle commercial (avant-vente, devis, réalisation, après-vente...). L'entreprise doit créer des modes de coordination pour permettre à l'interlocuteur unique du client de mobiliser les ressources et informations nécessaires.

Les limites de la décentralisation

Ce processus de décentralisation et de regroupement connaît évidemment des limites.

Trouver une compensation aux coûts de transaction

Selon O. Williamson[1], le rattachement d'une unité indépendante à un ensemble crée une contrainte, comporte un coût de transaction, qui doit être compensé par des économies d'échelle ou autres avantages offerts par la constitution du groupe.

L'autonomie d'une *business unit* est limitée par le fait qu'elle doit tirer un supplément de performance de son appartenance au groupe, sinon elle devra être vendue pour fonctionner comme une unité indépendante. Au nombre des avantages de l'appartenance au groupe, il y a la possibilité de « mutualiser » les ressources rares ou celles qui suivent la règle des économies d'échelle. Il ne faut pas non plus que les modes de coordination fassent perdre de l'information au point qu'une solution de sous-traitance soit préférable.

Éviter les modes de fonctionnement dégradés

Le management peut être amené à limiter les marges de manœuvre d'une filiale pour empêcher que celle-ci ne soit tentée par un « mode de fonctionnement dégradé ». Responsable de sa marge, la filiale peut chercher à faire du volume en attaquant des segments moins rentables ou en alignant des offres pour lesquelles elle ne dispose pas des compétences suffisantes. Le groupe ne peut pas laisser une unité périphérique assumer seule une stratégie lorsque la rentabilité de son exécution indépendante réduit la rentabilité moyenne du groupe, comme dans le cas de la montée en puissance incontrôlée d'une baronnie.

Les conditions du reporting

Le centre doit disposer des informations nécessaires au pilotage des unités périphériques. Nous débouchons sur une dernière difficulté, celle de la qualité du reporting permettant au centre d'assurer les arbitrages nécessaires. Dans de nombreux groupes, les unités périphériques ne font pas confiance au centre : et la réciproque est vraie. La méfiance est accentuée lorsque le groupe en question est issu d'une croissance externe. Par exemple, les cultures identitaires des entreprises rachetées supportent difficilement la réduction de leur marge de manœuvre et les contrôles qui leur sont imposés.

---

1. *Market and Hierarchies, op. cit.*

Le cas Natdistri n° 4

Nous avons rencontré par exemple un directeur de site qui finançait la paix sociale et sa politique commerciale par son budget d'investissement. Comme dans tous les grands groupes, cette stratégie n'avait de sens que dans le cadre d'une politique de mobilité imposée pour les managers. À la fin de son mandat de cinq ans, l'excellence de ses résultats lui a permis d'obtenir un poste très important : son site affichait les meilleurs résultats commerciaux de toute l'entreprise. Ce que son successeur découvrit, c'est que les investissements de mise à niveau et d'entretien de l'infrastructure avaient été réduits au minimum. L'argent était passé dans le financement d'une politique commerciale agressive et une croissance des effectifs au-delà de ce qui était nécessaire.

Il s'agit là d'un cercle vicieux : moins le comportement des unités périphériques est transparent et plus le centre développe des systèmes de contrôles pour remonter les informations nécessaires. Les unités périphériques cherchent, quant à elles, à échapper à ces systèmes en utilisant les techniques du « coussin » qui permettent de cacher dans les écritures comptables les marges de manœuvre.

L'impératif de centralisation

L'entreprise se différencie, de plus en plus, par *process owner* et *business unit* constituant autant de *front offices* dédiés à des segments de marché spécifiques, comme la gestion des grands comptes ou le suivi d'une commande de la vente à la livraison. La mise en commun d'activités reliées, ramassées sous une même autorité, facilite la coopération entre les acteurs et favorise la rapidité de décision et d'exécution. En application du principe des coûts de transaction, ce mouvement doit s'accompagner nécessairement de son inverse, la mise en commun de ressources assurant l'économie générale du système.

Ainsi voit-on naître dans les entreprises, parallèlement au développement de *front offices* dédiés, des *back offices* communs. Tous les grands groupes croissant par acquisition cherchent à retrouver des marges de manœuvre financières en dégageant des synergies qu'ils ne manqueront pas de trouver entre les différentes sociétés du groupe.

Si le commercial, certaines phases de la production, notamment l'assemblage doivent être assurées au plus proche du client, d'autres activités peuvent être centralisées ou mutualisées. On pense immédiatement aux fonctions supports comme les ressources humaines, la finance, le marketing, l'informatique, la qualité, les achats et la logistique, mais aussi aux compétences en R&D souvent rares et coûteuses ou aux équipements lourds.

Ces *back offices* exercent parfois de simples activités d'exécution, la paie, la logistique ou le *call center*, par exemple, au service de leurs clients internes. Certaines de ces activités font l'objet d'opérations d'*outsourcing* pour abaisser les coûts opérationnels.

Mais souvent, ils exercent également des responsabilités politiques : de leur position centrale, ils peuvent jouer un rôle de régulation en encadrant les activités des *front offices* par des procédures, en déployant les meilleures pratiques et en assurant un rôle d'arbitrage dans la fixation des grands objectifs ou dans l'allocation des ressources. Dans ce cas ces *back offices* sont assimilables aux « technostructures » étudiées par Mintzberg[1].

Les limites de la centralisation

L'entreprise qui s'adapte à travers un mouvement de décentralisation ne doit pas crier victoire trop tôt : bien souvent, elle ne fait que déplacer certains problèmes. Certes, elle s'est dotée de structures ramassées, centrées chacune sur son segment de marché, mais ces structures dédiées doivent à présent négocier les délais et la prise en compte de leurs besoins spécifiques auprès de *back offices* centraux dont les objectifs premiers sont la réduction des coûts au travers de l'effet volume.

Le back office déplace vers l'interne l'interface avec le client

Les *back offices* centraux n'ont aucune raison de se préoccuper plus particulièrement de tel ou tel client : ils gèrent une file d'attente et appliquent des règles et des standards. Suivant la logique du rentier, toute structure tend à préserver l'intérêt de ses membres, parfois aux dépens de la réalisation de ses missions et de l'intérêt de ses clients.

Certes, on peut demander à ces structures centrales de s'engager sur des niveaux de services et de coûts, mais si l'on peut réduire ainsi la « non-qualité », cette « fiabilisation » de l'offre centrale se fera toujours autour d'un standard.

---

1. H. Mintzberg, *The structuring of organization*, Englewood Cliffs, N.J., Prentice-Hall, 1979.

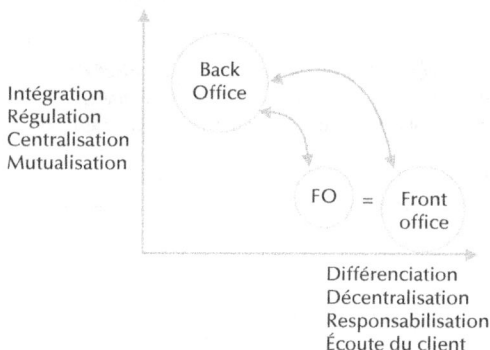

Intégration
Régulation
Centralisation
Mutualisation

Back Office

FO = Front office

Différenciation
Décentralisation
Responsabilisation
Écoute du client

Il est à craindre que l'entreprise n'aboutisse qu'à déplacer l'interface avec le client vers le back office, le front office se heurtant aux comportements de cloisonnement d'un back office dont il est devenu le client

« Les services de maintenance ne prennent pas conscience des contraintes de l'exploitation. Ils ont un entretien à faire sur un appareil, et le travail n'est pas terminé à cause d'une erreur de prévision. Ils laissent l'appareil comme ça, ce qui crée des problèmes pour la gestion du réseau et réduit la qualité du service que nous délivrons au client » (un technicien commercial).

« Les chargés d'affaires ne sont pas des techniciens et ne connaissent pas tous les détails concrets. Ils sous-estiment les temps nécessaires pour faire des essais et ça retarde l'ouverture » (un technicien).

« On a l'impression qu'il y a des gens dans les services centraux qui font des études pour améliorer les choses mais dès qu'on leur demande quelque chose de spécifique, ils ne sont plus là en appui » (un responsable de département commercial).

Comment établir une relation de type « anneau » ou « plateau » entre le *back office* et le *front office* ?

Le relationnel entre back et front office

Que ce soit le traitement du dossier d'un justiciable dans un tribunal, celui du patient à l'hôpital, celui de la commande d'un client ou la réalisation d'un contrat de service pour un client multinational, dans tous les cas, la qualité perçue par le client dépend de la fiabilité dans la transmission des informations.

Là encore, l'exécution est périlleuse et les écueils multiples.

L'hôpital

L'hôpital fourmille d'exemples : « Quand le radiologue, en bout de chaîne ne peut pas discuter la demande du prescripteur, il participe parfois, contre sa volonté, à l'inflation des coûts. De plus, la fiche de liaison, dans ce cas la demande d'examen, insuffisamment renseignée, contraint le radiologue ou le manipulateur, s'il veut aller au bout de son investigation, à mener sa propre enquête auprès du service prescripteur, enquête dont il aurait pu, dans la plupart des cas, faire l'économie. »[1]

Le nouveau dilemme pour l'entreprise est de développer la coopération entre deux structures aux intérêts partiellement contradictoires : les avocats du client d'un côté, les garants de la règle et de la compression des coûts globaux, de l'autre. Cette coordination horizontale exige un comportement approprié des parties prenantes de la chaîne de travail et de leur ligne hiérarchique.

« Parler à l'autre, c'est reconnaître le pouvoir de l'autre... les gens préfèrent leur tour d'ivoire à une perte de pouvoir. Ils refusent la confrontation, c'est le non-dit » (un cadre paramédical)[2].

Le problème de la coopération est aggravé quand les différents métiers, le long d'un processus de travail, se méprisent. Les conflits classiques émaillent ces relations, comme dans le cas de Natdistri :

« Le jeu consiste à salir l'autre au lieu de se dire que l'on travaille tous pour être bon et performant face au même client. Or, on veut que l'autre soit plus mauvais : c'est un rejet de responsabilité, on se file des peaux de bananes » (responsable de département technique).

« L'image du marketing chez les commerciaux, c'est qu'on ne fout rien mais qu'on commande et le marketing pense que les commerciaux sont des cons » (un cadre marketing).

Il n'est pas rare que la culture d'un métier puise sa force dans ce qu'elle considère être la faiblesse d'un autre métier. L'ingénieur des études considère que le fabricant est incompétent parce qu'il n'est pas capable d'adapter les essais à sa demande. Inversement, le fabricant trouve que l'ingénieur d'étude se comporte comme un pacha ignorant, que la production a d'autres priorités et d'autres essais ou productions à lancer. Le

---

1. In *Pour une stratégie de changement à l'hôpital, op. cit.*
2. *Ibid.*

© Éditions d'Organisation

directeur d'hôpital juge sa propre présence indispensable pour introduire la logique économique et contrer la volonté dépensière de médecins sans culture gestionnaire.

Les conflits restent néanmoins limités et les relations entre le *back office* et le *front office* conservent une certaine efficacité car des garde-fous se mettent en place, passant par des réseaux informels et consommant beaucoup d'énergie :

« *J'aimerais passer moins de temps à négocier les choses en interne. Quelquefois, on perd deux heures avec un service pour que les relations s'améliorent. Nous sommes un peu les hommes burettes, la goutte d'huile qui fait mieux tourner la machine* » (un cadre commercial).

La coupure d'identité, risque majeur des grands groupes multinationaux

Pour faire face à leur besoin de croissance, tout en assurant la cohérence, de nombreux groupes pratiquent une politique systématique d'identification des managers à haut potentiel pour assurer la relève du leadership. Ces managers effectuent des circuits rapides dans les structures de manière à bénéficier d'une vision globale. L'entreprise connaît ainsi deux vitesses entre des cadres à forte mobilité accédant rapidement à des fonctions de régulation mais de *back office* et des cadres restant plus longtemps à gérer l'exécution dans des *front offices* opérationnels.

Avant d'atteindre des postes de directions générales les cadres à circuit rapide passent par des postes de *back office* centraux. Ils y exercent des responsabilités de régulation sur plusieurs unités opérationnelles à l'échelle de régions géographiques de dimensions nationales ou internationales. Le rythme élevé de leur mobilité ne leur laisse souvent pas le temps d'installer une légitimité aux yeux des acteurs locaux, dirigeant le *front office*. Ils sont vite perçus comme les tenants de la stratégie d'alliance inconditionnelle avec le centre et ainsi naît une rupture plus ou moins ouverte avec les cadres dirigeants de la périphérie qui adoptent des stratégies d'opposition pour préserver les marges de manœuvre locales.

La coupure opérationnelle dans les processus entre le *back* et le *front office* se double d'une rupture culturelle ou identitaire. Les cadres centraux rencontrent des difficultés pour faire reconnaître leur rôle de régulation par les cadres périphériques, proches des clients ou des activités opérationnelles. Un fossé peut ainsi se creuser entre le sommet et le corps social dans lequel vient s'enliser le projet de changement.

Entre les deux, le management intermédiaire se sent de plus en plus chahuté avec la mondialisation, l'évolution des technologies et la complexification des structures. Formé de cadres dirigeants locaux ou centraux, qui ne sont pas retenus dans les listes de hauts potentiels, ces cadres expérimentés se montrent vite dépassés par les dynamiques auxquelles ils sont confrontés.

Pris dans cet étau, le management intermédiaire qui manque de ressources et d'appuis opte généralement pour une stratégie de dos rond. La gestion de l'intégration reste un enjeu redoutable pour l'entreprise dont la mondialisation réussie passe par la participation à une même vision de cultures et d'intérêts différents.

Un équilibre à la merci des forces informelles

Ceci constitue notre leitmotiv, *For* prend chair en quelque sorte par *Inf*. Ainsi, le point d'équilibre effectif entre centralisation et décentralisation dépend de la carte des pouvoirs réels et donc de la distribution des zones d'incertitudes et des leviers d'action.

Le réglage centralisation-décentralisation est loin d'être stable : il est un point d'équilibre fragile, sous la menace permanente de déstabilisation. Rares sont les organisations présentant un étagement stable et homogène des leviers de pouvoir le long des chaînes hiérarchiques. Les forces qui animent *Inf* modifient très souvent le point d'équilibre recherché. Nous présentons ci-dessous certains des mécanismes que nous avons vus plusieurs fois à l'oeuvre.

La centralisation aboutit à l'affaiblissement du centre

Nous avons fréquemment rencontré un modèle d'organisation *For* où l'étagement des pouvoirs entre le centre et la périphérie se fait, selon la logique de l'Architecte, sur la séquence fort-faible-fort. Dans l'entreprise fortement centralisée l'essentiel des leviers de décision est au sommet. Les structures intermédiaires, qui disposent en conséquence de peu de marge de manœuvre, laissent, en revanche, une grande capacité d'action aux structures périphériques sur lesquelles elles sont censées exercer leur tutelle.

Dans la pratique *Inf*, cette séquence n'est pas stable et elle se dégrade en faible-faible-fort comme l'illustre l'exemple ci-dessous. La périphérie gagne sur le centre et l'organisation centralisée se meut en son contraire.

Le cas Équipeuro n° 7

Les unités régionales d'Equipeuro sont dotées de peu de moyens car le système central craint que ces structures périphériques ne soient exploitées par les distributeurs. Les structures centrales conservent la main sur toutes les décisions relevant du niveau de remise accordée au distributeur. Les structures régionales sont avant tout des organes de contrôle de la bonne application de la politique commerciale.

Ce schéma engendre plusieurs effets pervers. D'abord, les structures régionales sont critiquées par les distributeurs (mais aussi en interne) parce qu'elles apportent peu de valeur. Elles sont la cible des distributeurs et amoindrissent la crédibilité d'Equipeuro. Les distributeurs peuvent aisément court-circuiter le maillon régional et manipuler les structures centrales à leur avantage. Les structures centrales spécialisées se trouvent en concurrence les unes avec les autres, dans l'accès aux distributeurs, pour écouler leur offre. Si le discours officiel est celui de la fermeté, dans la pratique chaque direction centrale est prête à lâcher du lest pour obtenir l'appui des distributeurs.

Plus le distributeur est gros et influent et plus il sera courtisé. Et certaines structures régionales vont se tourner vers les distributeurs, alliés naturels contre le système central !

L'entreprise centralise des décisions et des fonctions de contrôle de manière à empêcher que les structures intermédiaires ne soient manipulées par une périphérie puissante. En fait, le mouvement de centralisation affaiblit le management intermédiaire et laisse le champ libre aux manœuvres de la périphérie. Cette dérive est-elle généralisable ? La réponse est positive dans tous les cas de centralisation « rampante » qui laisse des acteurs locaux face aux mêmes enjeux, mais privés des leviers qui ont été « remontés ». Il n'est pas surprenant que ces acteurs cherchent des portes de sortie, depuis les comportements de retrait jusqu'aux alliances « contre-nature », si ce sont les seules voies restantes.

Pour être effectif, un mouvement de centralisation doit aller jusqu'au bout. Dans le cas d'Équipeuro, il ne fait aucun doute que de nombreux postes en région auraient dû connaître des modifications majeures : soit la simple suppression, soit un changement de contenu d'un rôle réglementaire vers un rôle d'appui technique et d'expertise.

Structure selon For

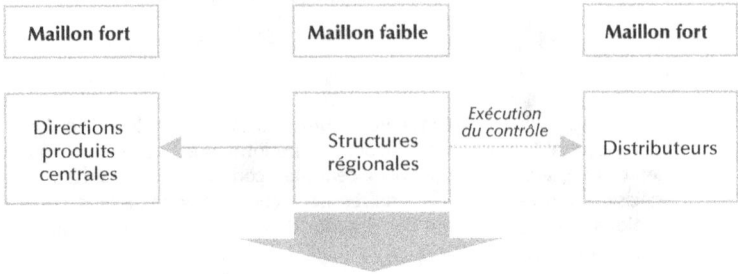

Maillon fort	Maillon faible	Maillon fort

| Directions produits centrales | ← | Structures régionales | *Exécution du contrôle* ·····> | Distributeurs |

Mode de fonctionnement réel selon Inf

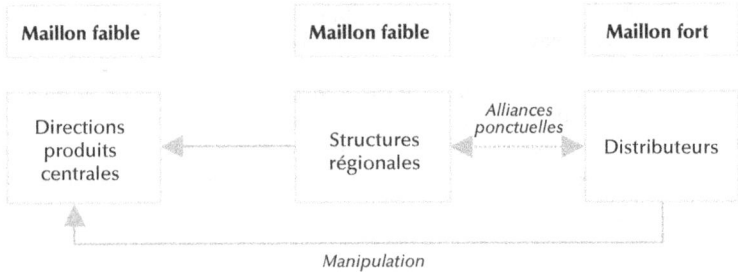

Maillon faible	Maillon faible	Maillon fort

| Directions produits centrales | ← | Structures régionales | *Alliances ponctuelles* <····> | Distributeurs |

Manipulation

Dans l'exemple présenté, nous avons vu que le coût induit était double : un coût humain en termes de stress et de gaspillage de compétences au niveau intermédiaire et un affaiblissement, *de facto*, du pouvoir central.

Cause ou conséquence, un pouvoir central faible est souvent entouré de baronnies puissantes qui veillent jalousement sur les territoires qui dépendent d'elles. Telle était la situation du jeune monarque sous la Fronde.

Dans ce cas, les bastions intermédiaires empêchent le groupe de capitaliser sur les synergies en verrouillant des ressources captives. Enfin, l'absence de direction générale reconnue induit, auprès des salariés, un sentiment de perte de confiance dans l'entreprise.

LE MACROMANAGEMENT MET LE CHANGEMENT EN ÉCHEC

Petit à petit se dessinent le contour du changement systémique ainsi que le profil des managers mosaïste et tisserand succédant à l'Architecte. Nous allons faire ressortir ici les trois éléments distinctifs du modèle systémique vis-à-vis du modèle mécanique. Nous reprendrons ceux-ci en les développant lorsque nous présenterons plus loin de manière détaillée la méthode de changement systémique.

Qu'avons-nous appris sur la conduite du changement et la création de valeur ?

Les effets pervers de l'idéologie du changement

Tout d'abord, nous sommes conduits à reconsidérer le mécanisme de résistance au changement. Cette résistance existe bien, mais c'est rarement un rejet du nouveau ou une crainte de l'incertitude comme cela est trop souvent présenté. De nombreux livres de management et de nombreux dirigeants versent dans ce que l'on pourrait appeler une idéologie du changement : le changement est bien en soi, et ceux qui y résistent ont tort.

Indirectement, cette idéologie est même culpabilisante. Le raisonnement, implacable, est le suivant. Vous résistez au changement, car vous avez peur de l'incertitude que celui-ci contient. Or l'incertitude et la nouveauté sont deux éléments recherchés quand on a les tripes d'un entrepreneur. Vous résistez parce que vous êtes fragile. CQFD[1]. Le projet continuera sans vous.

S'il peut arriver que la résistance au changement soit effectivement le résultat d'une peur de l'incertitude, elle est plus généralement l'expression d'une dynamique fondamentale à toute organisation, n'induisant aucun jugement positif ou négatif.

Restituons la scène. Nous avons la règle ou la directive de l'Architecte à mettre en œuvre, les aléas – événements imprévisibles et irréductibles

---

1. « Ce qu'il fallait démontrer ».

à une procédure –, et les acteurs avec leurs « besoins psychologiques », notamment leur identité et leur rationalité limitée.

La règle ne peut couvrir toutes les situations. Dans la plupart des contextes rencontrés, l'acteur qui doit appliquer la règle a le choix entre trois modes de comportement : le béni-oui-oui, le dos rond ou l'opposition. Le dernier mode débouche sur la résistance explicite. Les deux premiers sur une résistance larvée et un blocage du changement par la non-remontée des problèmes.

Pourquoi le contexte ne laisse-t-il, le plus souvent, aux acteurs que le choix entre ces trois stratégies ? La réponse est que nos organisations restent bureaucratiques et laissent s'installer un climat de méfiance où le management est « coupé du terrain » et décrédibilisé. Le ver est dans le fruit : celui qui est du côté du changement est immédiatement catalogué de « béni-oui-oui » ! La conduite du changement ne fait qu'accroître la méfiance.

Quand le management n'inspire pas confiance

Une fois que l'on a analysé ce mécanisme de la résistance au changement, on peut s'attaquer au contexte pour le rendre moins bureaucratique. Nous avons répertorié, notamment, la tendance du management opportuniste à échapper à ses propres règles et la logique du rentier.

Le paradoxe pour le dirigeant est que ces deux comportements sont inévitables, consubstantiels à l'organisation. On ne peut imaginer une organisation sans opportunistes, ni rentiers. Or, par définition, ces deux attitudes produisent le même résultat : la séparation visible entre les valeurs déclarées – qui sont censées guider le personnel, à commencer par le dirigeant – et les valeurs pratiquées par le dirigeant.

Cette séparation entraîne une méfiance du corps social à l'encontre du management, génératrice d'une coupure dans l'organisation. Ce n'est pas le changement qui crée la coupure, mais l'existence de comportements rentier et opportuniste. La résistance au changement est donc une conséquence de l'absence de confiance dans le management.

Cette méfiance va forger la grille de la rationalité limitée des acteurs. L'initiative de changement, se traduisant par une règle, un processus ou une structure sera d'entrée rejetée puisque portée par un management dans lequel on n'a pas confiance. On rentre alors dans un processus organisationnel complexe où jouent à plein les effets de système, notamment ce qu'on appelle les boucles rétroactives (voir p. 138).

Nous trouvons ici une réponse à l'une des questions qui ont motivé ce livre et que nous avons posée dans le chapitre premier. Pourquoi ni la société postindustrielle ni la nouvelle économie ne sont venues à bout de la bureaucratie ?

Cloisonnement, baronnies, évitements se multiplient au point d'avoir raison de la capacité d'intégration de l'entreprise. Il ne faut pas oublier que, d'entrée, toute organisation se pose comme une mosaïque de rationalités limitées. C'est d'ailleurs cette spécialisation qui fait, depuis Adam Smith, la force de l'organisation industrielle.

L'alternative du manager intégrateur

Si la conduite du changement peut être améliorée en suivant certains principes de communication et d'implication des acteurs, on voit que la réussite de celle-ci dépend étroitement du contexte dans lequel elle opère. C'est pourquoi nous mettons en avant le management intégrateur. Le bon leader est celui qui peut prévenir la coupure entre le management et le terrain en ménageant des pare-feu aux comportements opportunistes et rentiers.

Seul le management intégrateur peut créer les conditions de la coopération et de l'apprentissage, deux leviers essentiels pour assurer la conduite du changement et la performance.

Lorsque la coupure est déjà installée, le changement dans la continuité est condamné à l'échec puisque le corps social n'a plus confiance dans le pilote. Le changement passe alors par la modification des règles du jeu ! Les troubles et la mutation qu'a connus Air France dans les années 1990 constituent un cas édifiant tout autant qu'une illustration vivante de nos propos.

CHAPITRE 1	CHAPITRE 2	CHAPITRE 3	CHAPITRE 4	CHAPITRE 5	CHAPITRE 6	CHAPITRE 7	CHAPITRE 8	CHAPITRE 9
La fin des Architectes	Appareillage vers la Terra Incognita	Le carré magique du Mosaïste	À la recherche de la création de valeur «micro»	Les limites du macromanagement	Les frontières cachées de l'entreprise	Le manager intégrateur	La conduite du changement du Tisserand	La stratégie organisationnelle

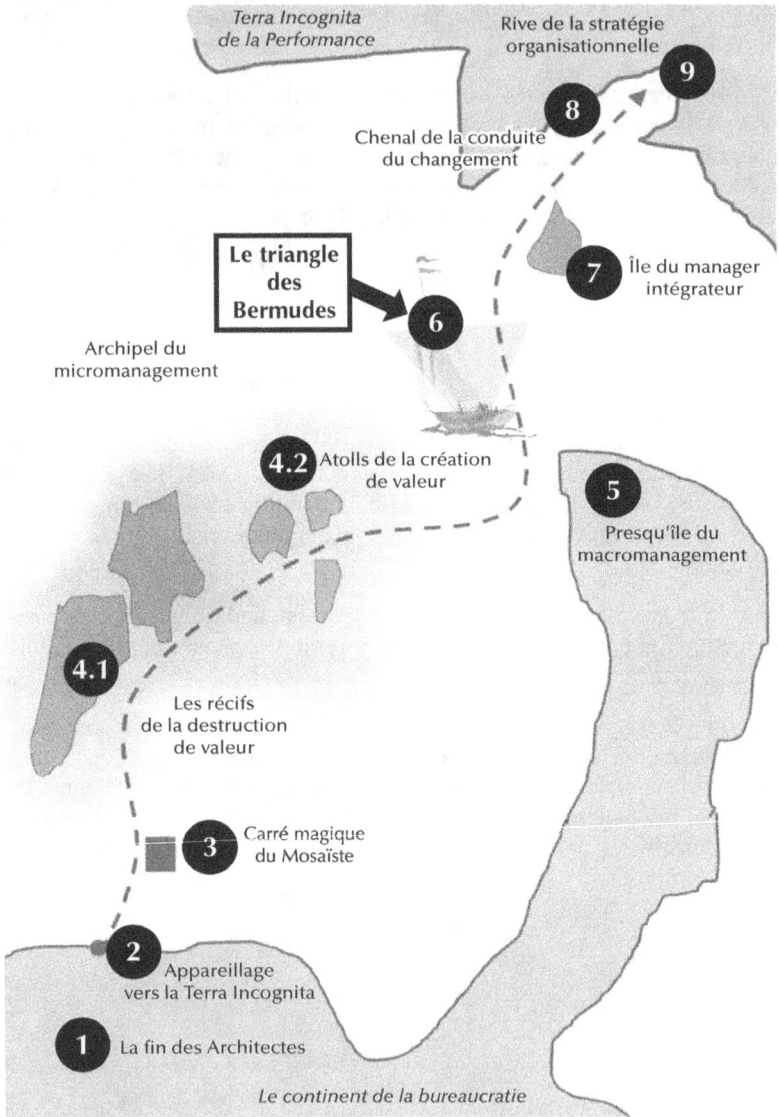

Terra Incognita de la Performance

Rive de la stratégie organisationnelle

9

8

Chenal de la conduite du changement

Le triangle des Bermudes

6

7

Île du manager intégrateur

Archipel du micromanagement

4.2 Atolls de la création de valeur

5

Presqu'île du macromanagement

4.1

Les récifs de la destruction de valeur

3 Carré magique du Mosaïste

2 Appareillage vers la Terra Incognita

1 La fin des Architectes

Le continent de la bureaucratie

CHAPITRE 6

Les frontières cachées de l'entreprise

Notre esquif a longé la presqu'île du macromanagement sans pouvoir s'éloigner vraiment du continent de la bureaucratie.

Un débat animé oppose à présent l'Architecte, d'une part, au Mosaïste et au Tisserand, d'autre part. L'Architecte est convaincu qu'il n'y a pas d'autre monde à découvrir et souhaite mettre fin à l'expédition. Ses deux contradicteurs sont convaincus qu'il y a quelque chose à découvrir, passé le cap du macromanagement.

Mais tout le monde a entendu parler de cette zone terrible, au-delà des terres connues, le triangle des Bermudes du corps social, d'où trop peu de marins sont revenus. Chacun s'en remet finalement au navigateur qui prend la décision de poursuivre. Il se dit qu'il trouvera peut-être, dans cette région extrême, des indices et des repères qui permettent de naviguer jusqu'au Nouveau Monde. Le triangle des Bermudes peut jouer le rôle de révélateur en mettant à jour des facteurs et des dimensions qui, sous des latitudes plus clémentes, restent cachés.

Nous avons mis en évidence les mécanismes propres au micro et au macromanagement. Nous abordons la dernière composante de toute organisation, le corps social, c'est-à-dire l'ensemble du personnel.

L'Architecte ne dispose d'aucun instrument pour prendre en compte les trois dimensions qui structurent le corps social : les modèles d'anticipation, l'identité et les capacités d'intégration. Ces trois dimensions, abordées ici dans l'ordre de complexité croissante, sont en grande partie marquées par *Inf.*

Le modèle d'anticipation constitue le prisme au travers duquel un individu regarde le monde et analyse son contexte. Il cristallise à un moment donné les rationalités limitées « régnantes ». Plus communément on se réfère aux « mentalités ».

Il permet à chacun d'interpréter toute situation pour s'y adapter au mieux de ses intérêts. Ce modèle dit : « Si tu observes l'événement A, alors agit en faisant B. » En conséquence, les individus tendent à se comporter toujours de la même manière et tout événement nouveau est ramené à un cas déjà connu. Un tel modèle, comme une ornière, peut devenir un obstacle au changement.

Si nous continuons de creuser *Inf*, nous trouvons une deuxième composante, fondamentale, l'identité. Elle constitue l'une des formes de motivations inconscientes et collectives qui animent les sous-groupes composant l'entreprise. Elle peut avoir pour point d'ancrage des groupes humains de toute taille, allant d'un service à une nation. Négligée, elle sait se venger, comme l'illustrent les crises sociales qui régulièrement défraient la chronique. On la confond fréquemment avec la culture. La culture constitue le répertoire de solutions dont un groupe humain dispose, à un moment donné, pour résoudre les problèmes auxquels il est confronté. L'identité désigne les caractéristiques qui permettent à chacun de se reconnaître comme membre du groupe et de distinguer ce groupe d'autres groupes[1].

Au niveau individuel, l'identité trouve une manifestation prosaïque, par exemple dans les réactions d'amour propre des uns et des autres. En fait, ces réactions découpent, au niveau individuel, les reliefs de l'identité de chacun, ce à quoi on ne peut toucher impunément.

Enfin, l'intégration. Nous avons vu que la performance d'une entreprise résulte de la mise en adéquation de son niveau de différenciation et de ses capacités d'intégration. Si le macromanagement est, en principe, le grand ordonnateur de cette intégration, celle-ci trouve sa traduction concrète dans le corps social, c'est-à-dire le personnel pris dans son ensemble. Celui-ci est-il en phase avec la stratégie annoncée ? Quel est son niveau de confiance dans ses dirigeants ? Est-il rassemblé dans l'action ? Autant de questions qui nécessitent une analyse plus poussée.

Pour traverser avec succès le triangle des Bermudes et continuer notre course vers la Terre de la Performance, il nous faut comprendre ces

---

1. R. Reitter, *Cultures d'entreprises*, Vuibert gestion, Paris, 1991.

dimensions et développer les instruments de navigation appropriés. La survie de l'équipe en dépend.

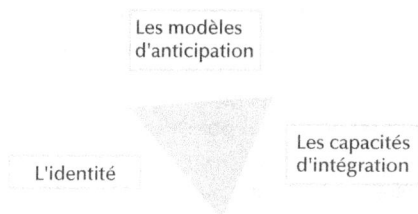

Les modèles
d'anticipation

L'identité

Les capacités
d'intégration

Le triangle des Bermudes

LES MODÈLES D'ANTICIPATION

Dans le changement mécanique, l'idée volontariste que $For = Inf$ risque à tout moment de se cristalliser en un mécanisme de défense, comme le déni de réalité. Il est important de rappeler ces constats avant d'aller plus loin, non pas pour sombrer dans un pessimisme stérile, mais pour ne pas manager naïvement, sous peine d'échouer.

Le diagnostic a pour fonction de mettre à jour les non-dits cachés dans *Inf*. Peu importe que ces non-dits reposent ou non sur quelque chose de tangible ou ne soient que purs fantasmes. L'important, c'est que les hommes de l'entreprise lui donnent une réalité. Ils constituent la trame des modèles d'anticipation.

Il ne s'agit pas pour le consultant de s'ériger en juge de ce qui est vrai ou faux, même si ce risque existe. Nous verrons, à travers les exemples présentés ci-dessous, que tant que ces non-dits ne sont ni exprimés ni reconnus toute la vie de l'entreprise continue de tourner autour d'eux et qu'on ne peut pas avancer.

Nous avons eu l'occasion d'évaluer et de répertorier, comme le cas Natdistri le montre (cf. p. 121), les limites rencontrées par une démarche de changement mécanique de type *top-down*.

▓ *Une réforme partiellement réussie*

Natdistri cherche à renforcer l'orientation client de ses collaborateurs pour conforter sa position concurrentielle. À cette fin, elle met en place un vaste programme de changement à l'échelle nationale en s'appuyant sur deux leviers de *For*, les structures et le management par objectifs.

Les structures subissent un mouvement important de décentralisation débouchant sur la création d'unités locales à forte autonomie, au plus proche du client. Le management par objectifs concrétise le processus de responsabilisation. Chaque responsable négocie avec son management le niveau des ressources et le budget en fonction d'objectifs de pénétration de marché et de satisfaction client.

La réforme progresse, mais montre également des signes de fatigue. La direction générale s'interroge. Elle nous demande d'évaluer la culture client en interne et d'identifier les points de blocage et les gisements de progrès.

Notre diagnostic montre à la direction générale un grand écart entre les dimensions *For* et *Inf*. La décentralisation, les changements de structures, la redéfinition des rôles et la mise en place du management par objectif sont très avancés. Dans cette mesure, la réforme est un succès. Mais les comportements ne suivent pas complètement.

• *Voici une série de points de blocage que nous avons identifiés.*

– Un patron fort, un comité de direction faible et une absence de remontée d'information : « Le directeur est assez autoritaire. Il arrive en réunion de comité de direction avec des idées toutes faites. Nous n'avons alors plus qu'à les mettre en place... Les membres du comité de direction n'osent pas affronter le directeur de face. Si bien que tout le monde semble l'approuver lors des réunions, mais ensuite, rien ne s'enclenche. D'où l'extrême hétérogénéité des degrés d'avancement des plans d'action dans les différents services ». (un membre du comité de direction).

– La peur du management qui bloque les comportements : « Ils n'oseront jamais vous dire la vérité dans ce département : nous avons tous peur pour notre carrière » (un technicien).

« On fait attention à ce qui va plaire ou déplaire à l'un ou à l'autre, à la hiérarchie, aux collègues aussi. Si on dit un truc qui ne plaît pas, on est un petit peu écarté et l'année suivante, ce n'est pas la peine de compter sur un avancement » (un technicien).

– Les opposants ont tort par principe : « Je vois le patron en comité exécutif, une fois par an, une demi-journée, pour lui dire que la soupe est bonne. Plus on dit que quelque chose ne va pas et moins c'est accepté : on est tout de suite accusé d'être ringards, contre la réforme. Alors tout le monde est dans le vent du haut jusqu'en bas » (un chef de département).

Que s'est-il passé ? Regardons précisément le cas Natdistri. Quand le programme de changement, défini dans *For,* passe à la phase de mise en œuvre, il plonge dans *Inf.* De quoi est fait l'*Inf* de Natdistri ?

Un grand nombre des critères de décision tirés de l'*Inf* passé, de la culture et des pratiques managériales qui les ont formés, influencent chaque collaborateur dans le choix de son comportement face au changement.

Qu'apprend-on au travers des entretiens sur la culture de Natdistri ? Les gens ont peur de la hiérarchie et adaptent leur comportement pour éviter toute confrontation avec celle-ci. La stratégie d'évitement est plébiscitée : « Ne pas affronter le directeur », « Faire attention à ce qui va déplaire », « Montrer ce qu'on fait est plus important que faire », « Dire que la soupe est bonne »...

Il n'est à ce stade ni possible ni nécessaire d'obtenir une vision juste de la réalité. Les gens estiment qu'il vaut mieux ne pas être pris en défaut par la hiérarchie. Ils se décident en fonction de cette hypothèse. Celle-ci devient réelle, puisqu'elle l'est dans ses conséquences.

Le modèle d'anticipation chez Natdistri

Natdistri hérite donc d'une culture très hiérarchique, marquée par une faible tolérance pour la diversité d'opinion, où le manager de rang N–1 a appris à craindre le manager de rang N. Le mouvement de décentralisation dans ce contexte fonctionne comme la double contrainte décrite par G. Bateson[1] et aura les mêmes conséquences. Le manager de rang N ordonne à son collaborateur de rang N–1 de prendre des initiatives !

Nous avons pu constater que se met en place une sorte de cercle vicieux ressemblant à peu près à ceci. Le dirigeant se rend bien compte que le manque d'enthousiasme de ses collaborateurs est le résultat d'une stratégie d'évitement à son égard. Convaincu, évidemment, qu'ils n'ont rien à craindre, il supporte difficilement cette timidité. Ulcéré de ne pas pouvoir les convaincre de sa « bonne foi », il cherche à passer en force pour au moins obtenir quelques résultats.

Les collaborateurs chez Natdistri mettent en place les plans d'action qui leur sont demandés, moins par conviction personnelle que pour limiter

---

1. *In* P. Watzlawick, *op.cit.*

les risques et « avoir la paix ». Natdistri ne s'est pas attaquée à cette grille de lecture enfouie dans la culture. C'est le point faible de son programme de changement.

Le processus d'*empowerment* comprenant une augmentation des ressources (budget) et une réduction des contraintes (augmentation des marges de manœuvre et des capacités locales de décision) se traduit par des stratégies d'évitement par lesquelles les individus veulent dire : « Je ne suis pas "empoweré". »

Les inquiétudes de la direction générale sont donc fondées. Il est important de voir que la découverte du point de blocage (la double contrainte) n'a été possible que grâce à un diagnostic approfondi durant lequel les consultants ont pu conduire des entretiens confidentiels. Sans garantie d'anonymat, les fondations de la stratégie d'évitement n'auraient pas pu être détectées.

On comprend mieux aussi la difficulté qu'éprouve la direction générale à se prononcer clairement sur le niveau de réussite du programme de changement. Les stratégies d'évitement marchent si bien que celle-ci peut croire que son entreprise s'est engagée dans le programme comme un seul homme.

Les limites du changement mécanique

Le cas Natdistri permet de souligner les limites du changement mécanique et d'asseoir les bases d'un modèle, démontrant expérimentalement sa supériorité, que nous qualifierons de « systémique ».

La pierre d'achoppement du modèle mécanique est de s'en tenir à la dimension *For*. Or les stratégies individuelles ne changent pas tant que les individus ne changent pas leur modèle d'anticipation reliant les types de situation aux comportements retenus. Bref, il faut introduire une dose de *Inf* dans le modèle et travailler sur ce qui façonne la « rationalité limitée » des acteurs de l'entreprise.

Selon le changement mécanique, il suffit de modifier la composition « ressources/contraintes » pour obtenir un changement effectif des comportements. Le cas Natdistri montre qu'il n'en est rien.

Changer les règles du jeu

Les mécanismes du modèle d'anticipation

Le schéma suivant nous donne une vue du mode de décision dans le cadre de la rationalité limitée :

1 L'individu dispose d'un modèle d'anticipation véhiculé par la culture de son groupe ou sous-groupe d'appartenance. Ce modèle constitue une grille de lecture, composée de relations de causalité.

2 Il évalue à l'aune de cette grille les ressources et les contraintes du contexte dans lequel il évolue.

3 Il ramène cette situation à un type connu.

4 Il cherche dans son répertoire de stratégies le comportement le mieux adapté à la situation identifiée.

5 Il choisit et met en œuvre la stratégie.

Le changement passe par une modification des modèles d'anticipation

Le changement efficace passe donc non pas par la manipulation des contraintes et des ressources, mais par un travail en amont sur le modèle d'anticipation. Les choses se compliquent : en effet, ce modèle d'anticipation est inscrit dans la culture de l'entreprise et sa solidité n'a d'égale que l'accumulation des expériences qui l'ont forgé. Le modifier implique l'apprentissage de nouveaux comportements. Ainsi, dans le cas de Natdistri, la question centrale à se poser est : comment rendre la stratégie d'évitement non rationnelle, c'est-à-dire inutile voire contre-productive pour les individus ?

Il faut arriver à casser, dans le modèle d'anticipation individuel, la croyance en une sanction hiérarchique en cas de comportement ne répondant pas à la demande. Bref, il faut introduire le droit à l'erreur. Compte tenu de l'historique et d'une sédimentation sur une longue période de la culture hiérarchique, la modification effective du modèle d'anticipation prendra du temps.

Il nous semble que ce n'est qu'à partir du moment où le droit à l'erreur est inscrit dans les faits que les collaborateurs prendront des initiatives

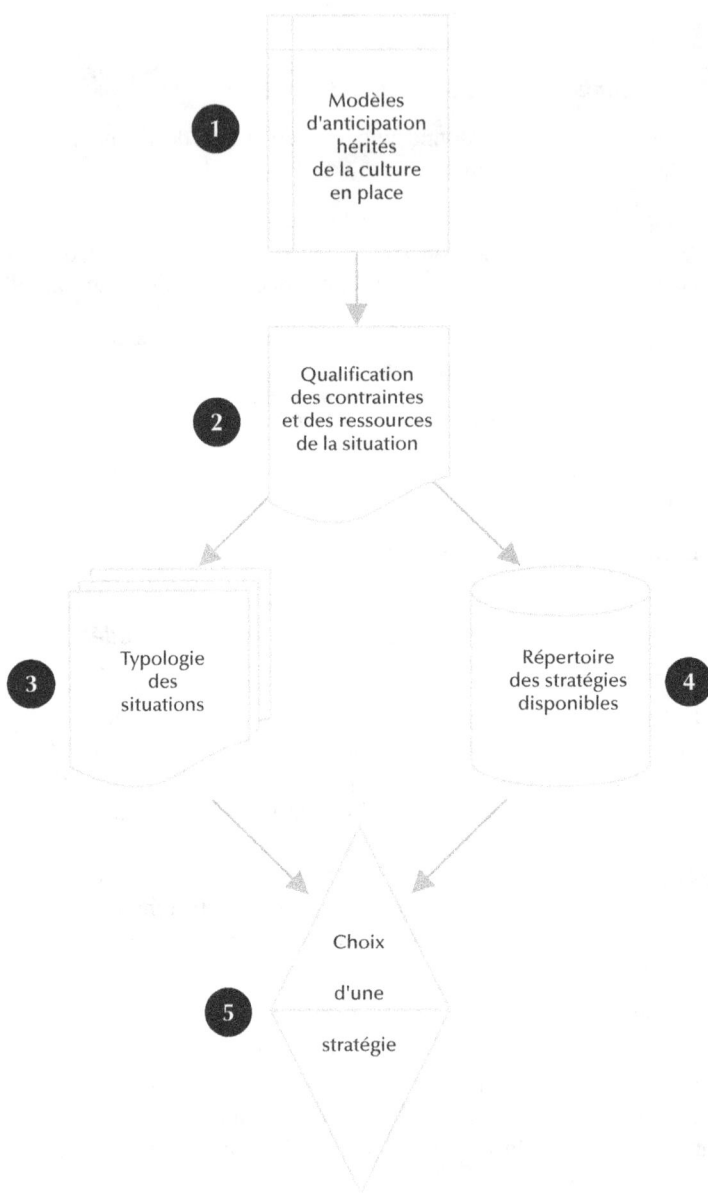

① Modèles
d'anticipation
hérités
de la culture
en place

② Qualification
des contraintes
et des ressources
de la situation

③ Typologie
des
situations

④ Répertoire
des stratégies
disponibles

⑤ Choix

d'une

stratégie

Modèle d'anticipation

leur permettant de jouer pleinement avec les nouvelles marges de manœuvre qui leur sont allouées dans le cadre du programme de changement.

Le changement passe donc par un processus d'apprentissage, c'est-à-dire de découverte et d'expérimentation de nouvelles relations. C'est-à-dire un changement des règles du jeu.

L'IDENTITÉ

Dans le triangle des Bermudes, nous rencontrons d'autres phénomènes qui laissent l'Architecte sans voix.

Quand la qualité se bureaucratise

Prenons la démarche qualité : elle connaît souvent une fin de parcours bureaucratique dans l'entreprise, quoi qu'en disent les dirigeants, alors qu'elle traite d'enjeux économiques primordiaux. Pourquoi ?

Analysant le fonctionnement d'un laminoir, j'avais remarqué que, pour les opérationnels du train, « jouer les pompiers » en intervenant à chaud lors d'un incident était plus valorisant que faire l'entretien préventif, routinier, demandé par la qualité. On peut trouver une analyse très fine de ce culte du métier et de la hiérarchie des valeurs professionnelles chez Philippe d'Iribarne[1].

À partir du moment où les procédures qualité ne sont pas utilisées par tout le monde, celui qui s'y conforme y perd. Les opérationnels perçoivent alors la qualité comme une contrainte à laquelle ils essaient d'échapper.

Dans ces conditions, les hommes de la qualité se sentent, souvent et paradoxalement, à la fois valorisés et inutiles. Ils sont les seuls à contenir

---

1. P. d'Iribarne, *La Logique de l'honneur*, Seuil, Paris, 1989.

le gaspillage par les opérationnels des ressources de l'entreprise sur l'autel du volume ou du court terme. La qualité devient une fin en soi, séparée des priorités opérationnelles des métiers. « La qualité, il y a une fonction pour ça », voilà ce qu'on entend dans beaucoup d'entreprises ! Et l'Architecte de convoquer son comité de direction pour exiger le strict respect des procédures qualité. En vain.

L'identité, motivation inconsciente négligée par l'Architecte

On peut dire qu'il y a bureaucratisation à partir du moment où le changement n'arrive pas à se brancher sur l'informel. La nouvelle règle est perçue par le groupe humain comme un déni, une non-reconnaissance de ses efforts et donc de son identité[1].

Se conformer à une règle, c'est souvent, quelque part, se soumettre au pouvoir de quelqu'un et encourir le risque de voir son identité reniée. Une règle est rarement perçue comme s'imposant normalement à tous. Elle porte la marque de son forgeron.

Se sentant agressé dans son identité, le groupe humain rejette la solution. Trahissant sa mauvaise connaissance des problèmes opérationnels que rencontre le groupe, le management perd en crédibilité et en légitimité.

Comment ça marche ?

Le management privilégie, pour actionner le changement, les leviers visibles (structures, procédures, systèmes de gestion) en ignorant les leviers informels. Les causes d'échec vont ainsi s'accumuler pour le manager architecte.

---

1. Dans *L'Entreprise à l'écoute* (Interéditions, Paris, 1989) M. Crozier montre comment, à la Ciapem, la grève a pris dans l'atelier de la tôlerie, « le secteur où la perte d'identité est la plus manifeste » (p. 151). Cet atelier perd de son prestige avec la montée en puissance des fonctions de recherche et développement.

(Le management et les ingénieurs)

Le management
survalorise
le formel
(dimension *For*)

(les opérationnels)

Le changement
impulsé par le
management
est voué à l'échec

Tout ce qui ignore
les identités
locales échoue
(dimension *Inf*)

On peut faire ici la correspondance avec les trois micromondes de E.H. Schein[1], le management, les ingénieurs et les opérationnels. Le management est le détenteur de la dimension *For*. Dans la même veine, les ingénieurs cherchent à mettre sous contrôle l'organisation en rendant les comportements de chacun prévisibles, comme les rouages d'une machine. Les opérationnels en première ligne trouvent précisément les marges de manœuvre qui leur sont nécessaires pour faire face aux aléas multiples du quotidien en échappant aux règles et aux automatismes.

Cas Équipauro n° 6

Le groupe a choisi de mettre en place une solution unique d'approvisionnement des filiales sur la base d'une fréquence hebdomadaire. L'avantage est de traiter tous les clients du groupe de la même manière et de faire bénéficier du même standard les pays dont l'approvisionnement pâtit de l'éloignement. L'un des pays « périphériques » a mis en place une livraison quotidienne de ses distributeurs, ce que ne fait même pas la maison mère sur son marché domestique, et en défend la rationalité économique. Cette filiale présente son service supplémentaire comme un argument de différenciation dans un pays où le groupe n'occupe qu'une position marginale. Les coûts de livraison quotidienne sont compensés par la réduction des stocks et des manquants.

Le système central, en imposant une livraison hebdomadaire, nie les efforts des personnels locaux et donc leur identité. Ceux-ci résisteront à l'application de la solution qui revient, selon eux, à une dégradation de leur offre.

---

1. E.H. Schein « The three cultures of management : the key to organizational learning in the 21st century », *Sloan Management Review*, vol. 38 n°1, Fall, 1996.

Accepter des objectifs, c'est pour les uns se soumettre aux autres : il n'est pas surprenant que l'on rencontre si fréquemment la « résistance » au changement. La dimension *For*, la règle, n'est donc jamais neutre dans ses conséquences. En fonction de ses impacts, elle est perçue comme servant ou desservant les intérêts des uns ou des autres suivant qu'ils s'estimeront gagnants ou perdants.

Ce qui oppose le libéral et le dirigiste, ce n'est pas que l'un s'oppose à la règle tandis que l'autre la valorise. En fait, le dernier se satisfait du jeu tel qu'il est structuré tandis que le premier souhaite une intervention « régalienne » pour remédier à ce qui le dessert.

▨ Le management par objectif (MBO), un étau pour les identités ?

Le projet de changement est porteur de solutions à mettre en place. Ces solutions, en se rapprochant de la phase de mise en œuvre, sont définies de plus en plus précisément, en cascade, par les différents niveaux hiérarchiques concernés. Cela ne laisse plus guère d'espace de négociation à ceux qui sont chargés, au final, de son exécution.

Ceci constitue l'une des limites que l'on rencontre souvent en appliquant le management par objectifs. Les relations, le qualitatif, les problèmes d'interface ne « remontent » pas au management. Là encore, plus le manager rationalise l'organisation, plus les acteurs s'appuient sur leurs marges de manœuvre pour « résister ».

▨ Les réseaux informels, creusets des identités

Puisqu'on ne peut prévoir toutes les situations, l'acteur final doit conserver le choix d'appliquer ou non la règle. Autour d'un aléa, d'une incertitude, d'événements non couverts par les règles se constituent des réseaux informels qui se dotent progressivement, comme tout système humain, de leur propre identité. Pour faire court, l'identité, comme celle du « pompier », se forge contre la règle, en accompagnant le mouvement du spécifique qui se glisse aux interstices du standard.

L'opérationnel rechigne à appliquer les règles de la qualité car cela revient pour lui à se soumettre à des « bureaucrates » qui ignorent les spécificités de son métier.

L'identité du corps social face au vide managérial

Enfin, les différentes strates de management ont rarement le niveau de crédibilité suffisant. Le management intermédiaire rencontre des difficultés à se positionner par rapport aux équipes. Soit il est perçu comme l'exécutant de directives prises plus haut et passe pour un béni-oui-oui, prêt à sacrifier les intérêts de ses équipiers pour sa carrière. Soit il reste proche de ses équipes et tend à s'opposer ou à faire le dos rond quand une nouvelle initiative lui est imposée d'en haut, au risque de perdre toute crédibilité, cette fois vis-à-vis de ses supérieurs.

Le niveau de crédibilité, de confiance et de légitimité du top-management auprès de l'ensemble des salariés est rarement d'un niveau suffisant pour faciliter le changement. Cette vulnérabilité du management est particulièrement sensible quand l'identité et la culture de l'entreprise sont fragilisées ou éclatée, comme c'est souvent le cas lors d'une fusion-acquisition.

L'INTÉGRATION

L'analyse des processus de blocages dans l'entreprise nous a permis de dégager deux facteurs à la source de ces difficultés : les modèles d'anticipation et l'identité. Leur poids est sous-estimé car, propres à *Inf*, ils sont difficilement repérables.

Dans ce triangle des Bermudes, nous flirtons avec un dernier péril : l'intégration. Le chapitre sur le carré magique du mosaïste nous a permis d'aborder ce thème et de présenter les premiers outils.

Comment assurer le bon réglage d'intégration pour optimiser la performance de l'entreprise ? Telle est la question-clé. L'intégration est un outil de cohérence pour faire converger les efforts de tous. Si elle est insuffisante, l'entreprise risque l'implosion, sous le coup de forces centrifuges, celles des baronnies, par exemple. Mais les excès sont à bannir.

Trop d'intégration peut étouffer les forces vives de l'organisation et empêcher une nécessaire adaptation.

Le bon niveau d'intégration qui assure la cohérence et la performance est le résultat de l'équilibre entre les forces de différentiation et d'intégration. Pour faire simple, nous appelons du même terme « intégration », à la fois, le niveau d'équilibre final d'une organisation et les outils permettant de contrebalancer les poussées différenciatrices.

Pour avancer dans ce maquis organisationnel, donnons-nous des priorités. D'abord, le déficit d'intégration est un mal plus fréquent que son opposé, l'excès de cohérence.

Le déficit d'intégration

Une entreprise qui souffre d'un déficit d'intégration présente un ou plusieurs des symptômes suivants :

- un sentiment répandu dans l'entreprise d'une absence de stratégie claire ;
- le manque de cohésion et de présence de l'équipe de direction aboutissant à une perte de légitimité ;
- des stratégies divergentes menées par les filiales et autres unités périphériques ;
- la redondance et l'émiettement des structures ;
- la critique et la remise en cause ouverte des choix de la direction par des unités périphériques ;
- l'incapacité au centre de collecter et de consolider des informations précises sur les unités périphériques ;
- une énorme énergie dépensée par le management central pour coordonner les politiques au travers de multiples réunions avec les activités locales ;
- une incapacité à mettre en place des politiques ou des procédures transversales ;
- une confusion dans la communication et la multiplication des rumeurs ;
- la rémanence de stéréotypes culturels alimentant les procès d'intention.

Le coût de ce déficit d'intégration est double : il ne permet pas de bénéficier des synergies et il constitue un obstacle majeur aux déploiements des stratégies du groupe.

Quelles en sont les causes ?

D'abord, le pendant d'un déficit d'intégration se trouve dans un niveau de différenciation excessif. On assiste à un fractionnement massif des leviers d'intégration qui sont captés et déformés par les unités de base pour mieux servir leurs intérêts particuliers. La liste des symptômes ci-dessus est édifiante. Dans l'entreprise affaiblie cohabitent plusieurs stratégies, cultures, pratiques professionnelles, systèmes de reporting ou d'information, le tout formant un ensemble hétéroclite de sous-systèmes cloisonnés difficilement pilotable.

Facteur aggravant, l'intégration se joue sur deux registres différents et interdépendants *For* et *Inf*. De même que les « valeurs pratiquées » diffèrent des « valeurs déclarées », le niveau prescrit d'intégration par *For* peut différer du niveau réel atteint par *Inf*. Le déficit d'intégration est ainsi souvent le résultat d'une centralisation excessive des décisions. L'entreprise peut se trouver fortement intégrée formellement, ce qui a pour conséquence de renforcer les courants de différenciation alimentés par des jeux de pouvoirs informels, quelque fois irrédentistes.

Les organisations contiennent des zones d'ombre, mais les individus, souvent, s'adaptent à la situation en déployant des stratégies qui accroissent la part d'ombre. Le changement n'intervient pas dans un champ neutre, sans histoire. Le plan d'action va plus ou moins ricocher sur l'onde culturelle et organisationnelle formée par le passé, le contexte d'action, et l'interaction entre les différentes dimensions de l'organisation. La plupart des entreprises qui pâtissent d'un déficit d'intégration ont connu une croissance par acquisition forte.

Les remèdes au déficit d'intégration

Les entreprises ne restent pas sans rien faire. Elles instaurent des fonctions groupe, notamment en finance et ressources humaines, pour assurer une certaine cohérence dans les chiffres. Elles déploient des trésors pour développer une culture managériale commune au travers de formations, de parcours professionnels et de la mobilité.

En bref, l'entreprise doit à la fois développer des outils d'intégration (mise en place de standards, exploitation des synergies, centralisation des actifs lourds et des décisions critiques) et réduire le niveau de différenciation – d'adaptation aux besoins locaux – au strict nécessaire.

Ainsi, de nombreuses multinationales poursuivent leurs stratégies de croissance externe sans abaisser leur niveau d'intégration. L'un des écueils est la formation d'identités s'adossant sur le local et s'opposant au central. Dans ce cas, l'effort de partage de procédures communes qui apparaît comme une mainmise du groupe est rejeté localement.

Pour éviter ces pièges, il est indispensable de recomposer astucieusement les équipes dirigeantes locales en recourant à la promotion de responsables locaux tout en introduisant des managers expatriés de la maison mère. Ce maillage managérial permet en principe d'éviter le développement local d'une culture revancharde ou défaitiste, celle de dominés. Il favorise au contraire le rapprochement des « rationalités limitées » du local et du central par l'échange et l'apprentissage.

Le coût des excès d'intégration

D'autres entreprises souffrent d'être trop intégrées. À quoi le remarque-t-on ?

– un poids excessif des fonctions support, notamment financière et du reporting ;
– des structures hiérarchiques très importantes ou des modes de management centralisateurs ;
– une culture trop homogène qui écarte les facteurs de renouveau ;
– une coupure entre le management central et la périphérie ;
– un mode de management par imposition.

Comme nous l'avons vu, toute entreprise souffrant de symptômes décrits ci-dessus tend à engendrer en son sein des forces de rééquilibrage pour échapper à l'intégration excessive. Le problème est que ces stratégies de rééquilibrage ne sont pas officielles. Le centre se trouve déconnecté un peu plus des réalités périphériques.

Ainsi tel groupe d'assurance limite à 15 M€ le seuil sur lequel les filiales peuvent s'engager sans demander l'aval du siège. Sous prétexte que les réponses du siège sont trop lentes et que l'on risque de rater des affaires, les filiales décident soit de se concentrer sur les petites affaires (inférieures à 15 M€), soit de saucissonner les gros devis en tranches inférieures à 15 M€.

La logique du rentier conduit à protéger le niveau d'intégration existant au prix d'un retard d'adaptation que trahit un déficit de différenciation, comme l'illustre le cas Bancom.

Cas Bancom

Bancom est la filiale française, centrée sur le marché des particuliers, d'une banque internationale. Cette dernière souhaite que Bancom développe des activités au service de l'entreprise en commençant par les PME. Mais les hommes au pouvoir chez Bancom veulent contrôler cette nouvelle activité. Au lieu de créer une structure nouvelle dédiée aux entreprises (et donc d'augmenter la différenciation), ils logent la nouvelle activité dans les structures centrales et de distribution existantes (préservation du niveau d'intégration existant). C'est le meilleur moyen de limiter, en fait, la croissance de ce secteur. Les responsables du marché du particulier n'accordent que l'attention et les moyens minimum à cette nouvelle activité qu'ils perçoivent d'autant plus comme une concurrence et une menace qu'ils en maîtrisent mal les aspects techniques.

Le bilan de santé de votre organisation

▓ *Une grille de lecture à 10 leviers*

Le tableau de synthèse suivant peut vous aider à évaluer le niveau d'intégration de votre entreprise. L'évaluation de l'état de marche de 10 leviers permet de se faire une idée de la santé de son entreprise.

Nous retenons les 5 leviers formels suivants : la stratégie, les structures, les procédures, les outils de management et les systèmes d'information, et enfin la culture (les valeurs déclarées).

Nous soulignions, au début du livre, le rôle critique que jouent pour la survie de l'entreprise, dans un monde complexe, changeant et de plus en plus exigeant, les facteurs suivants : **la capacité à percevoir, à réagir rapidement et à apprendre**. En application de ce constat, nous retenons 5 leviers informels : la perception de l'environnement, la décision et la résolution des problèmes, la coopération, la légitimité du management, et enfin la culture (les valeurs pratiquées). Ces leviers constituent l'essentiel du capital humain d'une organisation. Chacun de ces leviers trouve une traduction tant au service de l'intégration que de la différenciation.

Nous avons repéré les symptômes qui illustrent des formes « pathologiques » d'intégration et de différenciation. Ces dysfonctionnements apparaissent quand les leviers sont poussés trop fortement dans une des directions (intégration ou différenciation) aux dépens de l'autre dimension empêchant tout retour à l'équilibre. Toute une pléiade de positions intermédiaires viables se situent entre ces extrêmes. Comme l'indique le tableau ci-après, les choix d'intégration et de différenciation présentent chacun des inconvénients et des avantages, y compris dans les cas extrêmes.

Mode d'évaluation

Comment noter votre organisation :

Commencez par les leviers *For.*
Pour chacun des leviers, en commençant par « stratégie »,
– mettez 2, si un symptôme d'excès d'intégration est très fortement visible et révèle un problème majeur ;
– mettez 0, si le symptôme inverse apparaît, traduisant un excès de différenciation ;
– mettez 1, si les symptômes sont faiblement visibles, ou ne permettent pas de trancher sur la cause du problème (excès d'intégration ou de différenciation)
Vous ne pouvez pas avoir, pour un même levier, un symptôme concernant l'intégration et un autre, la différenciation.
Poursuivez avec les cinq leviers de *Inf,* en commençant par « perception de l'environnement » et appliquez la même grille :
– mettez 2, si un symptôme d'excès d'intégration est très fortement visible et révèle un problème majeur ;
– mettez 0, si le symptôme inverse apparaît, traduisant un excès de différenciation ;
– mettez 1, si les symptômes sont faiblement visibles où ne permettent pas de trancher sur la cause du problème (excès d'intégration ou de différenciation)
Vous ne pouvez pas avoir, pour un même levier, un symptôme concernant l'intégration et un autre, la différenciation.

Pour connaître le score de votre organisation :

Faites la somme des points obtenus pour For = A
Faites la somme des points obtenus pour Inf = B.
Score de votre organisation = A + B

Interprétation des résultats

Chacune des dominantes, intégration et différenciation, offre un éventail d'avantages et d'inconvénients :

Intégration

– avantages : privilégie l'atteinte de la performance à court terme, contrôle des coûts et cohérence
– inconvénients : difficultés à changer, à se remettre en cause, à développer de nouvelles stratégies, à attaquer de nouveaux marchés

Différenciation

– avantages : le « mou » dans les structures favorise l'innovation et les capacités d'adaptation
– inconvénients : risques d'implosion, gaspillages de ressources par déficit de synergies ; érosion de la marge.

Grille d'interprétation

Plus votre score est proche de 10, plus vous pouvez estimer que votre entreprise est en bonne santé. En revanche, si vous affichez un résultat au-delà de 15 ou en dessous de 5, attention, la crise n'est pas loin.

• **De 6 à 14 points, des indices de bonne santé**
C'est la zone de confort.
L'importance des leviers fragilisés n'a rien d'alarmant. L'entreprise saine, toujours en recherche de performance, prend un certain temps pour s'adapter. Les dysfonctionnements qui apparaissent (des dysfonctionnements en termes d'intégration ou de différenciation) sont la traduction du temps incompressible d'adaptation avec ses essais et ses erreurs. Toute organisation, même la plus performante, celle qui gagne les prix de management, qui est citée en exemple dans les revues économiques, qui fait vitrine de ses « meilleures pratiques », toute organisation, donc, présente quelques uns des symptômes cités ci-dessous. Continuez, votre entreprise fait certainement preuve d'une grande capacité d'adaptation.
Attention tout de même si le score flirte soit avec soit 6 soit 14, la situation commence à devenir problématique.
Notamment de 8 à 6, l'entreprise donne des signes inquiétants d'excès de différenciation. De 12 à 14, au contraire, l'entreprise s'approche de la zone dangereuse de l'intégration se traduisant par un manque de flexibilité.

• **De 0 à 5 points, attention aux excès de différenciation**
En revanche, avec un tel score, un nombre élevé de leviers présentent des signes « pathologiques » de différenciation. Incapable de contenir les forces centrifuges qui l'agite, votre entreprise, menacée d'implosion, glisse sur une mauvaise pente. L'effet combiné des leviers empêche le mouvement spontané de rééquilibrage. Le manager opportuniste est sans doute aux commandes. Il faut réagir vite ! Des baronnies incontrôlables prospèrent aux dépens du groupe. Un réglage des leviers déficients peut suffire à rectifier la situation car les équations fondamentales de l'entreprise ne sont pas affectées. Un score proche du zéro traduit une crise grave.

LA LOGIQUE DE L'INFORMEL

• Plus de 15 points, attention aux excès d'intégration
Votre organisation subit le problème inverse. Trop rigide elle paraît incapable de s'adapter aux pressions externes. Elle ne dispose plus, en elle-même, de moyens pour remédier à la situation. Elle est bloquée dans une position extrême d'intégration. Votre entreprise est très certainement en crise. Plus votre score se rapproche des 20 points et plus le diagnostic est négatif. Dans ce cas, une amélioration locale de certains leviers ne suffira pas, car le positionnement stratégique soit en termes de produits, soit en termes de coûts est dépassé. Le manager rentier mène l'entreprise à l'échec. Le salut passe par des solutions externes impliquant un changement du management.

		maxi	**Intégration** Pathologies possibles	intermédiaire	**Différenciation** Pathologies possibles	maxi		

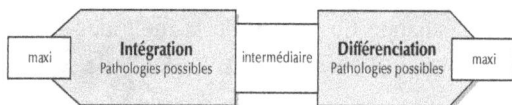

Dimension	10 LEVIERS	2	1	0	Points
F O R	**1. STRATEGIE**	Connue d'un petit nombre ou limitéeà l'exercice rituel du plan stratégique		Floue ou multiple (plusieurs unités développent leur propre stratégie officieuse)	
	2. STRUCTURE	Rigidité, poids de la hiérarchie formelle, nombreux échelons, faible empans de contrôle (nombre de personnes qu'encadrées par niveau hiérarchique		Redondance, émiettement (plusieurs départements comprennent les mêmes activités, sous des intitulés différents, au mépris des règles de synergie)	
	3. PROCEDURE	Nombreuses procédures et points de contrôle Lenteur des décisions et des processus		Chacun applique les procédures à sa manière Peu de procédures écrites Les procédures sont contournées	
	4. OUTILS DE MANAGEMENT SYSTEME D'INFORMATION	Système lourd de reporting Contrôle de gestion envahissant Focalisation sur le quantitatif Système d'information centralisé		Pas d'homogénéité dans les outils Collection de systèmes d'information hybrides et cloisonnés	
	5. CULTURE valeurs déclarées	Deux référentiels s'imposent aux individus sans prise de recul : Des valeurs explicites Les dires et les comportements du leader		Pléiade de cultures distinctes, parfois identifiables par des marques de produits, en concurrence	
I N F	**6. PERCEPTION de L'ENVIRONNEMENT**	Autisme, absence d'écoute de l'environnement Rejet des mauvaises nouvelles		Absence de vue globale et d'anticipation Pas de stratégie d'ensemble	
	7. DECISION RESOLUTION des PROBLEMES	Prise en compte uniquement de ce qui est dans les tableaux de bord Tendance à dramatiser la situation ou à «cosmétiser» les résultats		Perte d'information dans les circuits Encombrement du management Non résolution de problèmes	
	8. COOPERATION	Service minimum La structure tient lieu de mode de coordination		Mélange de conflits (entre baronnies) et de zones de coopération (anneaux et plateaux)	
	9. LEGITIMITE du MANAGEMENT	Management par imposition ou par la peur Remise en cause des «rentiers» à la marge		Légitimité faible car remise en cause par des baronnies indisciplinées Pas de sanction des comportements opportunistes	
	10. CULTURE valeurs pratiquées	Emprise du groupe sur les individus, fermeture, recherche du bouc émissaire, sectarisme		Pas d'ancrage de la culture «corporate» Survivances de pratiques anachroniques	
				TOTAL	

Fiche d'auto-évaluation du niveau d'intégration de votre organisation

Le navigateur s'échappe finalement du triangle des Bermudes, armé de deux certitudes.

D'abord, la clé de la survie et du succès est dans la recherche permanente du bon niveau d'intégration.

Ensuite, cette clé n'est livrée ni par les modèles de gestion ni par les répertoires de meilleures pratiques. Elle est donnée par le bon sens.

Il suffit d'un peu de bon sens pour éviter les chausse-trappes, se détourner des leurres et garder le cap sur ce qui est nécessaire, c'est-à-dire ce qui s'impose de fait quand on effectue une lecture juste de la réalité.

CHAPITRE 1	CHAPITRE 2	CHAPITRE 3	CHAPITRE 4	CHAPITRE 5	CHAPITRE 6	CHAPITRE 7	CHAPITRE 8	CHAPITRE 9
La fin des Architectes	Appareillage vers la Terra Incognita	Le carré magique du Mosaïste	A la recherche de la création de valeur «micro»	Les limites du macromanagement	Les frontières cachées de l'entreprise	Le manager intégrateur	La conduite du changement du Tisserand	La stratégie organisa-tionnelle

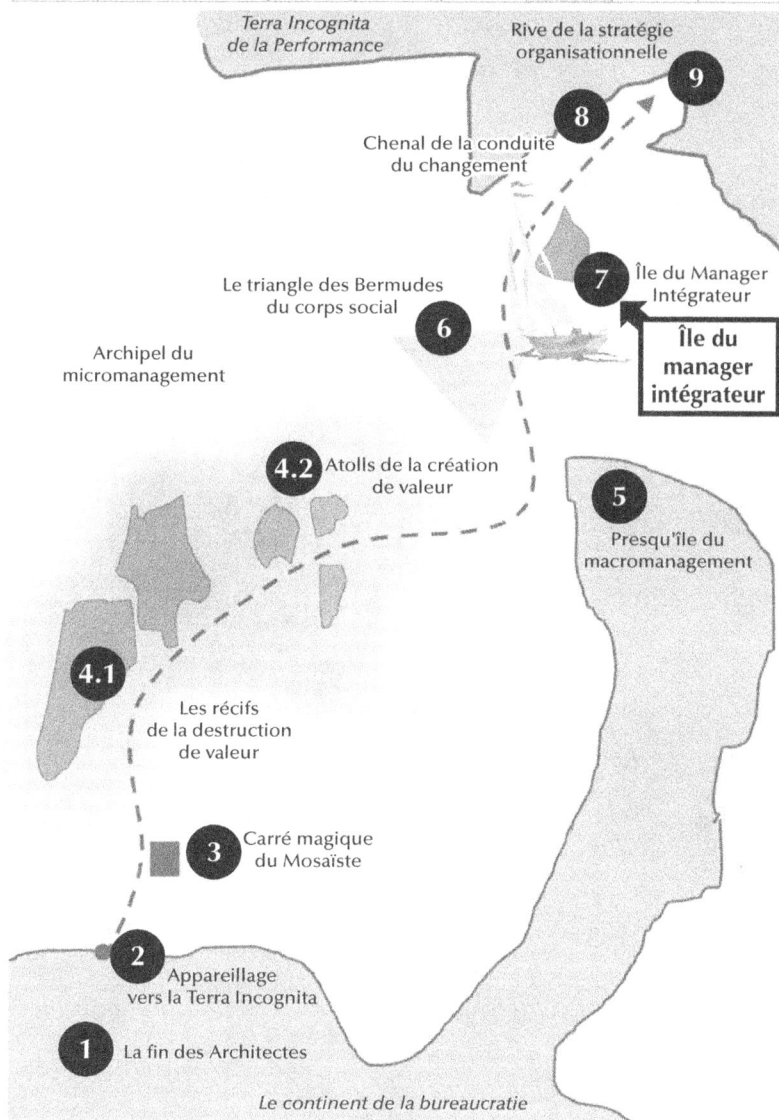

Terra Incognita
de la Performance

Rive de la stratégie
organisationnelle

9

8

Chenal de la conduite
du changement

Le triangle des Bermudes
du corps social

6

7 Île du Manager
Intégrateur

Archipel du
micromanagement

Île du
manager
intégrateur

4.2 Atolls de la création
de valeur

5

Presqu'île du
macromanagement

4.1

Les récifs
de la destruction
de valeur

3 Carré magique
du Mosaïste

2
Appareillage
vers la Terra Incognita

1 La fin des Architectes

Le continent de la bureaucratie

CHAPITRE 7

Le manager intégrateur

Le vaisseau s'est bien sorti du triangle des Bermudes, tant redouté, même si certains équipements ont été endommagés. Le beau temps revient et l'équipage voit passer des oiseaux pinçant dans leurs becs des brindilles. Il y a bien, plus très loin, une terre à découvrir. L'équipage fait d'abord relâche sur l'île du manager intégrateur pour récupérer de la dernière course.

Sur cette petite île, le navigateur découvrira le carnet de bord d'un précédent capitaine racontant sa découverte de la Terra Incognita et décrivant dans le détail l'étroit chenal qu'il faut emprunter pour y parvenir. Le capitaine et son bateau ont sans doute été engloutis dans le triangle des Bermudes, lors de la traversée de retour, car on les attend encore sur le continent de la bureaucratie.

Son carnet s'intitule « Livret du manager intégrateur ».

Le navigateur s'assoit, le lit et réfléchit.

LES DEUX MODÈLES D'INTÉGRATION

La cohérence est un facteur décisif de la performance. Encore faut-il que la recherche de la cohérence ne s'accompagne pas d'effets pervers, non intentionnels, réduisant les gains attendus ! Nous avons vu qu'une intégration trop poussée est porteuse de dysfonctionnements tout autant qu'une différenciation excessive.

Deux philosophies d'intégration se dégagent. L'une consiste à regrouper les unités différenciées dans un même ensemble de management dont chacun des éléments est unique, formalisé et stable : stratégie, structure, procédures, outils de management, systèmes d'information et culture (valeurs déclarées). La variété des rationalités limitées se trouve ainsi réduite.

Nous ne sommes pas loin du fonctionnement de l'Architecte qui consiste à réduire l'incertitude en imposant une rationalité, la sienne. Nous verrons que le manager charismatique, bien que jouant sur un registre plus large, en extériorisant ses émotions, n'est qu'une variante de l'Architecte. Si la mise en place de dispositifs forts d'intégration permet de progresser en termes de cohérence, la passivité du personnel en est souvent le coût caché. Par définition, la cohérence, dans ce premier modèle (MI), s'obtient à partir du moment où chacun se conforme aux rôles qui sont prescrits par *For*.

La deuxième philosophie d'intégration part de l'hypothèse que les gains recherchés en coulant dans un même moule les diverses rationalités ne sont pas obtenus en réalité. Soit le corps social se conforme aux prescriptions et il perd en réactivité, ce qui est particulièrement dommageable pour une entreprise en constant besoin d'adaptation dans un monde changeant. Soit le corps social résiste et conduit les projets de changement à l'échec. Cette seconde philosophie parie sur le raisonnement suivant : la cohérence est le résultat du développement d'acteurs autonomes et actifs. Autrement dit, plus les individus trouvent leur compte en termes de développement personnel dans l'organisation et plus ils seront des supporters de l'organisation et des défenseurs de sa cohérence. Le modèle MII émerge, avec à sa tête le leader miroir, ayant pour objet le déploiement à grande échelle du modèle de l'anneau et du plateau.

Les deux modèles proposés comprennent deux éléments chacun, le leader et son style d'une part, les leviers d'intégration utilisés d'autre part. Pour chacun de ces modèles, nous présenterons les caractéristiques, les leviers, les coûts et les avantages.

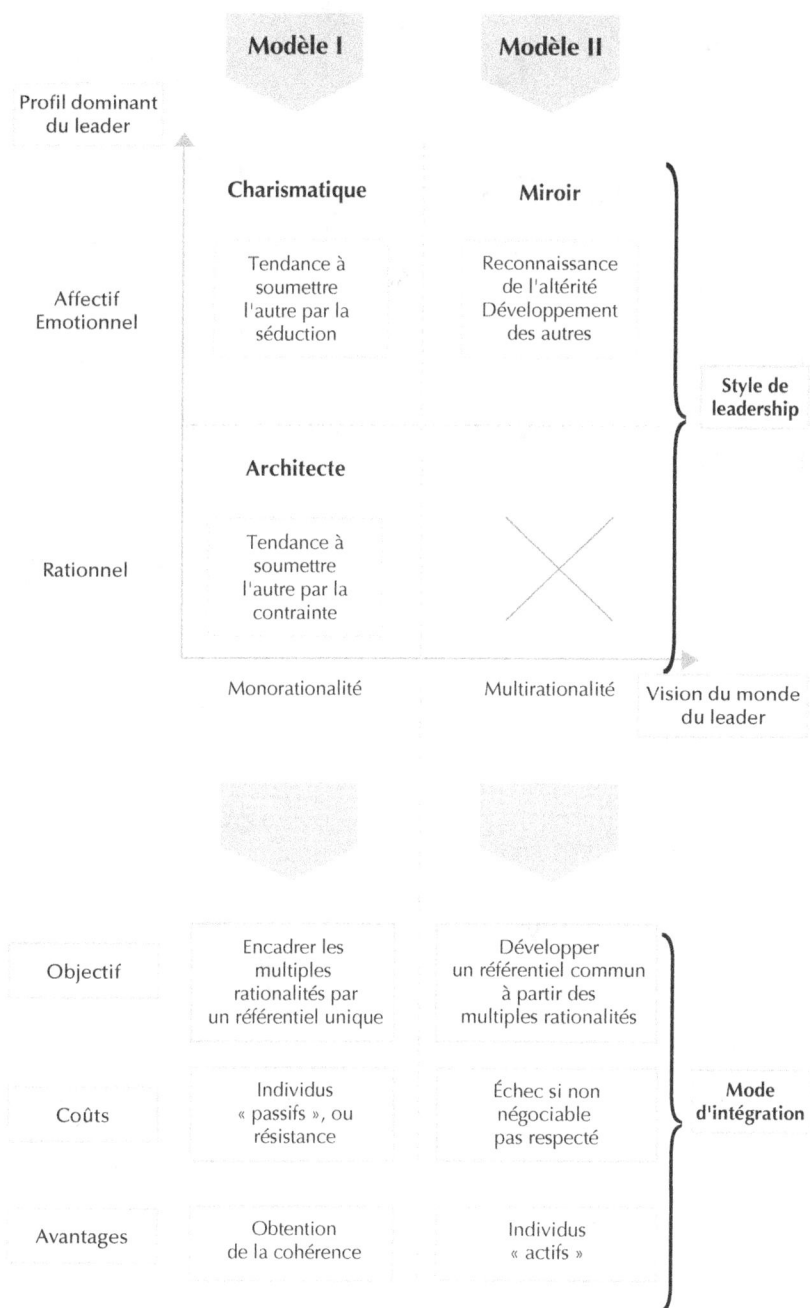

	Modèle I	**Modèle II**	
Profil dominant du leader			
Affectif Emotionnel	**Charismatique** Tendance à soumettre l'autre par la séduction	**Miroir** Reconnaissance de l'altérité Développement des autres	**Style de leadership**
Rationnel	**Architecte** Tendance à soumettre l'autre par la contrainte		
	Monorationalité	Multirationalité	Vision du monde du leader
Objectif	Encadrer les multiples rationalités par un référentiel unique	Développer un référentiel commun à partir des multiples rationalités	**Mode d'intégration**
Coûts	Individus « passifs », ou résistance	Échec si non négociable pas respecté	
Avantages	Obtention de la cohérence	Individus « actifs »	

LE MODÈLE I (MI)

Le manager architecte ou charismatique

▥ Apports et caractéristiques

Le modèle I comprend deux types de leaders, l'Architecte et le Charismatique, attelé au même dispositif d'intégration.

L'Architecte et le Charismatique procèdent de la même logique quoique leurs comportements apparents soient très différents. Ils recherchent l'objectif de cohérence en faisant converger les multiples rationalités de l'entreprise vers la leur. Ils favorisent la formation et le partage de modèles d'anticipation rigides par le corps social.

Ils diffèrent par leurs styles personnels.

L'Architecte utilise les structures et les procédures (*For*) comme cadre unique de rationalité.

Le Charismatique sait qu'il est porteur des attentes et des projections de ses collaborateurs et prend en compte ces motivations inconscientes. Par ses décisions et sa communication, ce leader façonne la culture du groupe. Il obtient une convergence des rationalités, non par la force mais par la séduction.

▥ Coûts induits possibles

Pour l'Architecte comme pour le Charismatique, le corps social est une zone d'incertitude que l'on doit et que l'on peut contrôler : l'intendance suivra. Nous avons amplement décrit ces mécanismes dans le chapitre sur le macromanagement.

Le Charismatique entretient ainsi des comportements passifs, chacun s'en remettant à la magie du leader pour dépasser ses propres limites. Une certaine tendance à en rajouter dans la symbolique du pouvoir ne peut que renforcer la croyance commune en un leader tout-puissant. Donc, paradoxalement, le leader charismatique peut induire des comportements bureaucratiques de retrait.

En répondant aux attentes inconscientes du corps social, le Charismatique satisfait un besoin, ou plutôt un manque, mais il entretient par là même ce besoin et la relation de dépendance. Il en est du couple manager charismatique-corps social comme de certains mariages illusoires. Il arrive que l'un des membres du couple soit attiré par l'autre pour les qualités dont il se sent dépourvu et qu'il voit chez l'autre.

Bien sûr, le mécanisme de dépendance n'est ni systématique ni inéluctable. Le corps social dispose d'une autonomie en propre. Nous avons vu que, spontanément, se créaient dans les organisations des regroupements en réseaux par affinités de goûts, de valeurs ou d'intérêts pouvant contourner les procédures en place à chaque fois que nécessaire.

Dispositif d'intégration

Dans les deux cas, le dispositif d'intégration est identique. Il s'agit de réduire la variété des rationalités en l'enchâssant dans un référentiel commun. Il s'appuie sur les leviers suivants.

▧ Un référentiel de compétences fondé sur les comportements

Apports et caractéristiques

L'intégration qui est une fin en soi s'obtient en éliminant les particularismes. Il faut un point d'ancrage unique, les valeurs de l'entreprise. Il suffit ensuite de les décliner en comportements attendus. Le manager devra être un « animateur d'équipe » et un « conducteur du changement », par exemple.

Coûts induits possibles

Ce procédé conduit à écarter tout ce qui peut rappeler la diversité des cultures et des rationalités. Ainsi, le référentiel de compétences tend à ignorer les métiers. Or l'identité vient se loger dans la fierté du métier. Un mode d'intégration trop exclusivement assis sur les comportements sera rejeté par les membres des unités opérationnelles, et notamment par les plus anciens, ceux qui ont la culture métier la plus forte.

Un rôle important dévolu aux fonctionnels et à la transversalité

Apports et caractéristiques

Cette intégration revient à créer des infrastructures de savoir et de pratiques pour faire tomber les limites des rationalités. Les directions de la qualité et des ressources humaines, centrées sur le long terme, jouent un rôle déterminant dans l'intégration.

Au nombre des outils utilisés les plus efficaces, nous comptons :

- la création d'équipes de direction, la communication de la stratégie par le top-management, la formation au management ;
- les universités d'entreprise ;
- les programmes de mobilité interne, le suivi individuel ;
- le suivi de programmes transversaux prioritaires ;
- quelques règles simples universelles de reporting, le contrôle de gestion ;
- le pilotage central des grands projets transversaux ;
- les méthodes qualité de type 6 Sigma[1], EFQM[2] ;
- la gestion des compétences et la gestion des connaissances.

Tous ces outils permettent de dégager un langage commun, des pratiques de management partagées qui vont constituer le ciment d'une culture forte. Au-delà de la force de caractère du dirigeant, c'est bien le programme de qualité chez General Electric qui assure la convergence des efforts collectifs. D'autres entreprises, comme AXA, ont misé sur la formation unique du management et la cohérence du reporting pour assurer l'intégration.

La difficulté est de passer du laboratoire à une plus grande échelle, pour obtenir les effets structurants qui caractérisent les entreprises pérennes selon A. de Geus. Pour lui, « ce n'est que lorsque la structure globale et ses composants (filiales et individus) estiment avoir tous les mêmes intérêts ou objectifs qu'elles concluent à rester ensemble[3] ».

---

1. Méthode qualité d'amélioration des résultats passant par une refonte de la conception et, mise sous contrôle des processus pour éradiquer les « opportunités de défauts », déployée à grande échelle chez G.E.
2. European Foundation for Quality Management.
3. Arie de Geus, *La pérennité des entreprises*, Maxima, 1997.

L'actuel mouvement de multiplication des « universités d'entreprise » conforte cette analyse. Ces universités jouent un rôle fondamental pour donner un ciment aux organisations chahutées par leur environnement. Nous pouvons constater que dans les processus de fusion-acquisition, l'entreprise « gagnante » est souvent celle qui possède une université interne. Le but de ces universités n'est pas seulement le partage de savoirs, c'est avant tout la constitution et le déploiement d'un référentiel de prise de décision. Grâce à elles, les employés peuvent faire connaître leurs propositions sur la stratégie de l'entreprise à leurs dirigeants. Elles servent de cercles de qualité appliqués non pas à des questions strictement opérationnelles, mais au développement de l'entreprise. C'est peut-être pour cela qu'elles battront en longévité leurs populaires prédécesseurs.

Coûts induits possibles

Quand les fonctionnels sont investis très fortement par le management dans leur rôle d'intégration, certains excès peuvent apparaître, qui se traduisent par un déni de réalité. Les écarts par rapport aux principes d'intégration ne sont pas acceptés, car ils constitueraient des constats d'échec des fonctionnels dans leur mission.

Le détournement d'objet

On assiste parfois à un détournement d'objet de la part des fonctionnels qui font du respect par les opérationnels du cadre de cohérence commun un objectif prioritaire.

L'outil, par exemple une nouvelle politique de mobilité, même bien pensé, ne produit que ce que le système social dans lequel il est plongé peut produire. Il est un enjeu de pouvoir d'autant plus important que les relations entre directions fonctionnelles et opérationnels sont déséquilibrées. Dans le cas ci-dessous, la bonne application de la procédure de mobilité constitue une manifestation du pouvoir de la DRH, voire une fin en soi pour cette dernière.

Le cas du groupe d'assurances

Dans cette entreprise d'assurances, la direction des ressources humaines cherche à sensibiliser la hiérarchie d'origine technique à son rôle de développement des hommes. Les entretiens d'évaluation et les plans de mobilité sont entravés par un manque d'implication des opérationnels. Plus la DRH cherche à vérifier que les procédures sont respectées et plus les opérationnels se défaussent en arguant du principe que les fonctionnels ne comprennent pas les contraintes des opérationnels.

La tentation du perfectionnisme

Autre déviation possible : la tentation du perfectionnisme. L'offre qualité et sociale, mise au niveau des meilleures pratiques, est érigée en vitrine d'excellence de l'entreprise. Par conséquent, sa mise en application effective dans l'entreprise s'impose comme un principe irréfutable. Or, cette offre est devenue tellement sophistiquée qu'elle est partiellement inapplicable par les opérationnels dont les moyens et l'implication n'ont pas suivi.

Telle entreprise a élaboré avec l'aide de consultants spécialisés un superbe répertoire de compétences, inapplicable, car très éloigné des besoins locaux. En effet, dans les unités opérationnelles, sous la pression du court terme et de plans de réduction des coûts, une simple définition de poste est un luxe qu'on ne peut s'offrir !

Le marketing managérial

Autre risque enfin, la tournure prise par certaines universités d'entreprise qui se transforment en parcours de distinction pour des groupes ciblés de managers. Elles prolongent l'illusion que des savoirs supplémentaires permettent de maîtriser encore mieux la dynamique de l'entreprise. Elles se centrent sur la formation de managers « sachant », sans remettre en cause leur comportement et tout en flattant leur ego. Les nouvelles pratiques mises à l'honneur dans les universités dépasseront rarement les murs de celles-ci.

Une organisation responsabilisante, centrée sur l'empowerment

Apports et caractéristiques

Les organisations bureaucratiques, dont nous héritons, se caractérisent par la centralisation des décisions et une grande inefficacité dans l'utilisation des ressources. Chacun dispose de ressources (officielles ou occultes) pour organiser son travail avec une grande liberté. Mais comme les décisions sont centralisées, il n'a en fait que peu de pouvoir réel.

Le mouvement de ré-engineering des années 1990 a visé une meilleure efficacité des ressources employées. Les postes hiérarchiques inutiles sont supprimés (de-layering) et les ressources disponibles réduites et couplées à des objectifs stricts à atteindre. Pour faire tomber les cloisons, l'entreprise est réorganisée en processus pilotés chacun par des managers responsabilisés. Ce mouvement se poursuit de nos jours sous des formes voisines, même si certains excès ont été bannis.

Coûts induits possibles

La pression sur la productivité qu'impose la concurrence et les exigences du client ne doit pas aboutir à un renforcement des organisations tayloriennes. C'est cependant ce que l'on constate assez régulièrement.

Dans l'organisation bureaucratique, pour utiliser une image simple, chacun jouit d'une grande autonomie... dans un verre d'eau. Une fois l'opération de réengineering passée, un certain nombre des acteurs jouissent d'une plus grande responsabilité, mais avec très peu d'autonomie ! Le problème est inversé. Le management par objectif spécifie à chacun les résultats à atteindre, mais les ressources disponibles lui sont comptées. Les valeurs de transparence affichées dans une charte et le renforcement du reporting font que ce manager doit supporter plus de contraintes que son prédécesseur. Bref, les effets pervers de la bureaucratie réapparaissent de manière accentuée.

LE MODÈLE II (MII)

Apports et caractéristiques

Le modèle II s'appuie sur un style alternatif de leadership développé par le leader miroir.

Il se situe dans la case au croisement des axes « multirationalité » et « affectif ». L'un équilibre l'autre.

À la différence de l'Architecte, il ne réduit pas l'organisation à une simple mécanique. Sa légitimité ne vient pas de sa capacité à fixer et à dire la stratégie, car il sait que l'environnement turbulent fragilise les plans stratégiques. Il est en processus permanent de relégitimation.

Mais il se distingue également du Charismatique, car il reconnaît l'existence légitime d'autres rationalités[1] que la sienne.

- D'une part, il s'efforce de prévenir toute situation de dépendance du corps social à son endroit, en évitant les pièges tendus par les motivations inconscientes des uns et des autres, y compris de lui-même. Pour réussir cette prise de distance, le leader Miroir doit faire preuve de la plus grande lucidité et utiliser les ressources de son intelligence émotionnelle.
- D'autre part, sa prise en compte d'autres rationalités passe par la reconnaissance concrète des différentes identités culturelles qui s'affirment dans l'organisation. Pour que les individus ou les sous-groupes se tournent vers le manager, encore faut-il que celui-ci les respecte dans leur identité. Respecter ne signifie pas donner un quitus, mais reconnaître l'existence de rationalités alternatives.

Selon Hervé de Carmoy, le dirigeant doit aussi former ses collaborateurs « à être acteurs plutôt que spectateurs[2] ». Cette formation s'appuie sur le développement de la curiosité, la valorisation de l'expérimentation et le travail en équipe.

Avec le leader miroir, le corps social n'est pas une zone d'incertitude à contrôler. Il s'agit au contraire de permettre à chaque membre de l'organisation d'épouser un comportement actif.

Partant du principe que l'individu est plutôt porté à prendre des initiatives, le manager miroir estime que toute démarche de la part du leader pour exhorter ses « troupes » à prendre des initiatives est inappropriée. Il va surtout se concentrer à éliminer les freins de toute sorte qui pourraient limiter ces prises de responsabilité. Avec cette préoccupation en tête, il cherche avant tout à prévenir l'écart, risque permanent, entre les valeurs déclarées et les valeurs pratiquées qui sape la confiance, condition indispensable à l'engagement des individus.

---

1. La case au croisement des axes « multirationalité » horizontalement et « rationnel » verticalement correspond à une situation absurde, donc écartée.
2. Entretien avec l'auteur, et aussi Hervé de Carmoy, *L'Entreprise, l'individu, l'État ; conduire le changement*, Odile Jacob, 1999.

Coûts induits possibles

En ne satisfaisant pas immédiatement aux attentes du corps social, le manager miroir prend le risque de décevoir, voire de créer un mécanisme de rejet.

D'autre part, la désensibilisation du corps social par rapport au besoin de leadership prend nécessairement du temps, ce que les situations économiques ou stratégiques des entreprises ne permettent pas toujours.

Le leader miroir met en place un dispositif d'intégration qui passe par le développement de la prise d'initiative individuelle pour assurer la cohérence de l'ensemble.

Le leader miroir cherche à déployer le fonctionnement du plateau et de l'anneau à l'échelle de l'entreprise. Les mécanismes d'intégration ne passent donc pas par l'imposition d'une norme mais par la lutte permanente contre les écarts se formant entre les valeurs déclarées et les valeurs pratiquées, garant de la confiance.

Au service de cet objectif, six leviers sont particulièrement performants.

La sélection des cadres dirigeants

La mise en place du Modèle II commence nécessairement par en haut.

Il est important que les équipes de direction soient constituées de managers de profils différents pour favoriser la prise de recul et augmenter la variété des points de vue dans la prise de décision.

Il est tout aussi important de ne pas gripper le management en laissant la part trop belle aux managers architectes, rentiers, opportunistes ou charismatiques.

Dans de nombreuses entreprises, les critères de sélection reflètent les valeurs du barycentre du pouvoir. Les hommes en place choisissent les nouveaux promus parmi ceux qui se montrent les plus loyaux et les plus respectueux des valeurs de leur réseau d'appartenance. Ce mode de sélection condamne l'entreprise à reproduire un esprit moutonnier, voire pervers, puisque récompensant des comportements de dépendance.

Pour rompre avec ce cercle vicieux, il est nécessaire d'introduire une distance entre l'équipe dirigeante et le mode de sélection des cadres.

Le développement des *assessment centers* témoigne de la professionnalisation des méthodes de sélection. Multipliant les angles d'analyse, ces dispositifs permettent d'asseoir l'appréciation sur une large batterie de critères et d'objectiver ainsi les choix. On gagne évidemment à ne pas réserver ces méthodes aux cadres dirigeants mais à les déployer plus largement à tous les niveaux de l'entreprise.

L'entretien d'appréciation

Parmi les outils disponibles pour réduire les écarts entre valeurs déclarées et valeurs pratiquées, l'entretien d'appréciation s'avère des plus utiles. D'une part, il permet de toucher tout le monde dans l'entreprise. D'autre part, il constitue, en modèle réduit, une reproduction de l'ensemble des relations hiérarchiques qui animent l'entreprise. C'est un outil de dialogue pour apprendre à mieux se connaître, créer un climat de confiance et réguler les relations.

Il permet d'ajuster la fixation des objectifs aux moyens nécessaires, mais aussi de connaître et clarifier les attentes et les besoins des subordonnés (promotion, évolution, mutation, formation, aide, etc.). Il débouche sur des plans de progrès pour optimiser les résultats et professionnaliser les collaborateurs.

En retour, il permet à l'entreprise :

– d'identifier les potentiels d'évolution et de développer le professionnalisme de ses collaborateurs ;
– de doter ses collaborateurs des moyens nécessaires à l'exercice de leurs missions ;
– de mettre en place des processus et outils adaptés de mesure et de reconnaissance de la performance et des compétences des collaborateurs.

Pour que l'entretien d'appréciation atteigne son plein rendement, il faut qu'il se situe dans un contexte porteur. Il se réduit vite sinon soit à un rituel dépourvu de sens parce que les « messages qui comptent » passent par d'autres canaux, soit à une tâche parasite, expédiée sur un coin de bureau. L'entretien n'est qu'un élément du dispositif de gestion des ressources humaines.

Mettre en place les fondamentaux

L'entretien doit donc pouvoir s'appuyer sur des « fondamentaux » qui le crédibilisent en lui donnant une assise opérationnelle.

Répertoire des métiers (activités et compétences) et classification (pesage et définition de postes) permettent de donner du sens à l'entretien et d'en exploiter les résultats tant pour l'individu que pour l'entreprise.

À quoi sert le répertoire des métiers ?

Pour chacun des collaborateurs de l'entreprise et pour chaque manager, il sert :

- à mieux connaître les postes ;
- à mieux se situer dans son poste et à mieux situer ses collaborateurs.

Pour la direction des ressources humaines, il sert :

- à mettre en place une gestion prévisionnelle des compétences ;
- à développer une politique ressources humaines tournée vers les compétences et la performance.

À quoi sert la classification ?

Pour chacun dans l'entreprise, elle sert :

- à connaître ses responsabilités ;
- à anticiper son chemin d'évolution possible ;
- à être assuré d'une rémunération équitable.

Pour la direction des ressources humaines, elle sert :

- à classer les postes les uns par rapport aux autres dans une logique de valeur ajoutée produite et potentielle ;
- à permettre une gestion prévisionnelle des emplois et des compétences ;
- à élaborer une grille de rémunération minimale par catégorie (ou groupe, ou classe) ;
- à attribuer à chaque salarié un poste qui décrit clairement les contributions attendues de chacun ;
- à clarifier les perspectives de développement et d'évolution des collaborateurs ;
- à faciliter enfin l'adaptation permanente des plans de formation.

Il ne s'agit pas d'alourdir les relations dans l'entreprise par des méthodes bureaucratiques mais simplement de permettre à chacun d'être acteur de sa carrière et de développer son « employabilité », en lui donnant des points de repère et d'évaluation. L'absence de règles fait souvent le lit des abus de pouvoir et de l'obscurantisme. Ces deux outils, répertoire des métiers et classification, constituent des progrès très importants sur la voie de ces objectifs.

Développer le micromanagement

L'intégration doit se comprendre de deux façons : la capacité qu'a une entreprise de se mouvoir de manière cohérente globalement, mais aussi, au niveau micro, la capacité qu'a le titulaire d'un poste d'influencer positivement le domaine d'actions se situant sous sa responsabilité.

Ce micromanagement doit favoriser la convergence des objectifs de l'organisation et des intérêts individuels. Il doit pourvoir conduire des négociations sur le niveau des contributions à atteindre en échange des rétributions. Sans cette négociation, la mise en œuvre s'essouffle, personne ne trouvant un réel intérêt dans la solution proposée. Sans cette capacité d'écoute, la dimension qualitative du travail et des problèmes ne remonte pas et les négociations se terminent en marchandage.

Pour que l'entretien d'appréciation ne vire pas au rituel, pour que le management par objectif ait un sens, il faut que le manager de proximité ait une capacité d'influence sur la motivation et le comportement de ses équipiers. Il doit donc maîtriser les leviers qui influencent réellement le contexte de travail (objectif, rythme, rémunération, visibilité...) des collaborateurs, comme dans le cadre de l'*empowerment*.

Ceci implique que les décisions en matière de salaires, de primes, de conditions de travail, de formation, ne peuvent pas être uniquement dans les mains de la DRH ou du manager de rang N+1.

Les organisations responsabilisantes

Ce que nous venons de voir pour le micromanagement s'applique également à l'ensemble du corps social. L'échange croisé, l'ajustement mutuel et la confiance sont des facteurs puissants au service de la création de valeur qui caractérisent l'anneau et le plateau. Derrière ces mots, il y a une réalité simple : la majorité des individus est « active » et prend des initiatives pour résoudre les problèmes qui se présentent. Elle n'attend pas passivement les instructions.

Cependant, l'*empowerment*, c'est-à-dire la responsabilisation des acteurs de l'entreprise n'a de sens que si la personne « responsabilisée » dispose de marge de manœuvre, de *slack*, de « coussins » de ressources. Sous le règne de la compétition mondiale, l'heure est plutôt à la chasse aux coussins. Cela ne constitue cependant pas une difficulté, car les marges de manœuvre sont situées ailleurs.

Le plateau et l'anneau sont parmi les structures les plus créatrices de valeur, tout en étant ce qui se fait de plus adapté en termes de responsabilisation. Les marges de manœuvre sont à rechercher dans la polyvalence et à l'échange croisé.

Le cas d'Air Toul

Air Toul est une grande compagnie aérienne en pleine déconfiture économique et sociale. Pour redresser la situation, plusieurs programmes d'amélioration de la performance sont lancés.

L'un d'entre eux concerne la maintenance des avions. Pour améliorer les résultats, la décision est prise de passer d'une organisation fonctionnelle technique par corps de métiers à une organisation par « zone avion ». Jusqu'à présent, chaque corps de métier (électricien, peintre, plasturgiste, chaudronnier, électronicien...) intervient en séquence sur l'appareil arrêté. Les délais sont reportés d'un corps de métiers sur le suivant et, en s'accumulant, retardent d'autant le moment où l'avion est à nouveau disponible. Chaque jour d'immobilisation supplémentaire coûte évidemment beaucoup d'argent à Air Toul qui ne peut optimiser l'exploitation de ses avions.

L'organisation par zone avion permet de créer des équipes autonomes polyvalentes (formées des métiers cités ci-dessus) de taille réduite (15 personnes) centrées chacune sur une partie de l'avion (ailes, soute...), responsabilisées sur des objectifs de délais et de coûts. Cette organisation permet de réduire les délais d'immobilisation de l'appareil de 25 % tout en réduisant les coûts de structure (réduction du nombre de responsables hiérarchiques).

Où sont les marges de manœuvres supplémentaires ? L'organisation par zone avion répond aux canons du théâtre classique : unité de lieu, d'action et de temps. Le responsable de zone peut s'appuyer sur la polyvalence pour modifier le planning des travaux, suivant les difficultés rencontrées ou les absences, tout en respectant le chemin critique. Enfin, en application des principes du micromanagement, c'est lui qui évalue ses équipes.

Les groupes interfonctions ou intermétiers d'échange

Enfin sur une échelle plus globale, il est essentiel de se doter de mécanismes qui permettent de limiter les cloisonnements et les écarts possibles entre les valeurs déclarées et les valeurs pratiquées. L'expérience montre que la conduite de groupes d'échange et de débats intermétiers, interfonction et interniveaux, sur ces thèmes, donne de bons résultats.

Les canaux de communication officiels sont d'une médiocre efficacité. La pression est telle sur les managers opérationnels comme fonctionnels qu'ils refusent souvent la moindre critique qui signifierait un échec personnel. Dans ces conditions, les procédures et le système proposés sont, par définition, parfaits et les réunions de communication se réduisent à des transmissions unilatérales et formelles d'informations. Le caractère factice de cette communication est poussé à l'extrême dans le cas d'un manager rentier.

Certaines entreprises cependant organisent des réunions permettant aux utilisateurs d'échanger avec les promoteurs des nouvelles mesures. Les écarts entre valeurs déclarées et valeurs pratiquées sont identifiés, reconnus sans polémiquer. Chacun peut s'exprimer sur les vrais problèmes rencontrés en ayant le sentiment d'être entendu et de contribuer utilement à l'amélioration des solutions retenues. Ceci permet d'installer des relations de confiance très fructueuses et contribue à améliorer les connaissances et le savoir-faire des fonctions transversales. L'université d'entreprise est un moyen de pérenniser le processus d'apprentissage.

Mesurer, à l'aune des urgences quotidiennes, la mise en place d'un management miroir apparaîtra comme un luxe aux résultats aléatoires à nombre d'entreprises en situation précaire ou qui, tout simplement, ignorent de quoi demain sera fait.

Pourtant beaucoup d'entreprises, dont un grand nombre jouissant d'une excellente réputation, s'approchent de ce modèle MII. Il est vrai qu'il ne peut donner toute sa mesure que dans la continuité. C'est là son point faible : il est mal adapté aux situations de crise (qu'il cherche au contraire à prévenir). Comme nous allons le voir, il faut y ajouter des outils de « rupture » pour le rendre efficace sur « tout terrain ».

LA TRANSFORMATION DE MI À MII

L'expérience du voyage et le bon sens impose trois idées fortes pour construire des organisations performantes : discerner les limites de la rationalité, imposer un cadre non négociable et développer un nouveau référentiel.

Le changement commence par l'Architecte (version charismatique comprise) lui-même. Il doit cesser de fonctionner comme si sa rationalité était universelle. Coaché par le Mosaïste, il peut découvrir les limites de sa propre rationalité et la légitimité de rationalités alternatives, et ainsi faire évoluer son style vers un leadership miroir.

Il peut surtout s'affranchir de l'optique réductrice que lui impose *For* pour découvrir l'existence d'une variété de comportements individuels et collectifs (attitudes opportunistes, rentier, fonctionnement en baronnies, en plateau, en anneau) et leur impact sur la création de valeur.

L'efficacité du diagnostic est renforcée quand les modèles d'anticipation du corps social sont décryptés.

Il peut déterminer une stratégie de changement en fonction de ces constats.

Au vu des nombreux cas que nous avons analysés, la règle[1] semble un outil très médiocre au service de la performance. Est-ce à dire que toute règle, en raison de son incapacité à coller à tout type d'aléa, sera nécessairement rejetée ? Cela signifie-t-il surtout que tout management par la règle ou la procédure est voué à l'échec ?

---

1. Nous utilisons ici le terme « règle » dans un sens très large de « contrainte » destinée à orienter les comportements. Nous entendons par là : les procédures, les directives, les priorités stratégiques, mais aussi les objectifs dans le cadre d'un management par objectif.

Il faut répondre par la négative à ces deux questions, car l'absence de règle conduit à l'arbitraire et à la manipulation. Il est important que la culture d'entreprise accepte ce principe. La règle fixe un cadre qui permet aux acteurs de développer des attentes et de fixer les conditions de réalisation de celles-ci. Les modèles d'anticipation se stabilisent quand les attentes sont régulièrement confortées. Ainsi, le mécanisme vertueux de la confiance se met en place.

L'observation de la vie des entreprises montre que l'organisation d'une dynamique collective nécessite une dose minimum de volontarisme des dirigeants et l'affichage d'un cadre d'action.

Le dirigeant ne peut réaliser seul cette mise sous tension. Il s'appuie sur de nombreux intermédiaires, équipe de direction, structures, qui constituent autant de relais ou d'écrans. Le travail du dirigeant commence donc avec son équipe de direction qui doit partager un même état d'esprit pour éviter que le jeu des comportements complémentaires de béni-oui-oui, d'opposition et dos rond ne tirent rapidement l'entreprise vers le bas. La règle permet de fixer le non-négociable, point d'ancrage autour duquel peut se développer le jeu « gagnant-gagnant » des négociations. Pour qu'un tel jeu se développe, encore faut-il que tous les acteurs appliquent la règle. Imposer le non-négociable, c'est remettre en cause les baronnies, les opportunistes et les rentiers dont le comportement est dommageable pour la création de valeur et la cohérence du groupe.

Il est de la responsabilité du management de créer les conditions d'acceptation de la règle. Le non-négociable n'a de sens que si le dirigeant se l'impose à lui-même.

Se donner un nouveau référentiel et s'y tenir

Dans MII, le manager intégrateur miroir utilise les leviers de *Inf*, comprenant, à titre d'exemple :

- Le principe du « je fais ce que je dis », car « *Inf = For* » commence par moi-même !
- La formalisation du non-négociable. Pour jouer un rôle d'intégration efficace, les leviers formels, structures et procédures, doivent remplir les conditions suivantes :
  - être perçus comme une ressource ; pour cela, ils doivent être pertinents par rapport aux problèmes rencontrés ;

- être une contrainte partagée : si tout le monde l'applique, alors chacun en tire un avantage puisque le comportement des autres acteurs est prévisible ;
- le management l'applique à lui-même.

– Le partage d'une vision du monde : la formation, l'échange d'expérience, l'animation de groupes de travail transversaux permettent de faire chuter les hypothèses tacites et les stéréotypes locaux en dégageant une vue d'ensemble ; il s'agit de montrer que chacun contribue, dans son rôle, à la création de valeur dont tout le monde, en retour, bénéficiera. C'est surtout élever le niveau de confiance en favorisant une compréhension partagée des objectifs et la découverte des individus dans l'entreprise.

– La promotion de l'ajustement mutuel le long des processus transversaux par la mise en place d'une gestion des ressources humaines adaptée et d'objectifs partagés. Le développement de la confiance, comme le souligne F. Kourouliski-Belliard[1], favorise des comportements de loyauté, renforce la qualité des relations qui permettent une plus grande fluidité des échanges et un recul des cloisonnements.

---

1. F. Kouriliski-Belliard, *Du désir de changement au plaisir de changer*, Dunod, Paris, 1999.

CHAPITRE 1	CHAPITRE 2	CHAPITRE 3	CHAPITRE 4	CHAPITRE 5	CHAPITRE 6	CHAPITRE 7	CHAPITRE 8	CHAPITRE 9
La fin des Architectes	Appareillage vers la Terra Incognita	Le carré magique du Mosaïste	À la recherche de la création de valeur «micro»	Les limites du macromanagement	Les frontières cachées de l'entreprise	Le manager intégrateur	La conduite du changement du Tisserand	La stratégie organisa-tionnelle

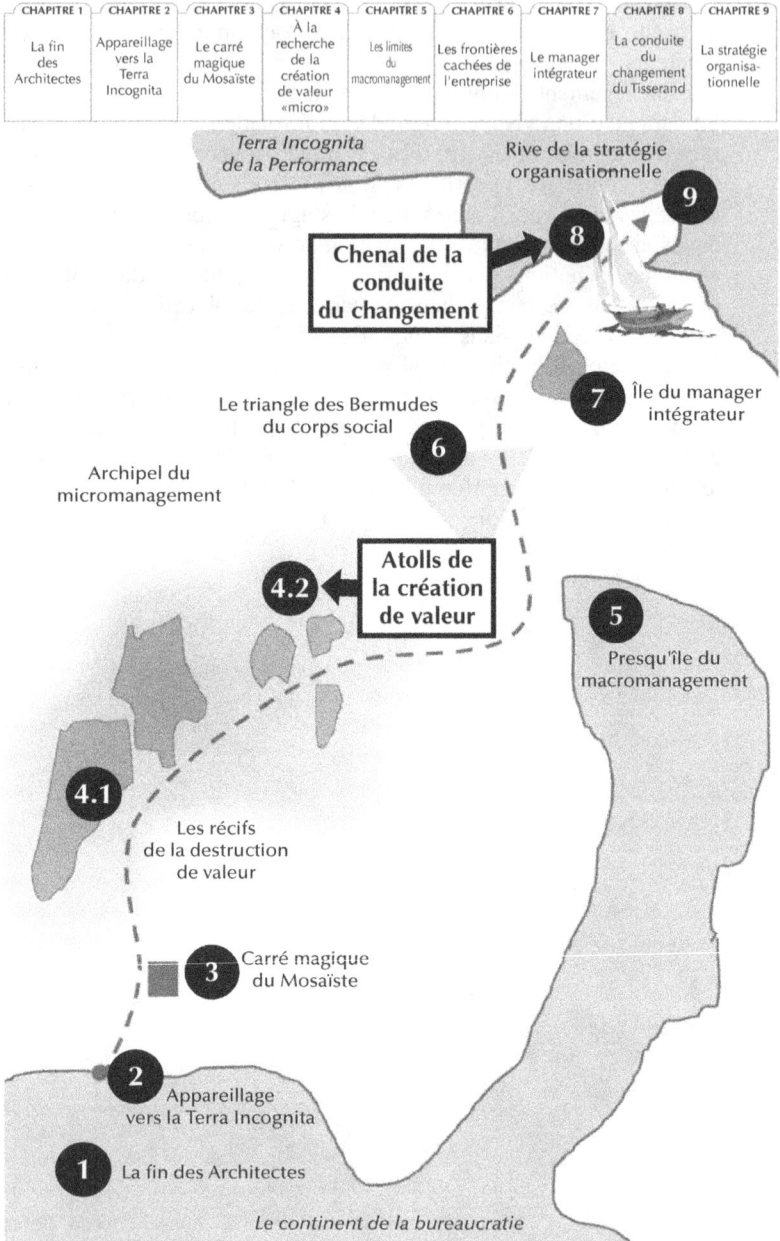

Terra Incognita de la Performance

Rive de la stratégie organisationnelle

Chenal de la conduite du changement

Île du manager intégrateur

Le triangle des Bermudes du corps social

Archipel du micromanagement

Atolls de la création de valeur

Presqu'île du macromanagement

Les récifs de la destruction de valeur

Carré magique du Mosaïste

Appareillage vers la Terra Incognita

La fin des Architectes

Le continent de la bureaucratie

CHAPITRE 8

La conduite
du changement
du Tisserand

Nous franchissons avec le bateau les derniers milles qui nous séparent de la Terra Incognita en empruntant le chenal de la conduite du changement.

Comme tout voyage, celui-ci peut s'analyser au travers de diverses grilles de lecture, riche chacune d'enseignements particuliers. Nous allons voir, comment, en conduisant un changement non bureaucratique, le long de ce chenal, avec l'aide du Tisserand, l'Architecte va se muer en manager intégrateur, tout en transformant son entreprise en organisation performante.

Changer, c'est faire évoluer une organisation pour la rendre, au sens large, plus performante, c'est-à-dire, mieux armés pour affronter les défis présents et à venir.

Cela exige du souffle. L'accomplissement d'améliorations significatives implique une rupture nette avec le système de management existant qui, d'une certaine façon, s'impose comme un horizon infranchissable.

Pour réussir cet objectif déjà ambitieux, il suffit, mais c'est déjà très important, de veiller à respecter les quatre principes suivants :

- changer les modèles d'anticipation (à commencer par le sien) ;
- changer les règles du jeu (du pouvoir) ;
- s'assurer que l'écart entre « valeurs déclarées » et « valeurs pratiquées » est maintenu à l'intérieur de limites acceptables ;

– lancer des « chantiers » dynamiques et opérationnels en impliquant les acteurs eux-mêmes.

CHANGER LES MODÈLES D'ANTICIPATION

Décoder les modèles d'anticipation et proposer un chemin d'apprentissage qui permette d'en construire de nouveaux, en phase avec le changement que l'on cherche à mettre en œuvre : telles sont les premières leçons pour la conduite du changement que nous pouvons tirer des cas que nous avons présentés.

Il est essentiel que le manager qui pilote une organisation ou initie un changement majeur prenne conscience de ses propres « modèles d'anticipation ». Ceux-ci peuvent très bien constituer un obstacle à la performance et au changement.

Nous avons souligné l'emprise qu'exerce la « métaphore mécanique » sur les modèles d'anticipation des managers. Il est important que ces derniers puissent s'en affranchir.

Ceci impose de faire un diagnostic approfondi pour mettre en lumière les pratiques réelles, mais aussi mesurer la pertinence des rationalités dominantes en place face aux nouvelles vagues d'aléas. C'est le travail du Mosaïste. Ce diagnostic est capital pour que le client et son consultant, si le client a décidé de se faire aider de l'extérieur, échappe, au moins partiellement, à la rationalité limitée ambiante.

Le dirigeant architecte n'est pas exempt d'ambiguïté. Il est prêt à entendre parler des ruptures nécessaires dans le référentiel de l'entreprise (comme le souligne la multiplication de livres de management aux titres révolutionnaires). Cependant, dans la gestion quotidienne de son entreprise, il peut éprouver plus de difficultés à se défaire de pratiques sécurisantes mais contre-productives.

Le cas de la société de service

Dans cette entreprise en proie à de mauvaises perspectives financières, le décideur impose à ses commerciaux de fixer un plan de vente permettant d'atteindre le résultat budgété. L'idée louable *a priori* est de stimuler les forces de vente en les sensibilisant aux objectifs de l'entreprise et en mesurant régulièrement la progression. Mais, une rapide analyse des forces en jeux montre que l'atteinte du budget est impossible : les principaux comptes prospectés ont déjà « tout donné ». Reconnaître cette impossibilité relève-t-il du réalisme ou du défaitisme ? On arrive bien à déplacer des montagnes, paraît-il. Les chiffres du budget inscrits sur les tableaux deviendront peut-être réalité. La suite a montré que non.

Reste que le dirigeant s'est senti « sécurisé » en mettant une forte pression sur ses commerciaux. Une analyse plus poussée l'aurait incité à mettre en cause non seulement le mode de fixation de l'objectif, mais également la stratégie. En effet, on peut se demander pourquoi l'entreprise reste dépendante d'un nombre limité de clients sans chercher à en développer d'autres. Or ce changement de stratégie est du ressort de la direction générale et non des commerciaux.

La confidentialité pour faire tomber les tabous

La confidentialité des propos doit être impérativement assurée, pour permettre au diagnostic de recueillir ainsi les « tabous » de l'entreprise. Tant que ces tabous ne sont pas reconnus, tout le monde restera convaincu que rien ne changera.

Pourquoi est-il essentiel de détecter ces « pépites » dans les modèles d'anticipation ? D'abord, parce qu'ils constituent les petits cailloux qui permettent de retrouver les lieux de pouvoir. Tant que ceux-ci ne sont pas identifiés et donc tant que la culture du clan dominant est acceptée comme argent comptant, rien ne peut changer de manière significative. Ensuite, parce qu'à partir du moment où l'on attribue, à tort ou à raison, à un sous-groupe culturel des pouvoirs occultes, on ne peut pas avancer tant la rumeur sert de véhicule aux explications. Le projet aura beau présenter des arguments rationnels, les gens le décoderont en fonction de leur carte d'*a priori* (à qui profite le projet ?).

Parfois le management lui-même est perçu comme partie prenante de ce tabou, ce qui rend ce dernier encore plus fort. Nous avons relaté le cas de Food Inc, où la direction cherche à imposer un plan rationnel d'allocation des ressources, alors que l'historique montre, c'est du moins ce que les gens affirment, que les choix d'investissement, jusqu'à présent, ont été réalisés uniquement sur la base du bon plaisir de tel ou tel membre de la famille.

La restitution : « machine à baffes » ?

La poursuite du changement passe donc par l'étape intermédiaire de restitution du diagnostic. Elle permet à chacun de resituer sa rationalité limitée dans un grand ensemble et d'y trouver une reconnaissance de son identité. Ceci fait, l'individu ou le sous-groupe, est alors prêt éventuellement à dépasser sa rationalité.

Il est vrai que le dirigeant sort rarement indemne de ce travail de diagnostic et de restitution. Il arrive que la légitimité du management soit questionnée. Il peut être critiqué pour toutes sortes de raison : autoritarisme, distance, ou inconsistance. L'ignorance de bonne foi sur la nature des relations et le niveau de crédibilité trahissent les situations d'isolement involontaires dans lesquels les dirigeants sont souvent confinés.

Ceci exige du management un effort d'introspection sur lui-même, travail aussi douloureux que roboratif. L'un de mes clients a parlé de : « la machine à baffes » !

CHANGER LES RÈGLES DU JEU

Nous avons rencontré de nombreux cas où le management fait comme s'il pouvait s'extraire de la situation alors qu'il fait souvent partie du problème ! C'est le cas du rentier ou de l'opportuniste. Par ses choix et comportements, il alimente la méfiance et les comportements « déviants » qu'il cherche à éliminer.

Commencer par le sommet

Le cas Bancom n° 2

La direction de la banque nous demande de l'aider à tourner son organisation vers le client. Nous découvrons que la direction générale contribue au blocage en ne clarifiant pas les attributions entre les principales directions qui ont laissé se développer des activités concurrentes et redondantes.

Chaque direction cherche à mordre sur une partie du réseau de distribution. Ce dernier peut à la fois choisir ses priorités et rejeter sur le système central complexe toutes les inefficacités. Tant que la direction générale ne clarifie pas sa stratégie ainsi que les mandats des hommes-clés, aucun progrès tangible n'est possible.

Reste que la direction fonctionne ainsi à la fois parce qu'elle en sous-estime les inconvénients (ce qui est typique d'une vision mécaniste de l'organisation) et parce qu'elle tire des bénéfices du système en place. En effet, le flou dans les attributions au sommet lui permet de dégager une capacité d'arbitrage et de peser sur les cadres dirigeants.

Nous avons réussi à faire admettre à la direction de Bancom que, sans un changement de fonctionnement radical au sommet, la situation financière de la banque ne s'améliorerait pas. L'équipe de direction a finalement accepté de mettre en place de nouvelles règles du jeu comprenant :

- un plan triennal stratégique décliné en budgets annuels ;
- une définition précise des postes, des responsabilités et des objectifs des membres de la direction ;
- l'introduction de deux comités distincts : un comité stratégique trimestriel et un comité opérationnel hebdomadaire.

Compte tenu du flou des pratiques existantes, le changement chez Bancom passait par l'établissement de règles du jeu explicites, modifiant radicalement les arrangements au sein même de l'équipe de direction.

Changer les structures

Après l'examen de conscience, la clé du succès passe par le travail sur les structures. Celles-ci ont un impact tant symbolique (mettre en évidence les gens qui portent les comportements et les compétences adéquats) que pratique (la nouvelle répartition des leviers). En ce sens, les structures touchent au concret visible, mais elles sont le facteur déclenchant sans lequel il ne peut pas y avoir de déblocage des effets de système.

Le choix des leviers et des niveaux hiérarchiques de leur regroupement est essentiel pour avoir une organisation efficace. Par exemple, si une entreprise veut développer une offre globale par grand compte, il faut que le responsable de compte ait la capacité de mobiliser toutes les énergies de l'entreprise tant au niveau de l'offre que du service après vente. Cette transversalité est souvent difficile à obtenir. Il faut pouvoir placer cette capacité d'intégration transversale vis-à-vis des directions produits et des directions pays pour des clients internationaux. Chacune des directions produit peut être tentée de minimiser le rôle du responsable de compte client pour continuer de contrôler la situation.

Au-delà des titres et des postes, c'est le choix des hommes et l'allocation des leviers qui doit être regardée de près. Le choix des hommes d'abord. Il est important de nommer aux fonctions-clés des hommes qui portent les nouveaux messages. Cela ne signifie pas qu'il faille nommer exclusivement des hommes nouveaux. Il est important aussi de s'appuyer sur des cadres déjà en place, disposant d'une certaine légitimité auprès des équipes et désireux de participer à un plan de rénovation de l'entreprise. Ceci est payant, s'ils acceptent les nouvelles règles du jeu.

La définition des postes en suite. Les postes lourds, ceux qui portent la nouvelle stratégie, doivent avoir la capacité de décision sur les leviers-clés. Par exemple, dans le cas d'une offre globale de service, le nouveau représentant doit être le seul habilité à signer le contrat et à valider les offres (y compris les niveaux de remise et avantages). Il est en retour évalué sur la rentabilité de son portefeuille de clientèle.

Un changement de structure implique un discours clair du dirigeant, un affichage de la structure avec l'aspect symbolique du reporting, des promotions, de l'appartenance ou non à tel comité, mais aussi des ressources (budget, effectifs, compétences, infrastructures), des relations clients-fournisseurs qualifiées et des capacités de décisions (signature, choix des clients, éventail de l'offre, niveau d'engagement, remise, ressources, management des hommes) et enfin un mode d'évaluation et de sanction.

Renforcer le changement par le symbolique

Les signes de rupture doivent être visibles et affichés très vite. Ils passent par des changements d'hommes et de structures, mais plus fortement, de « style ». L'opération « diagnostic-restitution », si elle ne contourne pas les tabous, constitue un premier « déclic ». Le choix des hommes et les modifications de structures consolident l'impression de changement. Mais, il faut vite introduire d'autres innovations de type culturel pour frapper l'imagination et faire bouger les mentalités (c'est-à-dire les modèles d'anticipation). Les initiatives prosaïques sont souvent les plus efficaces.

Par exemple :

- inscrire dans tout plan d'action les indicateurs « prévu/réalisé », sur une base hebdomadaire, dans une organisation ankylosée par la routine ;
- un patron à l'écoute, laissant la porte de son bureau ouvert pour rompre avec la routine du « pas de vagues » ;
- faire faire des stages prolongés sur le terrain à des cadres de services centraux plus préoccupés par leur carrière que par les besoins des unités opérationnelles ;
- inscrire le droit à l'erreur dans la charte des valeurs de l'entreprise, pour un groupe fortement marqué par une hiérarchie lourde et frileuse ;
- faire participer les collaborateurs à l'organisation du travail et aux réponses à trouver aux attentes du client, dans une entreprise très centralisée ;
- ...

S'ASSURER QUE L'ÉCART ENTRE « VALEURS DÉCLARÉES » ET « VALEURS PRATIQUÉES » EST MAINTENU À L'INTÉRIEUR DE LIMITES ACCEPTABLES

Le manager doit accepter de se considérer comme un acteur comme les autres, déployant une stratégie propre limitée par sa vision. Il est tentant de prendre ses désirs pour la réalité et de ne pas écouter les mauvaises nouvelles.

Prévenir la tentation du « tout va bien »

Le cas d'un grand hôpital

Ainsi, pour un grand hôpital, nous avons mené une enquête sur le fonctionnement des services médicaux. L'objet de l'étude était de voir dans quelle mesure une politique de réduction des coûts pouvait être acceptable par les acteurs à la fois médicaux et non médicaux.

Le verre est à moitié vide ou à moitié plein ?

La nouvelle direction de l'hôpital, porteuse d'une vision intégrative, a décidé de mettre en place un comité de direction facilitant le partage des points de vues entre les différents métiers. Elle a déjà commencé à mettre en œuvre un plan stratégique permettant de ranger par ordre de priorité décroissante les projets médicaux dans le budget prévisionnel. Cette initiative offre l'avantage d'apporter de la transparence sur les investissements et d'assurer la participation des principaux acteurs aux décisions-clés.

Petit à petit, les *a priori* des uns sur les autres diminuent. Tous apprennent à travailler ensemble. En particulier, les caricatures du médecin dépensier et du gestionnaire bureaucratique s'estompent. Cependant, des divergences subsistent. Dans les services, chacun perçoit le fonctionnement de l'hôpital comme éminemment bureaucratique. Les nouveaux systèmes de gestion sont encore loin de refléter la réalité. L'erreur, si l'on peut dire, de l'équipe de direction, est de survaloriser l'efficacité réelle du nouveau système. Elle rejette toute information qui viendrait contredire ses certitudes.

• *Analyse*

L'équipe de direction, nouvellement arrivée, a accompli un travail colossal pour remettre l'hôpital sur de bons rails. Elle succède brutalement à une équipe de direction décrédibilisée par des déficits financiers significatifs et des incidents thérapeutiques qui avaient fait la « une » de la presse locale.

La nouvelle équipe de direction a réussi à mettre rapidement de l'ordre en fixant un plan de développement médical et en mettant sous contrôle le budget. Ces efforts sont reconnus par les soignants. Mais, on reste tout de même dans une logique tacite d'opposition et de procès d'intention : l'administration est là pour contrôler des médecins dépensiers. Victime de son modèle d'anticipation, la direction pense bénéficier de l'acceptation enthousiaste de sa nouvelle politique par l'équipe soignante. Ce n'est pas encore entièrement le cas.

Nul n'est prophète en son pays. Il est important que les équipes de direction comprennent que leur légitimité ne va pas de soi et qu'il faut plus que des plans d'actions bien élaborés pour venir à bout des modèles d'anticipation des uns et des autres.

Le management doit rester modeste dans l'interprétation des réactions du corps social à ses initiatives.

Aller sur le terrain se frotter aux réalités

La seule relation efficace est la relation de confiance. J'ai pu remarquer que, pour que celle-ci s'instaure entre le dirigeant et les équipes, il ne suffit pas que le dirigeant se montre proche de ses collaborateurs, en allant régulièrement « sur le terrain », par exemple. La clé est d'empêcher la « langue de bois » de se glisser dans les échanges.

Le cas d'Aérosat

Cette entreprise subit un de ces effets de cycle où, le marché militaire décroissant, elle doit trouver des revenus alternatifs dans le civil. Le marché civil étant dominé par des opérateurs anglo-saxons, il lui faut réaliser de nombreuses adaptations allant de la maîtrise de l'anglais par ses employés à la réalisation d'affaires avec des coûts et des délais réduits.

Le directeur général lance, avec l'appui de consultants, un projet majeur pour permettre à l'entreprise de réaliser ces nouveaux objectifs.

Les différentes fonctions d'appui et laboratoires techniques sont répartis en deux sites. Le site A comprend la direction générale, les fonctions support et quelques laboratoires. Le site B, distant de quelques kilomètres, comprend la plus grande partie des laboratoires et l'assemblage.

Le projet bute rapidement sur la faible coopération des ingénieurs organisés en laboratoire par spécialité. Selon eux, il est quasiment impossible de réduire les coûts et les délais. Comme ils sont les seuls à maîtriser la technique permettant de faire les arbitrages, le projet ne peut avancer.

Pour comprendre pourquoi les laboratoires bloquent, il faut écouter les ingénieurs. Nous avons monté une enquête dont l'un des points-clés est d'évaluer le niveau de crédibilité de la direction. Celle-ci accepte que nous menions cette étude délicate. D'après l'enquête, le niveau de confiance des ingénieurs dans la direction générale n'est pas identique partout. Il tombe à moins de 3/10 dans le site B, contre un acceptable 7/10 dans le site A. En identifiant les particularités du site A et en essayant de les appliquer au site B, nous pensons qu'il y a peut-être moyen de sortir de l'impasse.

La direction générale a mauvaise presse auprès du site B, précisément parce qu'elle en est perçue comme distante. Les fonctionnels font le lien et représentent la direction générale pour expliquer les nouvelles politiques. Aux yeux des ingénieurs, ces fonctionnels qui ne comprennent rien aux contraintes techniques passent pour des bureaucrates. La direction générale souffre de la même image.

Sur le site A au contraire, les ingénieurs peuvent croiser quasiment quotidiennement la direction générale, comme dans un garage de la Silicon Valley. La direction générale ne se réduit pas à une bureaucratie cherchant à visser des ingénieurs dispendieux. Ce sont des personnes avec lesquelles on peut discuter. Nous sommes en présence d'un cas typique de rationalité limitée.

Nous organisons un retour d'information aux ingénieurs sur l'enquête en compagnie de la direction générale. Plusieurs éléments portent leurs fruits auprès des ingénieurs du site B, parmi lesquels le fait que :

– la direction générale accepte de diffuser les résultats de l'enquête ;
– les ingénieurs du site A ont confiance dans la direction générale.

La présence de la DG à ces restitutions a permis d'engager un débat approfondi sur ce sujet délicat et de créer un contexte favorable au projet en permettant aux uns et aux autres de mieux se connaître.

La résistance au changement est avant tout la manifestation d'un rejet par un individu ou un groupe d'une agression à l'encontre de son identité et non pas d'une peur du changement. Les gens interrogés ont le sentiment que les contraintes et les spécificités de leur métier ne sont pas comprises par le décideur. Il en résulte que ce dernier est sanctionné par une perte immédiate de crédibilité.

▨ *Organiser des séminaires « au vert »*

Nous avons tous été au moins une fois confrontés à ce problème de faire partager à un groupe un nouvel objectif ou un plan de changement. Souvent, cette phase se concrétise par un séminaire qui réunit les collaborateurs et leurs dirigeants pendant un ou plusieurs jours. Ces séminaires, parfois organisés « au vert », les mobiles débranchés, suivent le même rituel. Les discussions informelles dans les couloirs ou le soir autour d'un verre sont souvent plus importantes que les travaux de groupes organisés en atelier. La solution est parfois arrêtée à l'avance et personne n'est dupe. Des sous-groupes se forment, rassemblant ceux qui sont favorables au changement ou ceux qui s'y opposent, et les indécis forment une dernière catégorie. Dans chaque camp, on se compte. Ce rituel peut paraître à certains une perte de temps.

Nous ressortons souvent de ces séminaires avec des avis mitigés. Les critiques ont été vives et nous ne savons pas si le groupe, globalement, a adhéré. L'expérience montre que les séminaires qui passent par une crise sont généralement les plus féconds, car ils permettent d'asseoir le consensus sur des bases saines. Attendre et exiger des manifestations tangibles et immédiates de l'engagement se révèle contre-productif.

▓ *Ranger ses a priori au vestiaire*

Les changements à réaliser imposent une évolution vers plus de transversalité : il est donc important que les gens apprennent à laisser leurs *a priori* et leurs procès d'intention au vestiaire pour donner une chance à la coopération.

Tant que ces fractures culturelles ne sont pas identifiées, il y a fort à parier qu'une bonne partie de l'énergie de l'entreprise sera consommée à traiter les zones de méfiance. Ainsi, toute la suite du projet de changement se trouvera handicapée par les stratégies des uns et des autres, soit d'agression, soit de protection contre un autre sous-groupe différent ou considéré comme dangereux ou comme ennemi.

Chez Équipeuro, les représentants de culture « après-vente » s'estimaient marginalisés par les membres de la culture « produit neuf » qui avaient accès au pouvoir central, le patron étant issu de la même culture. La restitution des résultats a stoppé net le problème. Il suffisait pour cela que les représentants de l'après-vente sachent que leur patron savait (... qu'ils se sentaient marginalisés).

Le diagnostic permet d'identifier les problèmes et de proposer des recommandations.

Si les identités des sous-groupes, des métiers, des fonctions et des niveaux sont reconnues, la convergence se met en place simplement et normalement. La restitution comme le séminaire permettent de gagner du temps pour la suite des opérations. Ces forums d'échange offrent à chacun la possibilité de se faire entendre, voire de faire reconnaître son point de vue. Des négociations subtiles ont lieu. Chacun mesure ce qu'il perd mais aussi ce qu'il gagne. Bref, autour du non-négociable, la créativité des uns et des autres est à l'œuvre pour trouver les meilleurs arrangements.

Les gens acceptent d'autant mieux d'appliquer une solution, qui n'a pas leur suffrage *a priori*, qu'ils se sentent reconnus dans leur identité. La distance, l'ignorance et le mépris mènent plus sûrement à l'échec.

Le consultant « facilitateur » réussit en jouant le rôle de metteur en scène des idées du client et en assurant une reconnaissance réciproque des identités des uns et des autres. J'étais très surpris de voir combien les formations à l'économie d'entreprise, dispensées aux premiers échelons, permettaient de dissiper les vues stéréotypées portées contre les managers.

La communication des dirigeants

Nous arrivons à la communication du dirigeant qui joue aussi un rôle important.

D'abord, le contexte, en matière de communication compte autant sinon plus que le message. Les collaborateurs décodent un message grâce aux autres signaux que leur envoie l'organisation.

Ainsi dans une entreprise de service, lors d'un meeting stratégique, l'un des dirigeants fondateurs étant absent, chacun a cherché à interpréter ce fait à sa manière : « La boîte va éclater » disent les uns, « C'est l'élimination de toute l'équipe dirigeante par le nouvel actionnaire qui commence », disent les autres. La raison était plus prosaïque : ce dirigeant était tout simplement en vacances. Plus la culture d'une entreprise est fragilisée et plus les signes même secondaires comptent.

Ensuite, par sa propre manière de communiquer, le dirigeant peut réduire, voire annihiler la portée de son message.

Lors d'une présentation de projet à l'ensemble du personnel de l'entreprise, le directeur général, s'adressant à son personnel, posa cette question : « Vous qui êtes au ras des pâquerettes, qu'en pensez-vous » ? Inutile de souligner que malgré tous ses efforts de communication de proximité, le dirigeant restait éloigné de ses collaborateurs.

La détermination de la part du négociable (et donc du non-négociable) est une des décisions les plus stratégiques pour réussir le changement. Cette étape constitue un moment fort pour le dirigeant. Sa communication et sa mise en scène doivent être préparées soigneusement. C'est le travail du Tisserand. Par ses mots, le dirigeant peut créer un lien entre le présent et le futur, entre lui, l'équipe de direction, et l'ensemble du personnel.

Dans une communication efficace, le dirigeant présente la situation de l'entreprise, avec la dureté des faits, mais sans dramatiser ni culpabiliser. Il souligne dans les pratiques existantes, celles qui, à tout niveau, bloquent les initiatives et doivent immédiatement disparaître. Puis il affiche clairement les « chantiers prioritaires », les objectifs à atteindre, ainsi qu'un échéancier. Enfin, il s'appuie sur les qualités des groupes humains de son organisation pour montrer que ces objectifs sont atteignables et manifester ainsi sa confiance dans l'ensemble de ses collaborateurs.

LANCER DES « CHANTIERS » DYNAMIQUES ET OPÉRATIONNELS DE CRÉATION DE VALEUR

Le diagnostic a permis de déterminer le « non-négociable ». Celui-ci comprend, outre les changements de structure éventuels annoncés, des axes d'amélioration prioritaires. Nous allons envisager ci-dessous la manière dont doit être organisée cette phase pour être pleinement rentable.

Se fixer des objectifs « smart »

Il faut se fixer un objectif d'amélioration de la performance, quitte à l'affiner progressivement. L'absence de chiffrage est sans doute la première cause d'errance d'un projet. Et l'absence de diffusion de l'information sur le chiffrage constitue la deuxième erreur. Sans chiffrage, il n'y a pas de possibilité de fixer l'attention des gens sur un objectif. On imagine bien les multiples raisons qui font que le chiffrage reste caché. Les uns et les autres veulent se préserver une marge de manœuvre et personne ne sait comment aborder la question souvent inéluctable de la réduction des effectifs.

Les objectifs doivent être « S.M.A.R.T. », c'est-à-dire répondre à des critères Spécifiques, Mesurables, Atteignables, Réalistes et situés dans le Temps. Rien de plus démotivant que de devoir se mobiliser sur un objectif irréaliste ; rien de plus décrédibilisant pour le management qui l'a fixé.

Aucune procédure ne pouvant prévoir toutes les situations, il est nécessaire de permettre à chacun de participer à l'élaboration de la solution pour l'adapter au segment de réalité qu'il contrôle. Toute solution doit donc comprendre une part de négociable.

Confronter à fréquence régulière le « prévu » et le « réalisé »

Il est capital ensuite de suivre la progression des travaux selon des intervalles courts. Il faut se donner des objectifs intermédiaires, mensuels, hebdomadaires ou quotidiens et mesurer selon la fréquence retenue l'écart entre le « prévu » et le « réalisé ». Le constat de l'écart n'est pas important. Ce qui compte, c'est d'en analyser les raisons pour corriger le tir, si nécessaire. Plus les points de contrôle sont espacés et plus la correction produira tardivement ses effets.

Les entreprises acculées à produire des améliorations de performance radicales présentent, pour la plupart, la même caractéristique : les pratiques de travail ne sont plus adaptées aux exigences de l'environnement, les problèmes s'accumulent, deviennent inextricables et une mentalité « défaitiste » s'instaure. Ces entreprises pilotent leurs activités en regardant dans le rétroviseur.

La mise en place de points de contrôle « prévu-réalisé » rapprochés vise à casser ce cercle vicieux en forçant chacun à identifier rapidement les problèmes, à remonter aux causes et à réagir vite avec des réponses appropriées. Ainsi, chacun apprend non seulement à mieux comprendre les mécanismes du métier, mais aussi à anticiper les dérives.

Organiser les task-forces dédiées à l'objectif

Il est très important que les chantiers opérationnels, créateurs de valeur, ne se déroulent pas en dehors de l'organisation, comme un travail « à part ». Ils doivent au contraire produire une valeur ajoutée rapidement identifiable pour l'activité concernée et apporter des résultats concrets au quotidien. C'est pourquoi il faut leur fixer des objectifs « smart ».

Le travail sur les processus est généralement réalisé par une *task-force* dédiée, composée de 6 à 8 personnes au maximum, représentant les principaux services concernés par le processus en question. Il est essentiel que la *task-force* dispose de relais opérationnels dans les structures qu'elle peut directement mobiliser pour rechercher de l'information ou mettre en place une action.

Son rôle est, dans un premier temps, de décomposer le processus concerné par étapes et activités et de mettre en évidence pour chaque étape la nature des exigences et la réalité des pratiques. Une fois les activités à non-valeur ajoutée et les causes de non-qualité identifiées, la *task-force* travaillera à la définition du « système cible » permettant d'atteindre les objectifs annoncés.

Identification et accord sur les causes de non-valeur ajoutée

Généralement couché sur un papier Kraft, le schéma du processus peut être identifié par les différentes parties prenantes qui arrivent ainsi à se mettre d'accord sur les dysfonctionnements les plus dommageables.

Cette mise à plat permet de dépersonnaliser les conflits d'intérêts. Il se produit ensuite, dans la plupart des cas, la chose suivante. Les membres d'un même processus ont des objectifs disjoints, voire contradictoires, parce que le même processus doit répondre à des exigences différentes.

Il n'est pas rare d'entendre affirmer que « l'autre n'y comprend rien » et de relier ces divergences d'objectifs à une différence de culture et une opposition de pouvoir. Il est difficile d'avancer quand l'un estime que l'autre est « programmé » par sa vision des choses. Les deux parties sont incapables de discuter. Reconnaître l'autre, étape pourtant nécessaire pour négocier, équivaut à renier sa propre identité !

Le cas du tribunal

Nous avons, par exemple, mis à plat le processus pénal dans un tribunal confronté à un problème de « chaîne logistique ». Les dossiers restent stockés trop longtemps, les lieux de traitement pour le jugement sont encombrés et le temps global de traitement des affaires ne cesse de s'allonger avec l'augmentation des cas à traiter.

Soucieux du client et de l'image du ministère, le Parquet cherche à « remplir » au maximum les audiences pour déstocker les dossiers. Les juges ne l'entendent pas de la même oreille ! Pour écouler les affaires au rythme imposé par le Parquet, il faut que le Parquet et le siège s'entendent sur la durée prévisionnelle par affaire. Le Parquet a créé deux catégories d'affaires. Les simples auxquelles un quart d'heure d'audience est alloué, et les complexes, dotées d'une allocation en temps plus souple, pouvant même atteindre plusieurs heures.

La bonne marche du système dépend bien sûr de la capacité du Parquet à bien jauger la complexité de l'affaire et le temps de traitement requis. Elle dépend aussi de la bonne volonté des juges – qu'aucun règlement ne peut obliger – à accepter le système d'ordonnancement lancé par le Parquet. C'est sans compter sur la jalouse indépendance des juges. Ces derniers ont tendance à penser qu'ils gèrent une matière complexe que le Parquet ne peut estimer. Cette manière de calibrer les affaires illustre bien pour les juges la stratégie du Parquet de les mettre sous sa coupe.

La discussion du siège et du Parquet autour du « papier brun » a permis de faire partager aux uns et aux autres les contraintes respectives (les délais d'une part, et la qualité de la décision, d'autre part). L'informatisation de la chaîne pénale offre une marge de manœuvre supplémentaire, nécessaire pour trouver un accord de fonctionnement. Le suivi électronique des dossiers et leur mise à jour en direct permet de gagner beaucoup de temps. Il a fallu néanmoins encore de longues discussions pour arriver à un accord.

La création de groupes-projets est une étape essentielle pour permettre aux personnes concernées par la « solution » d'infléchir la démarche et de se l'approprier. L'implication des acteurs passe par l'identification des zones de non-valeur ajoutée. Chacun se rend compte que les procédures ou structures en place ne sont plus adaptées ou que des interfaces sont moins efficaces. Les débats sur la nature exacte des processus sont loin d'être inutiles.

Le cas d'un grand groupe aéroautique

Dans un grand groupe aéronautique, nous avons terminé la mise à plat du principal processus sans aboutir à un consensus. Certaines activités s'enlisent. Il est difficile de démêler les causes de dysfonctionnement : un manque de rigueur du consultant dans la récolte des informations ou des incompréhensions entre les différents services ? Nous convenons avec le directeur général d'organiser un séminaire de deux jours pour clarifier la situation.

Après une journée de travail bien dense, certaines parties du processus restent encore confuses. Nous rentrons dans cette séquence plutôt nuisible où les consultants servent d'exutoires : le groupe de travail se trouve dans une impasse parce que les consultants ont mal retranscrit les dires des uns et des autres. Nous reprenons le travail après le dîner et vers vingt-trois heures, alors que le groupe manifeste des signes de fatigue, la lumière vient.

L'un des consultants apostrophe le groupe en lui faisant remarquer que l'entreprise est organisée en clans. Ceci explique l'écart entre les processus officiel et réel. Certains services situés en aval sont court-circuités par le service de R&D qui effectue par lui-même des tâches incombant à l'aval parce qu'il juge ces derniers incompétents. Enfin certains postes sont complètement ignorés. Bref, 80 % du processus est maîtrisé par un seul service sur-occupé, qui se déleste des surcharges sur les autres services « vassalisés ».

▦ *Élaboration conjointe du système cible*

Plus la solution proposée se présente sous une forme abstraite et plus la résistance à la mise en œuvre sera forte. En effet, les services ont l'impression qu'on leur impose une solution toute faite, sans se soucier de son degré d'adaptation à leurs contraintes. Au contraire, plus les acteurs peuvent peser sur les avantages et les inconvénients de la situation future et plus les risques de rejet peuvent être évités.

Le développement de comportements plus efficaces passe par la participation à des groupes projets de définition de la cible, comme lors d'un développement de produit. La co-construction de la cible évitera un retour en arrière vers des situations stéréotypées.

Un nouveau niveau de performance est atteint quand l'ensemble des parties prenantes a adapté ses comportements. L'élaboration du système cible doit comprendre aussi les interfaces avec les autres fonctions et processus ainsi que les solutions d'échanges croisés favorisant les comportements de coopération.

Cette réflexion sur les interfaces est d'autant plus essentielle que le management tend à croire que le changement est acquis une fois que les nouvelles structures et responsabilités ont été définies.

▦ *Les quatre piliers du changement réussi*

Le système cible, pour être opérationnel, doit être concret et permettre à un individu formé d'être efficace immédiatement. L'expérience montre que quatre piliers assurent la pérennité de la solution retenue : la structure cible, la nouvelle procédure principale, les tableaux de bord de pilotage et les systèmes d'information.

Si l'un des piliers manque ou n'est pas adapté, l'objectif ne sera pas atteint. En effet, chacun s'appuiera sur les piliers du passé pour remédier aux défaillances et ceci influera tellement sur les comportements que le changement escompté n'aura pas lieu.

Chacun peut se situer une fois la structure fixée. Elle définit les rôles et les responsabilités des acteurs. La procédure principale donne aux intervenants les nouvelles réponses à aborder selon les principaux problèmes rencontrés. Les tableaux de bord permettent de focaliser l'attention sur les points prioritaires. Les systèmes d'information, enfin, assurent à chacun l'accès aux informations nécessaires à son activité.

Opération pilote et déploiement

Pour les solutions impactant massivement l'entreprise ou même simplement un secteur de celle-ci, il est nécessaire de procéder par étapes.

La conduite d'une opération pilote, avant généralisation, permet à la fois d'accoutumer progressivement les personnels concernés aux nouvelles méthodes et d'autre part d'ajuster éventuellement la solution pour tenir compte des suggestions d'amélioration fournies par les futurs utilisateurs.

Le recours à l'opération pilote permet d'avancer rapidement, de montrer des résultats sans attendre que toutes les questions soient réglées dans le moindre détail. Il faut que règne une ambiance de « coup » dans la *task force* pour rompre avec les mentalités et les modèles d'anticipation hérités du passé. Il faut que la *task force* obtienne rapidement des résultats tangibles pour assurer sa crédibilité et mobiliser plus largement.

- **1. Changer les modèles d'anticipation**
  - faire un diagnostic pour mettre à jour les modèles d'anticipation des sous-groupes les plus importants
  - respecter la confidentialité des entretiens de la phase de diagnostic pour faire tomber les tabous
  - restituer les résultats à l'ensemble des personnes concernées, à commencer par les dirigeants

- **2. Changer les règles du jeu**
  - commencer par le sommet
  - changer les structures (d'abord le choix des hommes, puis la définition des postes)
  - renforcer le changement par le symbolique (nouvelle pratique du dirigeant, message fort pour casser les modèles d'anticipation en place)

- **3. Maîtriser en permanence l'écart potentiel entre valeurs déclarées et valeurs pratiquées**
  - prévenir le « tout va bien »
  - aller sur le terrain et se frotter aux réalités
  - reconnaître les identités (séminaires d'échange, restitution des diagnostics)

- **4. Communiquer et assurer une mise en scène des dirigeants en phase avec les « valeurs déclarées »**

- **5. Lancer des chantiers dynamiques et opérationnels de création de valeur**
  - se fixer des objectifs SMART
  - confronter à fréquence régulière le prévu au réalisé
  - organiser des groupes multifonction (*task-forces*) dédiés à la réalisation de l'objectif
    - lancer des chantiers opérationnels créateurs de valeur
    - obtenir accord sur les causes de non-qualité et sous-performance
    - élaborer le système cible
    - tester la solution par une opération « pilote »
    - déployer

COMPRIMER LE TEMPS-CYCLE DU CHANGEMENT

Existe-t-il une alternative pour comprimer le temps-cycle du changement ? Oui, elle est de réduire, non pas les options de comportements pour obtenir la conformité par la contrainte, mais la variété de rationalités limitées. Échanges, information, partage de valeurs, vont faire tomber les *a priori*, donner une assise plus large à la confiance et encourager des comportements de coopération. Là encore, il ne s'agit pas de faire en sorte que chacun pense de la même manière et de transformer une entreprise en secte. La manipulation, de toute façon, est très vite détectée par les employés et l'entreprise – contrairement à la secte – a besoin que ses salariés gardent toute leur créativité pour permettre l'adaptation aux changements.

Reste à replacer l'entreprise et ces recommandations dans le contexte dynamique actuel. Que constate-t-on ? Un même facteur, l'accélération du changement, exerce deux poussées contradictoires sur l'entreprise.

D'une part, le niveau d'incertitude croissant rend obsolètes plus rapidement les produits et plus risqués les investissements. Cette incertitude érode la pertinence des processus et des procédures de l'entreprise très rapidement. Il est, dans ces conditions, raisonnable de se reposer davantage sur les capacités individuelles de perception, de création et d'adaptation, plutôt que de rechercher à guider les salariés par les « meilleures pratiques » qui seront vite dépassées. Dans notre modèle, ce constat incite à développer des solutions de type culturel (selon le Tisserand), permettant de réduire le fractionnement des rationalités limitées, tout en gardant une forte marge d'autonomie individuelle.

Mais, d'autre part, les solutions de type culturel sont plus longues à mettre en œuvre que les solutions de type structure et processus (selon l'Architecte). Le processus d'imprégnation de nouvelles valeurs ne peut se satisfaire d'un exposé rhétorique en séminaire conforté par des brochures en papier glacé. Pour être appropriées, les valeurs doivent être expérimentées et vécues collectivement. Le temps et l'expérience sont nécessaires à l'incubation dans de nouveaux comportements, des nouvelles pratiques.

Nous butons ici sur une contradiction. Le temps de la solution culturelle est, apparemment, incompatible avec le rythme soutenu du changement actuel. Le risque pour le dirigeant est d'inaugurer un cycle contre-productif de développement d'une culture commençant tout juste à rentrer dans les mœurs alors qu'un nouveau mouvement de fusion-acquisition ou d'*outsourcing* se pointe à l'horizon.

Le rythme des changements « imposés » par l'environnement concurrentiel, les révolutions technologiques et la mondialisation incitent donc plutôt à choisir les solutions de type *structure-process* et le passage en force, pour adapter l'entreprise. Du point de vue de la qualité de l'appropriation, les solutions *structure-process* par voie d'imposition hiérarchique ont cependant un moins bon rendement.

Cette analyse confirme, si besoin est, qu'il n'y a pas de « meilleure pratique » en matière de conduite du changement. Le dirigeant saura chercher dans l'attirail des pratiques possibles et retenir la combinaison la mieux appropriée à une situation donnée.

CHAPITRE 1	CHAPITRE 2	CHAPITRE 3	CHAPITRE 4	CHAPITRE 5	CHAPITRE 6	CHAPITRE 7	CHAPITRE 8	CHAPITRE 9
La fin des Architectes	Appareillage vers la Terra Incognita	Le carré magique du Mosaïste	À la recherche de la création de valeur «micro»	Les limites du macromanagement	Les frontières cachées de l'entreprise	Le manager intégrateur	La conduite du changement du Tisserand	La stratégie organisationnelle

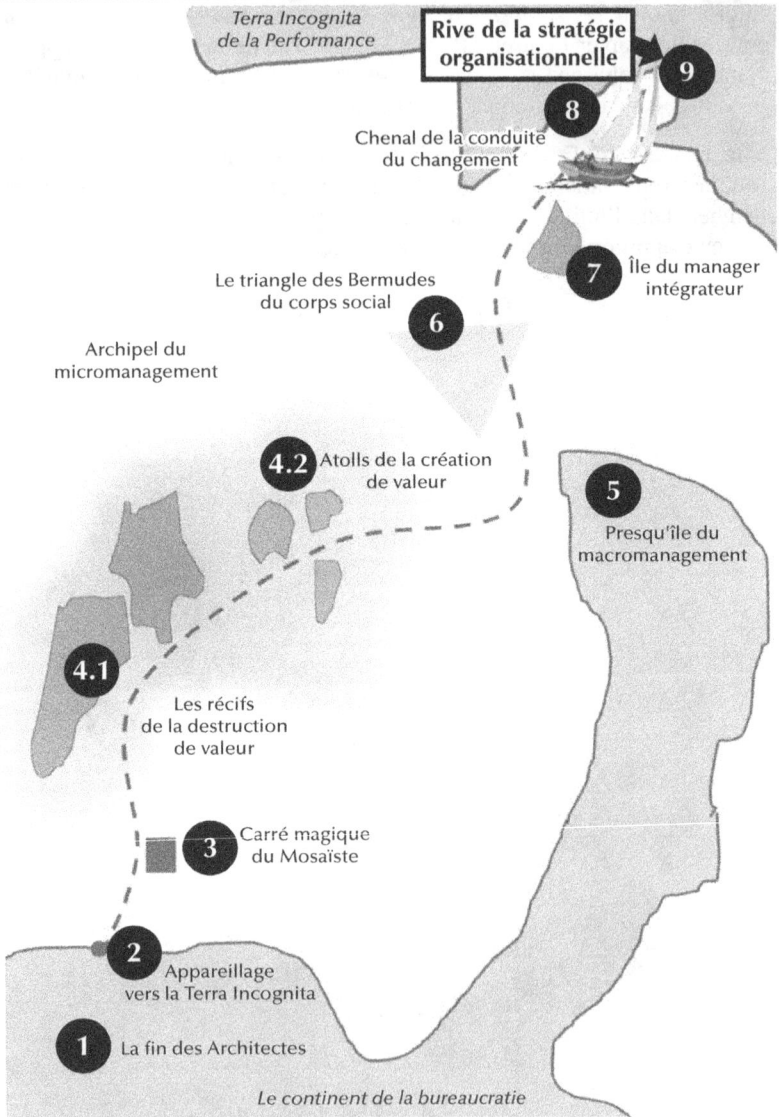

Terra Incognita de la Performance

Rive de la stratégie organisationnelle

9

8

Chenal de la conduite du changement

7 Île du manager intégrateur

Le triangle des Bermudes du corps social

6

Archipel du micromanagement

4.2 Atolls de la création de valeur

5

Presqu'île du macromanagement

4.1

Les récifs de la destruction de valeur

3 Carré magique du Mosaïste

2 Appareillage vers la Terra Incognita

1 La fin des Architectes

Le continent de la bureaucratie

CHAPITRE 9

La stratégie organisationnelle, nouvel horizon du management

Nous débarquons sur la Terra Incognita. Nous allons voir comment ce voyage peut préparer les entreprises à mieux relever les challenges qui se dessinent en ce début de troisième millénaire.

La stratégie d'entreprise est un acte essentiel du management. Elle a connu des formes différentes en fonction des époques et des caractéristiques de l'environnement. Longtemps, la stratégie est restée une activité de modélisation réservée au états-majors. Cette conception de la stratégie a perduré jusque dans les années 1980. Nous avons ensuite assisté à une transformation de la stratégie à un rythme accéléré, en phase avec les grands à-coups que connaissait l'économie mondialisée.

Nous pouvons ainsi identifier trois formes majeures dans les années récentes :

- jusqu'à la fin des années 1980, c'est le triomphe de la stratégie classique d'état-major où l'hypothèse implicite est que « l'intendance suivra » ;
- dans les années 1990, on assiste à une concurrence par les coûts et au triomphe du zéro défaut pour garder le client. Ce mouvement fait descendre la stratégie vers l'opérationnel, avec les démarches de réengineering qui s'imposent ;

– enfin, au début de ce troisième millénaire, émerge une nouvelle conception de la stratégie, la stratégie organisationnelle prenant en compte l'idée que l'avantage compétitif passe par la capacité de l'entreprise à apprendre et à réagir vite. Les leviers de la culture et de l'organisation deviennent centraux.

LES TROIS ÂGES DE LA STRATÉGIE

L'âge de For

▧ *Les enjeux*

Jusque dans les années 1980 nous sommes encore gouvernés par l'offre. Le client n'est pas rare et le commercial et le marketing jouent un rôle secondaire. L'heure du CRM[1] n'est pas encore venue. Les grandes entreprises internationales et locales peuvent se ménager des situations de monopoles et conserver des comportements bureaucratiques, dignes des administrations publiques qui, elles-mêmes, prospèrent dans un grand nombre de pays occidentaux. Portées par la croissance, les entreprises se développent à l'international tout en utilisant leurs capacités nationales comme des rampes de lancement.

La clé du succès passe par la maîtrise technique, tant en phase de recherche et développement qu'en phase de production pour réaliser de grands volumes.

▧ *Les réponses*

Deux stratégies sont privilégiées : la domination par les coûts ou la différenciation par segment. C'est le règne de la dimension *For* de l'entreprise : production standard et économies d'échelle permettent à l'entreprise verticalement intégrée de se développer. *For* pilote *Pro*. C'est bien le triomphe des ingénieurs, d'une vision mécaniste de l'entreprise, réduite à sa dimension formelle, les structures et les procédures. Le marketing

---

1. Customer Relation Management : ensemble de techniques marketing s'appuyant sur des outils informatiques permettant de cerner les besoins individuels des clients et d'organiser une politique de fidélisation.

produit gagne sur l'écoute du client. Dans cette vision toujours taylo-rienne, les comportements sont supposés suivre.

Comme tout modèle suscite des alternatives pour dépasser ses limites, on voit émerger vers la fin des années 1980 des projets d'entreprises dont la finalité était de mobiliser les hommes pour réussir, au travers de valeurs partagées.

C'est le triomphe du *Prix de l'excellence* de Thomas Peters et Robert Waterman[1].

Les effets bloquants pour la création de valeur

Que constate-t-on ? Les stratégies ne sont que tardivement et partielle-ment mises en place. Les économies et les résultats visés sont rarement atteints. Les déconvenues de General Motors et d'IBM sont comme des signes avant-coureurs de l'essoufflement de cette conception mécanique de l'entreprise. Ces grandes entreprises connaissent d'énormes difficultés à changer et l'environnement qui bouge de plus en plus rapidement exerce des sanctions radicales. Dans une démarche typique du *stop and go*, les plans stratégiques se résolvent souvent en projet de *downsizing* brutal pour réaligner la structure sur le niveau des coûts acceptés par le marché.

Les projets d'entreprise aux intentions mobilisatrices s'enrayent à mesure que se creuse l'écart avec les valeurs pratiquées. Le discours tonique sur la responsabilisation bute sur des pratiques managériales qui se réfèrent toujours au modèle de l'obéissance.

Les enjeux

Les années 1990 voient une accélération de la mondialisation et le triom-phe de la demande sur l'offre. Rançon du succès du développement économique, de la chute du mur de Berlin, les barrières économiques et politiques à la concurrence s'effondrent. Le coût de fonctionnement interne des grandes bureaucraties devient discriminant.

---

1. 1999, Dunod.

Les économies d'échelle ne parviennent plus à compenser les coûts induits par la complexité croissante. La stratégie de volume, permettant d'amortir de lourds investissements par une production standard, est progressivement remise en question.

Les perspectives de croissance s'assombrissent. Le client est insaisissable. L'entreprise ne maîtrise pas son futur.

Les réponses

Le salut viendra du réengineering et d'une rupture avec le sacro-saint principe taylorien de la stratégie qui veut que l'on sépare la conception de l'exécution pour être plus efficace. La priorité est donnée à toutes les mesures qui permettent de réduire le temps-cycle qui sépare la décision de son exécution. C'est la victoire de *Pro*.

L'entreprise diversifiée, tentaculaire, a vécu : elle doit se concentrer sur les compétences-clés, maîtriser ses processus et se dégager des activités secondaires par la sous-traitance et le recours à l'*outsourcing*.

Il faut engranger les bénéfices que la stratégie classique laissait en friche en s'assurant de la mise en œuvre : on ne peut plus se contenter de dire que l'intendance suivra. La stratégie doit sortir des bureaux feutrés des états-majors pour se préoccuper de l'exécution.

Dans un même mouvement, le réengineering contribue à donner un nouveau souffle à la qualité. La conformité aux procédures laisse la place à la recherche du « zéro défaut » et au service, objectifs essentiels pour attirer et fidéliser un client qui peut, à tout moment, zapper vers une concurrence multiforme.

La réduction des temps-cycles s'appuie également sur les ERP[1], ces grands systèmes intégrés de traitement de l'information dans l'entreprise. La pression à la réduction des coûts par la standardisation et l'alignement sur les *best practices* s'accentue.

Les effets bloquants pour la création de valeur

La qualité totale prend de l'importance mais reste souvent au niveau rhétorique tant l'écart entre les discours et les pratiques reste fort. En

---

1. Enterprise Resource Planning.

fait, la marche forcée vers la réduction des coûts par les projets de réengineering heurte de plein fouet les démarches qualité.

Mais il y a plus grave.

La vague déferlante de réengineering emporte avec elle, dans son tourbillon, non seulement les hiérarchies pyramidales, mais aussi la stratégie, comme le souligne Porter[1]. La manière la plus radicale de réduire l'écart entre conception et exécution est de supprimer la phase de conception !

Bref, la victoire de *Pro*, c'est encore la victoire de l'obéissance.

Or, dans ce monde sans cesse changeant, les avantages concurrentiels que donnent les *best practices* ne durent qu'un temps. L'entreprise doit nécessairement faire des choix stratégiques, procéder à des remises en cause, décider, autant d'activités qui restent du ressort de la conception.

Les enjeux

À l'aube des années 2000, la mondialisation de l'économie, la dérégulation des marchés et la généralisation de l'accès à Internet accroissent, à la fois les libertés de choix dont bénéficient les consommateurs et l'intensité concurrentielle à laquelle chaque entreprise se trouve confrontée.

Dans ce contexte, le centrage sur le client devient essentiel. Conserver un client, le fidéliser, coûte moins cher que son acquisition.

On assiste surtout à l'expression d'autres intérêts contradictoires soulignant avec insistance que notre monde n'est pas « infini ». Tel n'est pas le moindre des paradoxes de cette mondialisation qui nous fait toucher certaines limites de notre environnement tout en faisant exploser les frontières traditionnelles. Les enjeux environnementaux et de sécurité notamment prennent une part croissante dans la réflexion des décideurs. Concrètement, les baronnies doivent se faire du souci : il est plus difficile d'externaliser certains coûts en toute impunité.

---

1. Michael E. Porter, *What is Strategy ?*, *Harvard Business Review*, novembre-décembre 1996.

▨ *Les premières réponses*

La révolution du e.business a prétendu porter un coup fatal aux entreprises verticales tout en renouvelant les méthodes du réengineering. La construction des chaînes de valeur et la recomposition des entreprises en réseaux de partenaires sont devenues, un temps, le nouveau mot d'ordre d'un management toujours à la recherche d'une réduction des temps-cycles. Mais cette vague s'est vite amortie, entraînant le déclin de l'âge de *Pro*.

De plus, le CRM, dispositif essentiel pour fidéliser le client a montré, une fois l'effet de mode passé, qu'il n'était rien de plus qu'un ERP du *front office*, rencontrant les mêmes difficultés d'appropriation par les forces commerciales.

La gestion des connaissances, le *knowledge management*, a pris une importance croissante dans les entreprises comme le traduit l'apparition de ces fonctions au sommet des organigrammes et la multiplication des universités d'entreprise. La stratégie de différenciation par les compétences distinctives survit donc au réengineering.

Enfin, les réflexions pour un développement durable, et l'extension des méthodes de management du risque révèlent quelques fêlures dans l'armure de *For*. Les tenants du développement durable conçoivent l'entreprise comme un système. La rentabilité d'une activité économique doit prendre en compte les coûts induits sur l'écosystème.

▨ *Le bilan*

Le bilan de ce début des années 2000 reste mitigé. D'une part, les solutions « toutes faites » issues d'une logique d'Architecte, e.business et CRM en tête, après une courte période faste, ont perdu de leur superbe. D'autre part, l'émergence d'approches fondées sur la multirationalité comme le développement durable marque le renouvellement de la réflexion stratégique aux dépens du réengineering.

Ces éléments constituent sans doute les signes avant-coureurs de l'âge de *Inf*. Mais, comme nous le signalions au début de l'ouvrage, nous sommes encore largement entourés de bureaucraties.

Il nous faut, pour conclure, dévoiler les éléments de la stratégie organisationnelle. Il ne suffit pas non plus de miser sur la seule efficacité de *Pro*.

	Années 1980	Années 1990	3e millénaire
Environnement	L'offre gagne sur la demande	La demande gagne sur l'offre	Incertitude croissante et nouvelles limites
Variable-clé	Volume	Exécution	Décisions
Réponse stratégique	Coût ou différenciation l'intendance suivra	Réengineering L'éxécution est stratégique	Stratégie organisationnelle Développement durable
Dimension	*For*	*Pro*	*Inf*
Conséquences	Échec de la mise en oeuvre, objectifs non réalisés, surcoûts	Perte en réactivité Effritement social	Amélioration des capacités de réaction et d'apprentissage

Les trois âges de la stratégie d'entreprise

MISE AU POINT DE LA STRATÉGIE ORGANISATIONNELLE

Les évolutions de l'environnement, l'accélération du changement et l'exacerbation de la concurrence poussent à une réduction de plus en plus grande des temps-cycles. Mais celle-ci ne peut se faire ni en privilégiant l'obéissance (*For*), ni en gelant la stratégie (*Pro*).

Les approches *For* et *Pro* dépendent, pour réussir, d'un haut niveau de conformité des comportements. Or, d'une part, hormis les situations où la peur domine, un tel niveau est rarement atteint. D'autre part, et surtout, les comportements de conformité sont contraires aux exigences d'un environnement mouvant qui exige des réactions rapides.

Les comportements à privilégier sont l'engagement et la responsabilisation favorisant la perception aiguë de l'environnement et des besoins du client, la transmission des informations pertinentes, la coopération, l'action rapide et la capacité à apprendre.

Comment assurer le partage collectif d'une attitude d'engagement, avant tout individuelle, assurant la réactivité ?

La stratégie organisationnelle trouve dans *Inf* les éléments de réponse.

Dépasser le paradoxe, confiance
et multirationalité

Les éléments-clés sont la confiance et la multirationalité.

D'une part, nous l'avons vu, la confiance est le mode de transaction le moins coûteux et le plus rapide. Son développement a l'impact le plus décisif sur le temps-cycle. D'autre part, mieux une entreprise colle aux différents segments de son environnement, et plus elle développe des rationalités différentes, traduction du niveau atteint de différenciation.

Le paradoxe est que l'entreprise performante a besoin à la fois d'une forte multirationalité et d'un niveau élevé de confiance partagée, alors que, par définition, ces deux éléments ne vont pas spontanément ensemble.

Pour que se mette en place un processus de confiance, une condition préalable doit être respectée : la reconnaissance de la multirationalité. Chaque acteur doit se sentir reconnu dans son identité pour entrer en relation sans préjugé. Par définition, ni *For* ni *Pro* ne permettent cela.

L'effort de prise en considération des multiples rationalités que contient une organisation peut devenir vite épuisant quand leur nombre augmente.

Le dispositif de convergence

La stratégie organisationnelle propose, non pas de réduire l'éventail des rationalités, mais de créer les conditions d'une convergence.
Cette stratégie organisationnelle comprend les dispositifs d'intégration suivants :

- la vision pour dégager un intérêt à gagner ensemble ;
- des valeurs comme règles supérieures de l'action (le non-négociable) ;

- la cohérence du management entre ce qu'il dit et ce qu'il fait, premier test de la réalité de ces valeurs ;
- l'élimination des baronnies et des béquilles ;
- la formation favorisant l'échange d'expérience, l'aplanissement des frontières internes au profit d'une vision globale de l'entreprise et de la contribution de chacun au succès de celle-ci ;
- un langage et une infrastructure communs de communication pour permettre à chacun de s'impliquer rapidement dans les processus transversaux ;
- mais aussi des systèmes de management et de gestion des ressources humaines favorisant la coopération (mobilité, objectifs partagés, rémunération adaptée) ;
- l'essaimage des capacités de type Plateau et Anneau.

La stratégie organisationnelle mise sur le développement des capacités d'intégration de l'entreprise qui, elles-mêmes, créent l'espace nécessaire pour que les échanges se produisent au moindre coût pour satisfaire le client.

Selon Olson[1], des acteurs n'acceptent de mettre de l'argent dans une aventure collective qu'à partir du moment où ils espèrent gagner plus que leur mise. Plus généralement, un acteur juge son intérêt par le différentiel ressource-contrainte qu'apporte une situation.

Le dispositif d'intégration, en réduisant les écarts possibles entre les modèles d'anticipation individuels, favorise l'émergence de la confiance et, par là, renforce les chances d'une interprétation positive par l'acteur du différentiel ressource-contrainte qui lui est offert.

Enfin, le rôle du leader est fondamental. Nous avons laissé de côté volontairement dans ce paragraphe les motivations inconscientes par souci de simplification. Seul le leader miroir peut créer les conditions d'une expression constructive de celles-ci en évitant les manipulations.

---

1. M. Olson, *La Logique de l'action collective*, PUF, Paris, 1965.

Levier d'action

Modèles
d'anticipation
Rationalité
limitée
Motivations
inconscientes

| Jeux de pouvoir Zones d'incertitude | → | Stratégie individuelle | → | **Comportements** Coopérer Percevoir Transmettre Apprendre Agir | → | Satisfaction du client | → | Création de valeur |

Dimension
formelle,
structure,
procédure,
système
de management
et RH

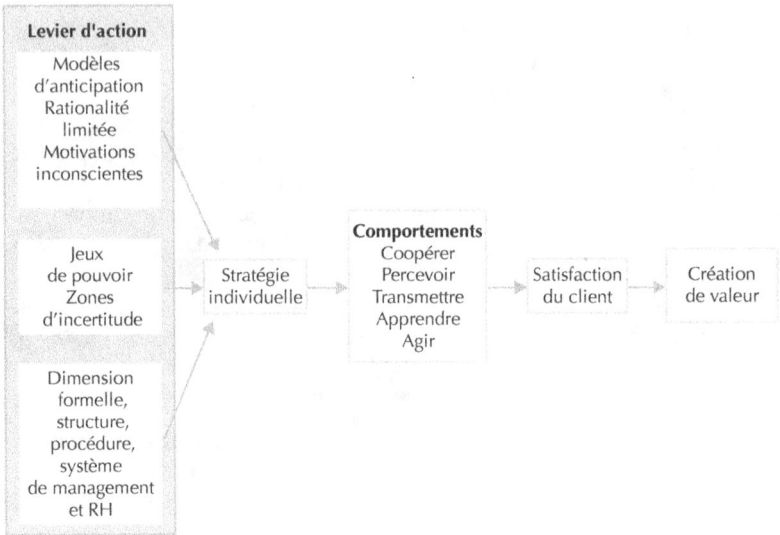

La chaîne de la valeur des comportements

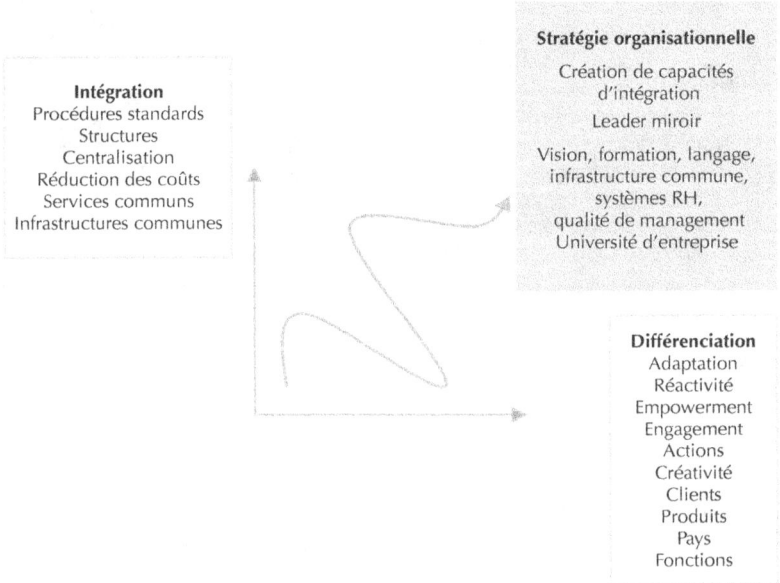

Intégration
Procédures standards
Structures
Centralisation
Réduction des coûts
Services communs
Infrastructures communes

Stratégie organisationnelle

Création de capacités
d'intégration
Leader miroir

Vision, formation, langage,
infrastructure commune,
systèmes RH,
qualité de management
Université d'entreprise

Différenciation
Adaptation
Réactivité
Empowerment
Engagement
Actions
Créativité
Clients
Produits
Pays
Fonctions

La stratégie organisationnelle évolue ainsi

En résumé, la stratégie organisationnelle s'appuie sur :

- une politique de différenciation active pour coller aux besoins du client ;
- un niveau d'intégration élevé garanti par un non-négociable restreint et assurant la pleine exploitation des synergies et des économies d'échelle ;
- le développement conjoint de l'efficience économique et de l'innovation par la mise en place d'une organisation apprenante.

En guise de conclusion : un référentiel pour l'action

Après avoir débarqué sur la Terra Incognita, le navigateur a résumé sur cette page les notes de son carnet de bord, retraçant ses principaux échanges avec l'Architecte, le Mosaïste et le Tisserand, prises tout au long du voyage et de leurs découvertes.

* **L'enjeu :**
 – La question essentielle du management n'est pas de savoir comment éliminer le jeu des acteurs, mais comment « canaliser ce jeu » pour le mettre au service de la stratégie de l'entreprise en répondant aux besoins de cohérence et d'adaptation.
 – Pourquoi les entreprises en constante recherche d'efficacité gardent-elles trop souvent des traits bureaucratiques qui pénalisent leur performance ?

* **Ce qui change :**
 – Plus l'environnement est incertain, moins la règle est capable de répondre à toutes les situations et plus l'homme intervient en décideur, pour se substituer à la règle défaillante.
 – L'entreprise doit se redonner du temps en jouant sur un processus complexe, peu tangible et pourtant essentiel : la capacité à percevoir, à réagir rapidement et à apprendre

* **Les limites de l'Architecte :**
 – Les « meilleures pratiques » du management décrites dans de nombreux manuels et colportées par le discours managérial sous-estiment les facteurs suivants : l'identité, les modèles d'anticipation, l'intégration.

- Nous constatons fréquemment l'existence d'un écart entre les pratiques quotidiennes et la vision qu'ont de leur organisation un grand nombre de dirigeants, quels que soient les pays et leur culture.
- Il ne suffit pas de proclamer que la ressource humaine est l'atout central de l'entreprise pour réussir : une traduction concrète dans les comportements managériaux est nécessaire.
- Hypertrophiant le rôle des règles et des structures, l'Architecte sous-estime l'impact des comportements, à commencer par le sien sur le reste de l'organisation.
- Le management réduit l'organisation à des « tuyaux » répartissant les ressources et canalisant les informations, les énergies et les comportements.
- La règle porte la marque de son forgeron. Se conformer la règle, c'est, quelque part, se soumettre au pouvoir de quelqu'un et encourir le risque de voir son identité reniée.
- Toute structure tend à persister dans son « être » et fait de cette persistance un objectif en soi qui éclipse ses missions originelles.
- Toute action sur un des leviers de l'organisation a des effets en chaîne sur les autres, tels les compétences, les comportements, les structures, la culture d'entreprise, le management...
- De nombreux livres de management versent dans une sorte d'idéologie du changement : le changement est bon en soi et ceux qui y résistent ont tort.

- **Le modèle alternatif du Mosaïste et du Tisserand**
- L'apprentissage organisationnel repose sur la reconnaissance de l'irréductibilité de *Inf* à *For*.
- Tant que les non-dits ne sont ni exprimés ni reconnus, toute la vie de l'entreprise continue de tourner autour d'eux et on ne peut pas avancer.
- La confiance est le mode de transaction le moins coûteux, car elle permet d'économiser sur les dispositifs de contrôle.
- « Anneaux » et « plateaux » créent de la valeur en exploitant au mieux les potentiels d'intégration et les synergies.
- La coopération est le résultat soit d'un ajustement mutuel, soit d'une négociation portant sur les contraintes et les ressources qui définissent le contexte de travail.
- Le changement passe par un processus d'apprentissage, c'est-à-dire de découverte et d'expérimentation de nouvelles relations.
- La règle permet de fixer le non-négociable, point d'ancrage autour duquel peut se développer le jeu « gagnant-gagnant » des négociations. Le non-négociable n'a de sens que si le dirigeant se l'impose à lui-même.
- Le management intégrateur réussit quand il parvient à mettre en place des échanges croisés et des ajustements mutuels à l'échelle de l'entreprise.
- Adoptant une position de pilotage, le manager intégrateur est en mesure de dépasser les limites de l'Architecte. Il joue simultanément sur les modèles d'anticipation, l'identité et l'intégration.

Index

ajustement mutuel, 2, 9, 91-103, 180, 185.
anneau, 91-113, 133, 168, 177, 180, 181, 183, 217.
anticipation, 46, 143-155, 170, 183-205, 217.
apprentissage organisationnel, 77, 80.
assessment centers, 178.

baronnie, 9, 10, 82-84, 183, 184.
bureaucratie, 2-11, 98, 104.

capacités organisationnelles, 76, 77, 81, 103, 104.
changement
   conduire le ~, 10, 30, 34, 37, 139-141, 176, 187, 188, 205.
   résistance au ~, 7, 15, 36, 53, 70, 110, 112, 119, 139, 140.
classification, 179, 180.
cloisonnement, 6-10, 53, 58, 60-64, 90, 93.
confiance, 80, 97, 98, 182, 195.
consultant, 16, 26, 43, 44, 48, 78, 106, 145, 148, 174, 188, 195, 198, 203.
coopération, 2, 23-24, 30, 92, 93, 98, 100, 216, 217.
corps social, 37, 143.

culture, 2-4, 60, 69-73, 134-136, 146-158, 189, 193, 206, 210.

différenciation, 54, 61, 64, 75, 95, 128, 129, 157-163.
dimensions de l'organisation, 28, 157.
dissonance cognitive, 45.

effets
   ~ (de) position et de disposition, 119.
   ~ induits, 72, 73, 75.
   ~ pervers, 15, 19, 139.
empowerment, 6, 148, 174, 180, 181.
entretien d'appréciation, 178, 180.
EVA, 25.
externalisation des coûts, 79.

fusion-acquisition, 6, 155, 173, 207.

hiérarchie, 2, 3, 4, 61, 62.

identité, 135, 140, 151-155, 158, 196, 197, 198, 201.
intégration, 53-68, 155-171, 219.

international, 65-68, 116, 129, 135.
intuition, 28, 29, 44.

leadership, 175, 177, 183.
leviers de management, 55, 56.

management
~ intermédiaire, 120, 121, 125, 127, 135-137.
macromanagement, 104, 105, 139.
micromanagement, 75, 103, 180, 181.
~ par objectif, 13, 55, 154, 180, 183.
top-management, 106.
manager
~ architecte, 4, 15, 110.
~ charismatique, 168, 171.
~ intégrateur, 141, 167.
~ miroir, 176, 177, 184.
~ opportuniste, 115, 117.
~ rentier, 118, 120.
modèle d'organisation, 36.
Mosaïste, 30, 41, 44, 45, 188.
motivations inconscientes, 16, 18, 29, 69, 70, 144, 170, 176, 217.

non-négociable, 183, 184, 198, 199, 216, 219.
nouvelle économie, 11, 13, 141.

performance, 21, 76-83, 91, 92, 156, 161, 199, 200, 203.
pouvoir
jeu de ~, 27, 51.

qualité :
fonction, 151, 152, 172, 185, 199, 212.
non-qualité, 5, 6, 7, 12, 201.

rationalité
rationnel(le), 15-19, 44, 45, 107, 176, 189.

~ limitée, 43-53, 65, 68, 69, 106, 109, 188.
irrationalité, irrationnel(le), 15, 16, 19, 27.
multirationalité, 18, 26, 29, 93, 214, 216.
règle, 2-15, 114-118, 151-154, 183, 184, 187, 191, 192, 216.
répertoire de métiers, de compétences, 26, 174, 179, 180.
réseau, 9-11, 30, 32, 71-73, 126, 127, 135, 154, 214.
ressources humaines, 4, 48, 172, 173, 178, 179, 217.

stratégie
~ d'entreprise, 77, 173, 209, 215, 221.
~ organisationnelle, 37, 209, 210, 214, 216-219.
structure :
centre, 126, 127, 130, 131, 135-137, 156, 158.
~ formelle, 15, 62, 128.
~ informelle, 15.
~ matricielle, 127.
périphérie, 127-128, 135-137, 158.

tabou, 52, 119, 189, 193.
task-forces, 201, 205.
Tisserand, 30, 187, 205, 206.
transaction (coût de), 97, 98, 103, 130, 131.

valeur
chaîne de la ~, 12, 77-81, 99, 214, 218.
créateurs de ~, 10, 23, 78, 80, 86, 91-97, 103, 104, 110, 122-124, 126, 139, 199, 201, 211, 212.
valeurs
~ déclarées, 33, 72, 110, 115, 176-178, 187, 193.
~ pratiquées, 33, 46, 117, 120, 176-178, 187, 193, 211.

zone d'incertitude, 48-53, 115, 118, 170, 176.

www.ingramcontent.com/pod-product-compliance
Lightning Source LLC
Chambersburg PA
CBHW052111230326
41599CB00055B/5548